인생이 즐거워지고 비즈니스가 풍요로워지는
SNS소통연구소 교육 소개

현재 전국에 수백 명의 스마트폰 활용지도사 자격증을 취득한 뉴미디어 마케팅 전문 강사들이 강사로 활동 중에 있습니다.

- **스마트폰 활용지도사 2급 및 1급 자격증**
  스마트폰 기본 활용부터 스마트폰 UCC, 스마트폰 카메라, 스마트워크, 스마트폰 마케팅 교육 등 스마트폰 전문강사를 양성하고 있습니다.
- **유튜브 크리에이터 전문지도사 2급 및 1급 자격증**
  유튜브 기본 활용부터 실전 유튜브 마케팅까지 실질적으로 도움이 되고 돈이 되는 교육을 실시하고 있습니다.
- **SNS마케팅 전문지도사 2급 및 1급 자격증**
  다양한 SNS채널을 활용해서 고객을 유혹하고 매출을 증대시킬 수 있는 실전 노하우와 SNS마케팅 효과를 극대화하기 위한 광고 전략을 구축할 수 있는 노하우에 대해서 교육을 진행 하고 있습니다.
- **프리젠테이션 전문지도사 2급 및 1급 자격증**
  기업체에서 발표자료를 만들거나 제안서를 만들 때 꼭 알고 활용해야 할 프리젠테이션 제작 노하우를 중점적으로 교육하고 있습니다.
- **스마트워크 전문지도사 2급 및 1급 자격증**
  스마트폰 및 SNS를 활용해서 실전에 꼭 필요한 기능과 업무효율을 높일 수 있는 노하우에 대해서 교육을 진행하고 있습니다.
- **디지털문해교육 전문지도사 2급 및 1급 자격증**
  초등학교부터 대기업 임원을 포함한 퇴직 예정자들까지 디지털 기술 활용에 대한 교육을 진행할 수 있도록 디지털문해교육 전문지도사가 교육하고 있습니다.
- **디지털범죄예방 전문지도사 2급 및 1급 자격증**
  4차 산업혁명시대! 디지털리터러시 시대에 청소년부터 성인들에게 이르기까지 각종 디지털범죄로 인해 입을 피해를 방지하고자 교육합니다.
- **AI 쳇GPT 진문지도사 2급 및 1급 자격증**
  디지털 대전환시대에 누구나 배우고 익혀야 할 AI챗GPT 각 분야별 전문 강사를 양성하고 있습니다.

SNS소통연구소는

2010년 4월부터 **뉴미디어 마케팅 교육(스마트폰, SNS 마케팅, 유튜브 크리에이터, 프리젠테이션, 컴퓨터 활용 등)**을 진행하고 있으며 4,600여명의 스마트폰 활용지도사를 양성해오고 있습니다. 현재 전국 72개의 지부 및 지국을 운영하고 있습니다.

교육 문의 **02-747-3265 / 010-9967-6654**
이 메 일 **snsforyou@gmail.com**

책을 내면서…

유튜버가 도대체 뭐길래?
어린아이부터 어르신들까지 유튜브 세상에 빠져있을까요?

지금 전 세계가 유튜브 열풍입니다.
남녀노소 누구나 유튜브에서 자신이 원하는 정보나 콘텐츠를 찾고 있습니다.
어린아이부터 어르신들까지 유튜버가 되겠다고 난리들입니다.

물론, 돈을 많이 버는 유튜버들도 소수 있긴 하지만 유튜버를 한다고 무조건 돈을 많이 버는 것은 아니라는 것은 누구나 아는 사실입니다. 그럼에도 불구하고 유튜버에 관심이 쏠리는 이유는 수익을 떠나 자신의 취미나 관심사를 세상 사람들과 공유하고 소통할 수 있는 매력이 있기 때문인 것 같습니다.

불과 몇 년 전만 해도 이렇게까지 전 세계가 유튜브로 열광하지는 않았던 것 같습니다.
그 이유는 지난 3~4년 전만 해도 유튜버로서 활동한다는 것은 특별하고 능력 있는 사람만 콘텐츠를 잘 만들어낼 수 있고 특정 분야에서 인정받은 사람만이 채널을 운영하면서 돈을 벌 수 있다고 생각했기 때문일 것입니다.
하지만 지금은 다양한 분야에 걸쳐 유튜브 콘텐츠들이 생산되고 있고 다양한 직업의 사람들이 함께 정보를 공유하면서 유튜브 세상을 만들어가고 있어서 누구나 쉽게 접근할 수 있고 많은 사람이 유튜버로서 활동하고 있습니다.

유튜버가 되기 위해서는 많은 공부를 하거나 많은 돈을 들이지 않아도 쉽게 접근할 수 있습니다. 물론 목적이 무엇이냐에 따라 쉽게 접근을 못 할 수도 있습니다. 가령 직업을 대신해서 돈을 벌어야 하는 게 목적이라면 철저한 준비와 노력이 필요합니다. 하지만 자기계발 차원에서 하거나 취미로 유튜버 활동을 한다면 어렵지 않게 시작할 수 있습니다.

특히 비즈니스를 하는 분들에게 유튜브는 이제 선택이 아닌 필수 SNS 채널입니다. 큰 이유 중의 하나는 고객들이 유튜브로 몰리고 있기 때문입니다. 비즈니스를 하는 분들에게는 유튜브는 잠재 고객을 발굴하고 매출을 증대시키는 데 꼭 필요한 마케팅 도구가 된 것입니다.

무슨 일이든지 자신이 원하는 바를 얻고자 한다면 시간과 노력을 투자해야 한다는 것은 자명한 사실입니다. 하지만 유튜브는 비교적 적은 시간과 노력으로 많은 것을 창출해 낼 수 있기에 추천해 드리는 겁니다.

개인이든, 비즈니스를 하시는 분들은 유튜브 마케팅에 대해서 제대로 배우고 익혀서 일의 효율성과 효과성을 극대화하면 좋을 것입니다.

이 책은 수년간 유튜브 크리에이터 강의를 진행해 오고 있는 강사들이 모여 만든 책입니다. 구성을 보면 유튜브 크리에이터 교육을 진행하면서 유튜버가 되고자 하는 분들이 누구나 쉽게 유튜버가 될 수 있도록 구성하였고, 초보 유튜버들이 꼭 알아야 할 기본부터 고급 활용까지의 내용을 담고 있습니다. 책 목차대로 따라 하신다면 스마트폰만을 활용해서도 누구나 쉽고 빠르게 유튜버 활동을 하실 수 있습니다.

더 쉽고 빠르게 유튜버로서 활동하고 싶다면 이 책 한 권이 충분히 등대 역할을 해드릴 것입니다.

국내 최초!
국내 최고!

스마트폰 강사 자격증

● **스마트폰 활용지도사 자격증에 대해서 아시나요?**

과학기술정보통신부가 검증하고 한국직업능력개발원이 관리하는 스마트폰 자격증 취득에 관심 있으신 분들은 살펴보세요.

상담 문의

이종구 010-9967-6654

E-mail : snsforyou@gmail.com

카톡 ID : snsforyou

스마트폰 활용지도사 1급

- **해당 등급의 직무내용**

초/중/고/대학생 및 성인 남녀노소 누구에게나 스마트폰 활용교육 및 SNS 기본 교육을 실시할 수 있습니다.
개인 및 소기업이 브랜딩 전략을 구축하는 데 있어 저렴한 비용을 들여 브랜딩 및 모바일 마케팅 전략을 구축할 수 있도록 필요한 교육을 할 수 있습니다.

스마트폰 활용지도사 2급

- **해당 등급의 직무내용**

시니어 실버분들에게 스마트폰 활용교육을 실시할 수 있습니다. 개인 및 소기업이 모바일 마케팅 전략을 구축하는데 있어 기본적인 교육을 할 수 있습니다. 1인 기업 및 소기업이 스마트워크 시스템을 구축하는 데 제반 사항을 교육할 수 있습니다.

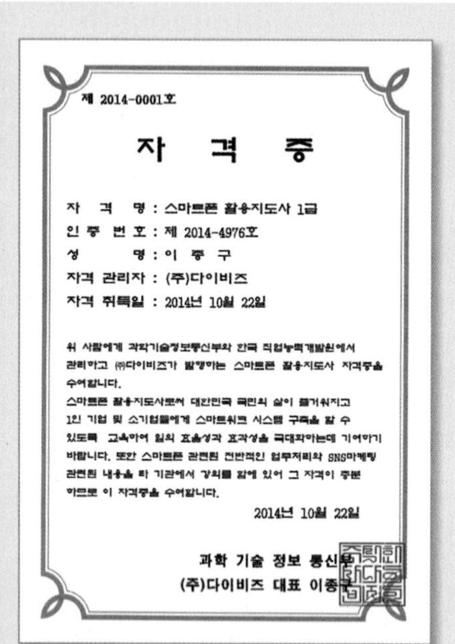

제 2014-0001호

자 격 증

자 격 명 : 스마트폰 활용지도사 1급
인 증 번 호 : 제 2014-4976호
성 명 : 이 종 구
자격 관리자 : (주)다이비즈
자격 취득일 : 2014년 10월 22일

위 사람에게 과학기술정보통신부와 한국 직업능력개발원에서 관리하고 ㈜다이비즈가 발행하는 스마트폰 활용지도사 자격증을 수여합니다.
스마트폰 활용지도사로써 대한민국 국민의 삶이 즐거워지고 1인 기업 및 소기업들에게 스마트워크 시스템 구축을 할 수 있도록 교육하여 일의 효율성과 효과성을 극대화하는데 기여하기 바랍니다. 또한 스마트폰 관련된 전반적인 업무처리와 SNS마케팅 관련된 내용을 타 기관에서 강의를 함에 있어 그 자격이 충분하므로 이 자격증을 수여합니다.

2014년 10월 22일

과학 기술 정보 통신부
(주)다이비즈 대표 이종구

시험 응시료 : 3만원
자격증 발급비 : 7만원

- 종이 자격증 및 우단 케이스 제공
- 스마트폰 활용지도사 강의자료 제공비 포함

- **시험 일시 :** 매월 둘째 주, 넷째 주 일요일 5시부터 6시까지 1시간
- **시험 과목 :** 2급 – 스마트폰 활용 분야 / 1급 – 스마트폰 SNS마케팅
- **합격점수**
  1급 – 80점 이상(총 50문제 각 2점씩, 100점 만점에 80점 이상)
  2급 – 80점 이상(총 50문제 각 2점씩, 100점 만점에 80점 이상)

시험대비 공부방법

❶ 스마트폰 활용지도사 2급 교재 구입 후 공부하기
❷ 정규수업 참여해서 공부하기
❸ 유튜브에서 **[스마트폰 활용지도사]** 채널 검색 후 관련 영상 시청하기
❹ 디씨플(dcgplatform.com) 사이트에서 **[스마트폰 활용지도사]** 검색 후 수강합니다.

시험대비 교육일정

❶ 매월 정규 교육을 SNS소통연구소 전국 지부에서 실시하고 있습니다.
❷ 스마트폰 활용지도사 **SNS소통연구소 블로그 (blog.naver.com/urisesang71)** 참고하기
❸ 디지털콘텐츠 그룹 사이트 참조**(digitalcontentgroup.com)**
❹ NAVER 검색창에 **[SNS소통연구소]**라고 검색하세요!

스마트폰 활용지도사 자격증 취득 시 혜택

❶ 디지털콘텐츠평생교육원 스마트폰 활용 교육 강사 위촉
❷ SNS소통연구소 스마트폰 활용 교육 강사 위촉
❸ 스마트 소통 봉사단에서 교육받을 수 있는 자격부여
❹ SNS 및 스마트폰 관련 자료 공유
❺ 매월 1회 세미나 참여 (정보공유가 목적)
❻ 향후 일정 수준이 도달하면 기업제 및 단체 출강 가능
❼ 매년 상반기 하반기 전국 워크샵 참여 가능
❽ 그 외 다양한 혜택 수여

SNS소통연구소 자격증 교육 교재 리스트

내 인생의 반려폰 제대로 활용하기
(기본활용편)
특강에 최적화된 내용과 간결한 구성(68P)

디지털 대전환 시대에 꼭 필요한
디지털 문해 교육의 정석(定石)
디지털문해교육 전문지도사 1급 교재

어르신들을 위한 스마트폰 기초 교실
(개정증보판)
스마트폰 기초부터 기본 UCC 활용 책

스마트폰과 함께 떠나는
해외 여행 교과서
여행에 꼭 필요한 해외 여행 길라잡이

디지털 범죄예방 교육의 정석(定石)
디지털범죄예방 전문지도사 2급 교재

누구나 쉽게 따라하는 AI 챗GPT
스마트폰에서 활용하는 AI 서비스 활용
AI 챗GPT전문지도사 2급 교재

SNS소통연구소 **주요 사업 콘텐츠**

뉴미디어 마케팅 교육 문의

- 스마트폰 활용
- SNS마케팅
- 유튜브크리에이터
- 프리젠테이션
- 컴퓨터 활용
- 디지털범죄예방
- AI 챗GPT 활용 등

- **SNS소통연구소**(직통전화)
  010-9967-6654

- **디지털콘텐츠그룹**(직통전화)
  02-747-3265

SNS소통연구소 지부 및 지국 활성화

- 2010년 4월부터 교육을 시작한 SNS소통연구소는 현재 전국에 72개의 지부 및 지국을 운영 중

스마트폰 활용지도사
(국내 최초! 국내 최고!)

- 2014년 10월 스마트폰 활용지도사 민간 자격증 취득
- 2급과 1급 과정을 운영 중이며 현재 4,600여 명 이상 지도사 양성

실전에 필요한 전문 교육
(다양한 분야 실전 교육 중심)

- 일반 강사들에게도 꼭 필요한 전문 교육을 실시함 (SNS마케팅, 스마트워크, 프리젠테이션, 컴퓨터 활용 등)

SNS소통연구소 출판사

- 2011년 11월부터 SNS소통연구소 출판사 운영
- 스마트폰 활용 및 SNS마케팅 관련된 책 52권 출판
- 강사들에게 필요한 다양한 분야의 책을 출간 진행 중

지역사회 발전을 위해 사회복지사처럼
스마트폰 활용지도사가 필요합니다!

● **사회복지사란?**

청소년, 노인, 가족, 여성, 장애인 등 사회적 약자에 대한 복지 정책 및 공공 복지 서비스가 증대함에 따라 사회적인 문제로 어려움을 겪는 이들을 돕는 직업

● **스마트폰 활용지도사란?**

개인이 즐거운 인생을 살아가는 데 도움을 드리고 소상공인들에게 풍요로운 비즈니스를 할 수 있도록 도움을 드리는 직업으로 스마트폰 활용지도사가 디지털 문맹 퇴치 운동에 앞장서고 즐거운 대한민국을 만들어가는데 초석이 되었으면 합니다.

SNS소통연구소 **전국 지부 봉사단 현황**	서울/경기북부	울산지부
	스마트 소통 봉사단	**스폰지**
	2018년 6월부터 매주 수요일 오후 2시부터 5시까지 스마트폰 활용지도사들이 소통대학교에 모여서 강사 트레이닝을 목적으로 운영되고 있음 (기관 및 단체 재능기부 교육도 진행)	매월 정기모임을 통해서 스마트폰 활용지도사의 역량개발과 지역주민들을 위해 스마트폰 활용 교육 봉사활동 진행
부산지부	**제주지부**	**경북지부**
BS모바일	**제스봉**	**스소사**
모든 것이 바라는 대로 이루어집니다! 매월 정기모임을 통해서 스마트폰 활용지도사의 역량개발과 지역주민들을 위해 스마트폰 활용 교육 봉사활동 진행	제주도 스마트폰 봉사단 매월 정기모임을 통해서 스마트폰 활용지도사의 역량개발과 지역주민들을 위해 스마트폰 활용 교육 봉사활동 진행	'스마트하게 소통하는 사람들' 경북지부 스마트폰 봉사단 매월 정기모임을 통해서 스마트폰 활용지도사의 역량개발과 지역주민들을 위해 스마트폰 활용 교육 봉사활동 진행
경기북부	**경기서부**	**대구지부**
펀펀 스마트 봉사단	**스마트 위드유**	**스마트 소통 약방**
'배우면 즐거워져요~' 경기북부 스마트폰 봉사단 매월 정기모임을 통해서 스마트폰 활용지도사의 역량개발과 지역주민들을 위해 스마트폰 활용 교육 봉사활동 진행	매월 정기모임을 통해서 스마트폰 활용지도사의 역량개발과 지역주민들을 위해 스마트폰 활용 교육 봉사활동 진행	매월 정기모임을 통해서 스마트폰 활용지도사의 역량개발과 지역주민들을 위해 스마트폰 활용 교육 봉사활동 진행

SNS소통연구소
(2024년도 8월 기준) **출판 리스트 52권**

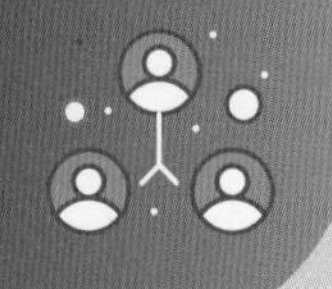

SNS소통연구소

전국 지부 및 지국 현황

서울 (지부장-이종구)
- 강남구 (지국장-최영하)
- 강동구 (지국장-윤진숙)
- 강북구 (지국장-명다경)
- 강서구 (지국장-문정임)
- 관악구 (지국장-손희주)
- 광진구 (지국장-최혁희)
- 금천구 (지국장-김명선)
- 도봉구 (지국장-오영희)
- 동대문구 (지국장-조재일)
- 동작구 (지국장-최상국)
- 마포구 (지국장-김용금)
- 서초구 (지국장-조유진)
- 성북구 (지국장-조선아)
- 송파구 (지국장-문윤영)
- 양천구 (지국장-송지열)
- 영등포구 (지국장-김은정)
- 용산구 (지국장-김수영)
- 은평구 (지국장-노승유)
- 중구 (지국장-유화순)

경기북부 (지부장-이종구)
- 의정부 (지국장-한경희)
- 양주시 (지국장-유은서)
- 동두천/포천 (지국장-김상기)
- 구리 (지국장-김용희)
- 남양주시 (지국장-정덕모)
- 고양시 (지국장-백종우)

경기동부 (지부장-이종구)
- 용인시 (지국장-김지태)

경기서부 (지부장-이종구)
- 시흥시 (지국장-윤정인)
- 부천시 (지국장-김남심)
- 광명시 (지국장-이명옥)

경기남부 (지부장-이중현)
- 수원 (지국장-권미용)
- 이천/여주 (지국장-김찬곤)
- 평택시 (지국장-임계선)
- 안성시 (지국장-허진건)
- 화성시 (지국장-한금화)

인천광역시 (지부장-이종구)
- 서구 (지국장-어현경)
- 부평구 (지국장-최신만)
- 중구 (지국장-조미영)
- 계양구 (지국장-전혜정)
- 연수구 (지국장-조예윤)

강원도 (지부장-장해영)
- 강릉시 (지국장-임선강)

충청남도 (지부장-김미선)
- 청양/아산 (지국장-김경태)
- 금산/논산 (지국장-부성아)
- 천안시 (지국장-김숙)
- 홍성/예산 (지국장-김월선)

대구광역시 (지부장-임진영)

대전광역시 (지부장-이종구)
- 중구/유성구 (지국장-조대연)

경상북도 (지부장-남호정)
- 고령군 (지국장-김세희)
- 경주 (지국장-박은숙)

전라북도 (지부장-송병연)

광주광역시 (지부장-이종구)
- 북구 (지국장-김인숙)

울산광역시 (지부장-김상덕)
- 동구 (지국장-김상수)
- 남구 (지국장-박인완)
- 중구 (지국장-장동희)
- 북구 (지국장-이성일)

부산광역시 (지부장-손미연)
- 사상구 (지국장-박소순)
- 해운대구 (지국장-배재기)
- 기장군 (지국장-배재기)
- 연제구 (지국장-조환철)
- 부산진구 (지국장-김채완)
- 북구 (지국장-황연주)

제주도 (지부장-여원식)

CONTENTS

CONTENTS

CONTENTS

1강 유튜버라면 꼭 알아야 할 유튜브 용어 정리

유튜브 (YouTube)

- 유튜브는 당신 **['유' You]**과 브라운관 **['튜브' Tube]**의 합성어로, 전 세계 네티즌들이 올리는 동영상 콘텐츠를 공유하는 **[세계 최대 규모의 동영상 사이트(http://www.youtube.com)]**입니다. 즉 'YouTube'라는 명칭의 어감은 **[당신을 위한 텔레비전]** '당신이 곧 텔레비전' 정도입니다. 한국에서는 '너튜브'로도 통용됩니다.
- 네모난 YouTube 아이콘의 끝부분은 둥글게 깎여 있고 각 변은 끝부분보다 볼록하게 나와 있는데 옛 텔레비전에 쓰였던 브라운관의 시각상 특징을 아이콘으로 디자인한 것입니다.
- 2005년 2월 페이팔(PayPal)의 직원이었던 채드 헐리(Chad Hurley), 스티브 첸(Steve Chen), 자웨드 카림(Jawed Karim)이 공동으로 창립하여 같은 해 11월부터 정식 서비스가 시작되었고, 이후 2006년 10월 구글이 유튜브를 16억 5,000만 달러에 전격 인수, 2007년부터 국가별 현지화 서비스가 시작되었고, 한국어 서비스의 경우 2008년 1월에 시작되었습니다. 월 단위로 일정한 금액을 결제하면 광고 없이 동영상을 감상할 수 있고, 동영상 저장이 가능, 화면 잠금상태나 다른 앱 사용 중에도 동영상을 재생할 수 있는 **[유튜브 프리미엄]**을 운영하고 있습니다.
- 2006년 《타임》지에 2006년 최고 발명품으로 꼽히는 등 웹 2.0의 선두주자로 급부상했습니다.
- 유튜브에 있는 대부분의 동영상은 회원가입을 하지 않아도 볼 수 있지만, 동영상을 게시하기 위해서는 **[회원가입]**이 필요합니다.

유튜브 쇼츠 (YouTube Shorts)

- 유튜브 쇼츠는 틱톡과 인스타그램 릴스 등 SNS플랫폼과 경쟁하는 유튜브가 수익공유를 통한 창작자 확보를 위해서 만든, **[60초 이하의 세로 형식의 짧은 동영상 콘텐츠]**를 말합니다.
- 스마트폰으로 촬영하고, 공유할 수 있는 **[모바일 환경]**에서 인기를 얻고 있습니다.
- 동영상의 해상도는 가로세로 비율이거나 **[세로 비율(1080 * 1920)]**이어야 합니다.
- 한 번 제작한 숏폼 콘텐츠는 인스타그램의 릴스, 틱톡 등에도 확장하여 활용할 수 있어서 **[원 콘텐츠 멀티유즈 (One Content Multi Use)]**가 가능합니다.
- 제목 또는 설명에 **[#Short]**를 포함하면 유튜브 내에서 내 쇼츠 영상이 추천되는 데 도움이 됩니다.
- 손쉽게 짧은 동영상을 만들고 업로드 할 수 있으며, 동시에 다양한 크리에이터들의 콘텐츠를 빠르게 탐색하고 즐길 수 있습니다. 이를 통해 새로운 크리에이터가 발굴되기도 하며, 기존 크리에이터들로 새로운 콘텐츠 형식을 시도할 수 있는 기회를 제공합니다.
- 사용자는 쇼츠에서 음악, 필터, 스티커 등을 사용하여 동영상을 꾸밀 수 있으며, 동영상을 유튜브에 업로드하거나 다른 소셜 미디어 플랫폼에 공유할 수 있습니다.
- 시청자 뷰의 88.2%, 약 90%에 달하는 시청이 쇼츠에서 발생하는 것으로 측정됩니다. 일반 동영상에 비해 노출을 많이 시켜주고, 쇼츠의 조회 수가 높으면, 자연히 원래 채널의 영상 조회 수도 올라갑니다.

유튜브 크리에이터 (YouTube Creator)

- **[유튜브 크리에이터와 유튜버는 동의어]**입니다. 구글에서는 유튜버를 '유튜브 크리에이터'라고 칭합니다.
- 동영상을 생산하고 업로드하는 창작자를 **[크리에이터(Creator)]**라고 합니다. 직역하면 **[창조주]**라는 뜻으로도 읽힐 수 있는 **[창작자]**라는 뜻입니다.
- 유튜브 크리에이터(YouTube Creator) 또는 유튜버(YouTuber)는 인플루언서로 인터넷 동영상 공유 사이트인 유튜브에 UCC를 업로드하며 자신의 채널을 운영하는 사용자들을 지칭하는 말입니다. 특히, 유튜버 활동을 통하여 수익을 창출하는 전문적인 직업 유튜버들을 지칭하여 유튜브 크리에이터라고 합니다.
- 1인 방송 제작자에게 '크리에이터'라는 명칭을 쓰는 것은 단순히 동영상의 창작자일 뿐 아니라 자신이 만든 동영상을 매개로 자신들의 팬 커뮤니티를 만들어 가는 커뮤니티의 창조자 역할도 동시에 하기 때문입니다.

숏폼 크리에이터

- 유튜브 숏폼 크리에이터는 짧은 시간 동안 재미있거나 인상적인 콘텐츠를 제작하여 유튜브 플랫폼에서 인기를얻는 크리에이터를 말합니다. **["숏폼"은 주로 60초 미만의 짧은 동영상]**을 의미하며, 주로 소셜미디어 플랫폼에서 활동하며, 텍스트, 이미지, 비디오, 그래픽 등 다양한 형식으로 콘텐츠를 제작할 수 있습니다.

버츄얼 유튜버 (Virtual YouTuber)

- 컴퓨터 그래픽(CG)과 모션캡쳐 등의 기술을 활용해 만든 **[가상의 캐릭터]**를 통해 유튜브 등의 인터넷 방송을 진행하는 1인 미디어 크리에이티브를 일컫는 말로, 줄여서 **[브이튜버(VTuber)]**라고도 부릅니다. 실제 사람이 모션캡처 장비를 통해 움직임을 따고 목소리를 더빙해 인간과 유사한 캐릭터를 만들고, 이 캐릭터가 일반적인 유튜버들처럼 시청자와 실시간으로 소통합니다.

브랜드 계정 채널 (Brand Channel)

- 구글에 가입하여 해당 아이디로 본 채널을 개설한 이후 추가적으로 개설한 서브 채널을 말합니다.
- 채널이 브랜드 계정에 연결되면 여러 사용자가 자신의 Google 계정으로 채널을 관리할 수 있습니다.
- 본 채널과 차이점은 채널명을 자유롭게 설정할 수 있고, 채널명을 언제든지 변경할 수 있으며, **[채널의 공동 관리자]**를 추가할 수 있어 **[개인 정보 노출의 위험이 없고, 채널 관리를 효율적]**으로 할 수 있습니다.
- 브랜드 계정으로 YouTube 채널을 관리할 때는 별도의 사용자 이름이나 비밀번호가 필요하지 않습니다.
- 하나의 구글 아이디를 이용해서 **[200개의 브랜드 계정(채널)]**을 운영할 수 있습니다.

일반계정 VS **브랜드 계정**
- 수익 창출: 일반계정과 브랜드 계정 모두 가능합니다.
- 채널 이름 변경: 일반계정은 기간 제한이 있으나 브랜드 계정은 없습니다.
- 채널 관리자: 일반계정은 하나의 아이디로, 브랜드 계정은 관리자를 지정하여 여러 명이 운영할 수 있습니다.

라이브 스트리밍 (Live Streaming)

- 유튜브 라이브 스트리밍은 **[실시간으로 동영상을 전송하고 시청할 수 있는 서비스]**입니다.
- 유튜브라이브 스트리밍의 가장 큰 장점은 실시간으로 댓글이나 채팅 등의 상호작용이 가능하다는 점입니다. 이를 통해 시청자와 소통하고 콘텐츠 제작에 대한 피드백을 받을 수 있으며, 시청자들의 취향을 더욱 잘 이해할 수 있습니다.
- 유튜브에서는 라이브 스트리밍을 이용하여 다양한 목적으로 콘텐츠를 제작하고 있습니다. 예를 들어, 유명 유튜버들은 라이브 Q&A나 팬미팅을 진행하거나, 게임 스트리밍을 하며 소통하고, 콘텐츠를 만들고 있습니다.
- 라이브 스트리밍은 일반 영상보다 상위에 노출될 가능성이 높기 때문에 자신의 채널을 활성화하거나 홍보를 하기 위해 많이 사용합니다.

유튜브스튜디오 (YouTube Studio)

- 유튜브 스튜디오(YouTube Studio)는 유튜브 콘텐츠 제작자들을 위한 온라인 대시보드입니다. 본인이 운영하는 채널의 다양한 통계, 관리 기능을 한 곳에서 효과적으로 다룰 수 있습니다.
- **[동영상 업로드와 편집]**을 간편하게 할 수 있습니다. 어플 내에서 새로운 동영상을 업로드 하고, 제목, 설명, 태그 등을 편집하여 원하는 대로 동영상을 커스터마이징할 수 있습니다. 또한, 동영상의 썸네일 이미지를 선택하고, 동영상을 특정 재생목록에 추가하는 등의 작업도 가능합니다.
- 동영상의 성과와 관련된 **[분석 정보]**를 확인할 수 있습니다. 조회 수, 시청 시간, 구독자 변동 등 다양한 통계 자료를 실시간으로 확인하여 크리에이터들은 동영상의 성과를 파악하고 향상시킬 수 있습니다. 또한 댓글 관리와 사용자 피드백을 받을 수 있는 기능도 제공되어 크리에이터들과 시청자들 간의 소통을 원활하게 할 수 있습니다.
- **[채널 설정과 관련된 다양한 기능]**을 제공합니다. 채널 아이콘과 배너 이미지를 업데이트하거나, 채널 설명을 수정하는 등의 작업을 쉽게 할 수 있습니다. 또한, 광고 수익화 설정, 동영상 공개 설정, 재생목록 관리 등 채널의 운영에 필요한 다양한 설정을 간편하게 조정할 수 있습니다.

커뮤니티 (Community)

• 커뮤니티는 유튜브에서 사용하는 포스트를 의미하며 시청자와 좀 더 심도 있는 관계를 맺는다는 의미가 있습니다. 동영상의 댓글 섹션에서 시청자와 상호 작용하거나 충성도 높은 팬을 위한 실시간 스트리밍을 호스팅하거나 커뮤니티에서 요청하는 동영상을 제작하거나 커뮤니티 탭을 통해 추가 콘텐츠를 공유하는 등의 방법으로 시청자와의 관계를 강화할 수 있습니다.

유튜브 태그 (YouTube Tags) VS 해시태그 (HashTags)

유튜브의 태그와 해시태그는 둘 다 비디오를 더 잘 발견하고 검색 결과에 노출하는 데 도움을 주는 키워드들 입니다. 그러나 사용되는 플랫폼과 목적, 형식 등에서 차이가 있습니다.

● 유튜브 태그 (YouTube Tags)

• 유튜브 태그는 사용자가 검색했을 때 '어떤 키워드로 내 동영상에 유입될 것인가'에 영향을 주는 요소입니다. 검색유입을 위한 해시태그와는 전혀 다른 기능으로, 동영상의 콘텐츠에 일반적으로 맞춤법이 틀리는 단어가 있을 경우 유용합니다. 그 외 시청자가 동영상을 찾는 데 있어 태그가 하는 역할은 제한적입니다.

(제목의 키워드가 맞춤법에 맞지 않을 경우 맞춤법에 맞게 달거나, 검색을 하다가 나올법한 오타를 입력해야 합니다.)

• 태그의 개수는 정해져 있지 않고, 전체 글자의 길이가 500자로 제한되어 있습니다.

• 태그 입력 방법은 단어입력 후 쉼표(,)를 찍고 계속해서 단어 입력을 해 나갈 수 있습니다.

• 태그를 열심히 작성한다고 해서 트래픽이 늘어나기를 기대하기는 어렵습니다.

● 해시태그 (HashTags)

• 해시태그를 사용하면 크리에이터가 YouTube에서 동일한 해시태그를 공유하는 다른 동영상에 콘텐츠를 쉽게 연결할 수 있습니다. 또한 시청자가 동일한 해시태그를 공유하는 유사한 콘텐츠를 빠르게 찾을 수 있습니다.

• 해시태그는 따로 입력하는 칸이 없고, 영상의 제목과 설명 부분에 영상과 연관된 주제나 키워드를 #으로 시작하는 단어로 입력하면 그것이 해시태그로 인식됩니다.

(가장 참여도가 높은 해시태그가 최대 3개까지 동영상 제목 옆에 표시됩니다.)

• 유튜브 고객센터에 따르면 최대 60개까지로 되어 있고, 60개가 넘어가면 해시태그를 무시한다고 합니다.

• 해시태그는 개수에 신경 쓰기보다는 영상과 관련된 해시태그를 입력하는 것이 중요합니다.

• 해시태그는 평균적으로 7개의 태그를 사용하지만, 3개만 노출되기 때문에 대부분의 경우 3개의 해시태그를 사용합니다.

※ 태그와 해시태그를 적절하게 사용하는 것이 중요합니다. 무분별하게 불필요한 해시태그를 사용하는 것은 오히려 악영향을 끼칠 수 있으므로 관련성과 정확성을 유지하며 적절한 키워드를 선택하는 것이 좋습니다.

노란 딱지

- 유튜버가 올린 영상에 노란색 $가 붙은 것을 말하는 것으로, 일명 '노딱'이라고도 하는데 '노란 딱지'가 붙어 있는 동영상은 **[수익 창출 동영상에서 제외]**됩니다.
- 유튜브 영상이 업로드되면 구글의 AI가 선별한 후 관리자가 최종 검토 결정합니다.
- 선정 기준은 유튜브 영상에 부적절한 언어, 폭력, 성인용 콘텐츠, 유해하거나 위험한 행위, 증오성 콘텐츠, 도발, 비하, 기분 전환용 약물 및 마약 관련 콘텐츠, 담배 관련 콘텐츠, 총기 관련 콘텐츠, 논란의 소지가 있는 민감한 사건, 가족용 콘텐츠에 포함된 성인용 콘텐츠 등입니다.

도네이크 (Donake)

- 대한민국의 한 스타트업에서 개발한, 유튜브, 트위치 및 브런치, 스팀잇 등지에서 활동하는 크리에이터들을 위한 후원 플랫폼으로 서드파티 시스템입니다. 시스템 가입자에게 QR코드로 된 고유 계좌번호를 하나씩 발급하며, 크리에이터로 가입한 회원에게 도네이터로 가입한 회원이 QR코드를 찍어 간편결제를 통해 후원을 해 줄 수 있습니다.

구글 애드센스 (Google Adsense)

- 구글에서 운영하는 광고 프로그램으로, 웹사이트를 소유한 사람이 애드센스에 가입하면 구글에서 광고비를 지불하고 광고를 자동으로 그 사람의 웹사이트에 올려주고, 해당 웹사이트를 찾은 방문자가 그 광고를 클릭하면 구글이 광고주로부터 돈을 받아 그 일부를 웹사이트 소유자에게 나눠주는 방식입니다.
- 유튜브 애드센스는 YouTube 파트너 프로그램에 참여하는 크리에이터에게 수익금을 지급하기 위한 Google 프로그램입니다. YouTube 관련 수익금을 지급받으려면 YouTube 스튜디오에서 애드센스 계정을 설정해야 합니다.

슈퍼 챗 (Super Chat) / 슈퍼 스티커 (Super Stickers)

- 구글이 2017년부터 '재능 있는 크리에이터와 팬들의 친밀한 소통'을 돕겠다며 도입한 콘텐츠 구매 플랫폼으로, 우리나라의 인터넷 방송 플랫폼인 아프리카 TV의 별 풍선과 유사한 기능을 갖고 있습니다.
- **[유튜브 생방송 중 채팅창을 통해 시청자가 일정 금액을 송금해 유튜버를 직접 후원]**하는 기능입니다. 슈퍼 챗을 보내면 금액과 해당 시청자의 아이디가 실시간으로 채팅창에 표시됩니다.
- 18세 이상의 유튜버만 이용할 수 있으며, 시청자 1회 최소 ₩1,000(파란색) 최대 ₩500,000(빨간색) 까지 후원이 가능하고, 금액에 따라 파란색, 노란색, 주황색, 빨간색으로 표시되면서 ₩2,000 이상 후원 할 때 구매 금액 및 메시지가 공개적으로 표시됩니다. 문구에 원하는 메시지를 적어 공개적으로 후원이 가능합니다.

슈퍼 땡스 (Super Thanks)

• 2021년 7월 20일부터 새롭게 도입된 후원 방식으로 구독자가 크리에이터에게 감사와 격려의 뜻으로 후원금과 함께 유료 애니메이션을 결제해 보내는 기능으로 간단히 말해 **[댓글 후원]**이라고 보면 됩니다.
• ₩2,000, ₩5,000, ₩10,000, ₩50,000까지 후원이 가능하고, 보내기를 누르면 후원한 금액과 함께 '감사합니다'라는 고정 문구가 뜹니다.

건너뛸 수 있는 인스트림 광고 (Trueview Instream)

• 건너뛸 수 있는 인스트림 광고는 다른 동영상 전후 또는 중간에 재생됩니다. 특정 영상을 시청하기 전에 5초 동안 광고를 시청하고, 이후에 스킵 할지 말지를 선택할 수 있는 광고입니다. 건너뛸 수 있는 인스트림 광고는 YouTube 보기 페이지와 Google 동영상 파트너에서 운영하는 웹사이트 및 앱에 게재됩니다.

건너뛸 수 없는 인스트림 광고 (Non-Skippable)

• 같은 인스트림 광고지만, 5초 이후에도 광고 영상을 스킵 할 수 없고, 끝까지 시청해야 하는 광고입니다.
• 영상 길이는 15초 동안 재생되며, 15초 길이로 어필할 수 있는 영상광고에 최적화 되어 있습니다.

인피드 동영상 광고 (과거 디스커버리)

• 인피드 광고는 디스커버리 광고로 많이 알고 있는 광고로 유튜브 검색 결과에 노출되며 관련 동영상이나 홈피드에 노출되는 광고로써 일반 유튜브 영상처럼 텍스트와 미리보기 및 썸네일 이미지가 노출됩니다. 유튜브 채널을 운영하면서 그 안에 업로드한 유튜브 영상을 홍보하고 많은 사람들에게 노출되기에 유리한 광고입니다.

범퍼 광고 (Bumper AD)

• 범퍼 광고는 건너뛸 수 없는 인스트림 광고와 비슷하고, 동영상 전후, 중간에 6초 이하의 짧은 광고를 말합니다. 짧지만 강한 브랜드의 이미지나 제품을 어필할 수 있는 영상에 최적화된 광고로 잦은 노출을 통해 바이럴 마케팅을 원하는 경우 사용합니다.

아웃스트림 광고

• 모바일에서 동영상 광고의 도달 범위를 확장해 더 많은 고객에게 도달할 때 아웃스트림 광고를 사용합니다.
• 아웃스트림 광고는 음소거 상태로 재생됩니다. 광고를 탭 하여 동영상의 음소거를 해제할 수 있습니다. 아웃스트림 광고는 비용 효율적으로 동영상 도달 범위를 늘릴 수 있도록 설계되었습니다.

마스트헤드 광고 (Masthead AD) / 디스플레이 광고

• 마스트헤드 광고(디스플레이 광고)는 가장 집행 비용이 비싸지만, 단기간에 대량 노출 할 수 있는 마케팅으로 유튜브 메인 홈 피드 상단에 30초 동안 음성 없이 자동으로 재생되는 배너형 광고입니다.
• 소리 버튼을 클릭하면 음성이 재생 됩니다. 유튜브 메인에 노출되기 때문에 도달률이 매우 빠르고,불특정 다수에게 브랜드를 노출 시 용이합니다. 또한, 새로운 제품이나 서비스에 대한 인지도를 높이거나, 할인 행사와 같이 단기간 내에 방대한 잠재고객에게 도달하고자 할 때 이 형식을 사용합니다.

채널 아트 (Chanel Art)

- 채널 아트는 사람들이 내 **[유튜브 채널에 접속했을 때 가장 상단에 배너로 표시되는 부분]**으로 채널의 정체성을 브랜드화하고 페이지에 개성 있는 스타일을 부여할 수 있습니다.
- 채널 아트 이미지에 들어가야 할 내용은 '채널 이름'과 주제, 간단한 채널 소개 등을 넣습니다.
- 채널 아트는 보이는 매체에 따라 크기가 다른데, TV 화면영역: 2560*1440 Pixel, 데스크탑 MAX 영역:2580*423 Pixel, 태블릿 영역: 1855*423 Pixel, 안전 영역: 1546*423 Pixel입니다.

썸네일 (Thumnail)

- 썸네일은 엄지손가락 + 손톱의 합성어로 엄지손톱 크기 정도로 원본 사진을 작게 표현한 것입니다.
- 외래어 표현법으로 '섬네일'이 맞으며, 우리말로는 **['마중 그림' 또는 '미리보기 사진']**을 말합니다.
- 작은 이미지이지만 썸네일은 영상과 콘텐츠의 첫인상을 결정 짓는 중요한 역할을 합니다.
- 유튜브 썸네일 사이즈는 1280*720Pixel, 16:9, 용량은 2MB로 제한하고, 썸네일을 업로드할 수 있는 이미지의 형식은 JPG, GIF, GMP, PNG입니다.

스폰서 카드 (Sponsor Card)

- 유튜브 영상에 표시될 수 있게 만든 영상에 클릭을 유도하는 문안(CTA : call to action) 유도 팝업을 말합니다. 사용자들은 이를 통해 많은 정보를 얻거나 다른 링크로 이동할 수 있습니다.
- 이 카드는 동영상의 특정 시점에서 클릭하면 해당 정보가 표시되며, 시청자들 눈에 잘 보이기 때문에 행동을 유도하는 데 효과적이고, 비 광고 동영상에도 삽입이 가능하며 추가 비용이 발생하지 않습니다.

BGM (Back Ground Music)

- 영상이나 이미지가 화면에 표시될 때 **[배경으로 삽입되는 음악]**을 가리킵니다. 어떤 장면의 분위기를 전달하기 위해서는 영상보다도 음향이 훨씬 중요합니다.
- BGM을 소리 나는 대로 읽거나, 아예 한영 전환이 귀찮아서 브금이라고 하는 경우도 있습니다. 브금을 입으로 따라 부르면 입브금이 됩니다.
- 저작권에 대해 민감한 상황이라 Youtube에서는 아예 유튜브 스튜디오에 **[오디오 보관함]**을 통해 저작권으로부터 자유로운 BGM을 제공해 주고 있으며, 브금대통령 등의 일부에서는 출처 표기 준수하에 자유로이 쓰도록 허용해 주기도 하고, 유튜브를 포함한 모든 SNS에서 사용할 수 있는 저작권이 해결된 배경음악을 제공하는 무료 사이트는 셀바이뮤직(https://www.sellbuymusic.com)입니다.

엔딩크레딧 (End Screen)

- 유튜브 동영상의 마지막 부분에 포함되는 화면으로, 다른 비디오 시청 유도, 구독 유도, 외부 링크 등이 포함될 수 있습니다.

인트로 (Intro)

- Introduction, introduction의 줄임말로, 음악의 도입부인 '전주' 또는 앨범의 머리곡이나 영화나 방송 드라마, 시나리오에서는 앞부분에서 중요 인물, 등장인물의 성격, 환경, 장소 등을 동시에 소개하는 것을 말합니다.
- 유튜브 영상의 **[인트로 'Intro' = 도입부]**는 제목, 브랜드 아이덴티티, 그리고 간단한 애니메이션 등을 포함하며, 내 콘텐츠에 좀 더 오랜 시간 체류시키거나 영상에 관심을 가지게 만드는 것이 중요합니다.
- 연구조사에 따르면 영상을 시청할 때, 그 영상을 이어서 볼지 말지는 단 4초 이내에 결정된다고 합니다.

아웃트로 (Outro)

- 유튜브 아웃트로는 **[영상의 마지막 부분에 삽입되는 클립]**으로, 구독 유도, 다른 동영상 추천, 소셜 미디어 링크 등을 포함하여 시청자와 상호작용하고 유튜브 채널의 브랜딩을 강화하는 데 사용됩니다.
- 아웃트로는 일반적으로 동영상의 끝부분에서 5~15초 정도가 적당합니다. 너무 길지도, 너무 짧지도 않도록 조절하는 것이 중요합니다.
- 유튜브 아웃트로는 채널의 브랜딩을 강화하고 시청자와의 유대감을 형성하는 데 큰 도움이 됩니다.

타임랩스 (Timelapse)

- 사전적으로는 **[일정한 시간 간격으로 촬영하여 연속된 이미지로 보여주는 것]**을 의미합니다.
- 필름 프레임의 캡처 주기를 연속된 프레임의 주기보다 훨씬 더 낮춰 촬영하는 기법으로, 매초마다 화면 이미지를 캡쳐 후 초당 30프레임으로 재생하면 결과는 30배 속도로 증가된 것입니다. 비슷한 방식으로 필름을 캡쳐한 것보다 훨씬 더 낮은 속도로 재생하여 움직임을 느리게 만들 수 있는데 이를 '슬로 모션' 또는 '고속 촬영'이라 부릅니다.

4K (UHD)

- 4K 해상도(UHD - Ultra High Definition)는 '초고선명도' 또는, '초고해상도'라고도 부릅니다. 일반 고선명도를 의미하는 영어단어의 머리글자 HD(High Definition)라는 단어를 사용하는 해상도의 다음 세대 규격입니다.
- HD(1280*720)의 9배(가로 3배*세로 3배)이며, FHD(1920*1080)의 4배(가로 2배*세로 2배)인 3840*2160 해상도를 4K UHD라고 부릅니다.
- 최근에는 많은 사람들이 4K 카메라가 내장된 스마트폰으로 직접 촬영하고, 유튜브에 공유합니다.

해상도 (Resolution)

- 디지털 이미지나 디스플레이 장치 등에서 사용되는 용어로, 화면이나 이미지의 가로와 세로 픽셀(Pixel) 수를 의미합니다. 화면이나 이미지가 얼마나 세밀한지를 나타내는 척도이며, 가로 픽셀 수×세로 픽셀 수로 표시됩니다.
- 예를 들어 1920*1080 같은 방법으로 표현하는데, 이것이 픽셀의 개수를 나타내는 것입니다.
- 화면을 구성하는 픽셀의 개수가 많을수록 더 선명하고, 세밀하게 표현됩니다. 하지만 높은 해상도는 이미지 크기가 커지고, 그에 따라 파일 크기가 증가하며, 성능과 저장 공간을 요구한다는 점을 고려해야 합니다.

프레임 레이트 (Frame Rate)

- 프레임 레이트(Frame Rate)는 영상이나 애니메이션을 구성하는 개별 이미지 프레임들이 초당 몇 번씩 화면에 표시되는지를 나타내는 측정 단위입니다. 즉, **[초당 프레임의 수]**로 표현됩니다.
- 영상과 애니메이션은 여러 개의 정지 이미지 프레임들이 연속적으로 재생되는 것으로 인식되기 때문에, 프레임 레이트는 이러한 이미지들이 얼마나 빠르게 연속적으로 전환되는지를 결정하는 중요한 요소입니다. 예를 들어, 30fps(프레임/초)의 영상은 1초당 30개의 이미지 프레임을 보여준다는 의미이며, 60fps는 1초당 60개의 이미지 프레임을 보여준다는 것을 의미하며, 높을수록 움직임이 부드럽고 자연스러워지지만 이에 따라 데이터 크기가 커지고, 장비의 성능이 높아야 합니다.
- 일반적으로 영화는 24fps 또는 30fps를 사용하고, 텔레비전과 동영상은 30fps 또는 60fps를 주로 사용합니다.

인플루언서 (Influencer)

- 인플루언서(Influencer)는 '영향을 주다'라는 뜻에 '사람'을 뜻하는 – er 접미사를 붙인 것으로 **[영향력을 행사하는 사람]**이라는 뜻으로, 특정 분야에 대한 지식이나 경험을 바탕으로 대중에게 영향력을 미치는 사람입니다. 주로 소셜미디어를 통해 자신의 콘텐츠를 공유하고, 이를 통해 대중과 소통하며, 제품이나 서비스의 홍보, 캠페인 참여, 교육, 정보 제공 등 다양한 방법으로 대중에게 영향을 미칩니다.
- 인플루언서는 기업과 브랜드의 마케팅 전략에서 중요한 역할을 합니다. 기업과 브랜드의 제품이나 서비스에 대한 홍보를 통해 매출 증대를 돕고, 브랜드 이미지를 제고할 수 있습니다. 또한, 기업과 브랜드의 캠페인에 참여함으로써 사회적 책임을 다하고, 대중의 신뢰도를 높일 수 있습니다.

영향력으로 구분한 인플루언서 유형

- **메가 인플루언서**
  셀럽, 셀러브리티, 유명크리에이터 등으로 수십만~수백만 명에 이르는 사람에게 영향을 미치는 인플루언서
- **매크로 인플루언서**
  수만~수십만 명에 이르는 구독자를 확보하고 있는 페이스북 페이지, 블로그, 유튜브 채널 등 운영자
- **마이크로 인플루언서**
  천 명~수천 명에 이르는 사람들에게 영향을 끼치는 개인 인플루언서
- **나노 인플루언서**
  수십~수백 명의 팔로워를 확보한 개인 블로거 또는 SNS이용자

셀럽 (Celeb)

- 셀럽(Celeb)은 'Celebrity'의 줄임말이며 유명인이나 연예인을 가리키는 용어로, 많은 사람들에게 인기가 있고 주목받는 인물로, 영화배우, 가수, 모델, 스포츠 스타 등 다양한 분야의 인물들이 포함될 수 있습니다.

어그로 (Aggro)

- 어그로는 영어단어 'Aggravation(도발)'에서 파생된 신조어로 사전적 의미는 부정적인 느낌이 있습니다.
- 관심을 끌고 분란을 일으키기 위해 자극적인 내용을 올리거나 악의적인 행동을 하는 행위로, 실제 유튜버들이 **[조회 수를 얻고자 비상징적인 행동이나 언행을 하는 경우를 어그로를 끈다.]**라고 합니다. 부정적 이슈로 마케팅을 한다는 의미를 가진 노이즈마케팅과 매우 유사합니다.
- 좀 더 긍정적 의미로 해석하면 나의 게시글을 볼 수 있도록 관심을 적극적으로 이끌어 내는 일이라고 할 수 있습니다.

브이로그 (V-log)

- '비디오' Video와 '블로그' Blog의 합성어로 주로 개인이나 개체의 일상적인 활동, 경험, 생각 등을 동영상의 형식으로 기록하고, 공유하는 블로그 형태의 콘텐츠입니다.
- 브이로그는 일상생활, 여행, 음식, 패션, 뷰티, 튜토리얼, 리뷰 등 다양한 주제에 대해 만들어질 수 있으며, 주로 YouTube나 다른 온라인 비디오 플랫폼을 통해 공개됩니다.
- 브이로그를 제작하는 크리에이터들은 자신의 경험과 시점을 통해 시청자들과 소통하고, 공유하는 것이 주요 목적입니다. 시청자들과의 감정적 연결과 관심을 끌어내는 데 효과적인 방법으로 인기를 얻었습니다.

스테이 윗 미 (Stay With Me)

- '스테이 윗 미'는 영어 구문 'Stay With Me'의 발음을 한국어로 표기한 것입니다. 따라서 '스테이 윗 미' 의 뜻은 영어로 'Stay With Me' 즉, 한국어로는 '나와 함께 있어줘' 또는 '나와 함께 머물러줘' 등으로 해석될 수 있습니다.

스터디 윗 미 (Study With Me)

- '나와 함께 공부해요'라는 의미로 실제로 공부하는 모습을 실시간으로 담은 영상으로, 혼자서 공부하고 있지만 내 옆에 화면 속 누군가와 함께 공부한 느낌으로 공부하면서 자극을 받거나 집중력을 높이는 데 도움을 줍니다.

오피스 텔러 (Office Teller)

- 회사나 사무실에서 일어나는 다양한 일화를 각색하여 만든 짧은 드라마 형식의 콘텐츠입니다.

겟 레디 윗 미 (GRWM : Get Ready With Me)

- '나랑 같이 준비해요'라는 뜻의 영어 'Get Ready With Me'를 발음한 것으로, 잠에서 깨어나서부터 외출하기 전까지 메이크업이나 패션 준비 과정을 담은 영상 콘텐츠입니다.
- 연예인들이나 유튜버, 셀럽들이 실제로 사용하는 제품에 대한 후기를 알려주는 콘텐츠가 많은데, 헤어 스타일 손질, 화장법을 알려 줍니다.
- 출근하기 전 겟 레디 윗 미, 여행 가기 전 겟 레디 윗 미 등 나가는 곳에 따라 다릅니다.

왓츠 인 마이 백 (WIMB : What's In My Bag)

- '내 가방 안에 뭐가 있을까'라는 뜻으로, 가방 안에 들어있는 물건은 그 사람의 성격을 보여준다고도 하듯이 다양하고 무궁무진한 물건들이 담기다 보니 자연스럽게 하나의 콘텐츠 장르로 자리 잡았습니다.
- 자기만의 아이템들을 보여주며 소지 이유 및 어떤 점이 편해서 들고 다니는지를 추천해주기도 합니다.

ASMR (Autonomous Sensory Meridian Response)

- ASMR는 '자율 감각 외부 자극 반응(Autonomous Sensory Meridian Response)'의 약어로, 특정한 자극을 통해 일어나는 쾌락적이고 이완된 상태를 묘사하는 용어입니다. 이러한 자극은 흔히 낮은 음성, 속삭임, 소리, 손가락으로 만지는 소리 등과 같은 감각적인 자극입니다. ASMR은 대개 사람들에게 긴장을 풀어주고 수면을 유도하며, 두려움이나 스트레스를 줄여주는 효과를 가진다고 믿어지고 있습니다.
- ASMR은 뇌과학적으로 잘 이해되지 않았지만, ASMR 콘텐츠를 소비하는 사람들은 이러한 자극으로 인해 쾌락적인 느낌과 산만한 정신 상태에 빠지는 경험을 한다고 합니다. 이러한 경험을 나타내는 ASMR 콘텐츠는 주로 유튜브나 기타 온라인 플랫폼에서 찾아볼 수 있으며, 수많은 ASMR 아티스트들 이 다양한 ASMR 소리와 활동을 제공합니다. 예를 들면, 먹방 ASMR, 스킨케어 ASMR, 글씨 쓰기 소리 ASMR 등이 있습니다.
- ASMR은 사람마다 체감하는 정도가 다르며, 과학적으로 인정받은 의학적 치료 방법은 아니지만, 일부 사람들에게는 스트레스 감소와 긴장 완화에 도움을 줄 수 있다고 여겨지고 있습니다.

먹방 (Mukbang/Meokbang)

- 먹방은 먹는다는 뜻의 '먹'과 방송의 '방'이 합쳐진 신조어로 **[먹는 방송]**을 의미합니다. 주로 음식을 먹는 모습을 촬영하여 영상으로 만들고, 그 영상을 유튜브에 업로드하는 콘텐츠 형태를 말합니다.
- 영어로는 Eating Show로 표기하나, 2013년 옥스포드 영어사전에는 Mukbang(먹방)으로 등재되어 있습니다.
- 먹방 콘텐츠는 주로 음식을 사먹는 것을 시청자들과 함께 공유하는 형식으로 진행됩니다. 대규모 식사를 하는 경우도 있고, 특정 음식점에서 맛집을 소개하는 경우도 있습니다. 시청자들은 먹방 영상을 통해 다양한 음식을 관람하고 먹방 주인공의 반응을 보며 재미와 만족감을 느낄 수 있습니다.
- 먹방 콘텐츠는 한국에서 시작되어 전 세계로 확장되었으며, 많은 유튜버가 먹방 콘텐츠를 제작하여 인기를 끌고 있습니다. 이러한 인기로 인해 먹방이 유튜브에서 자체적인 장르로 자리 잡게 되었습니다.

언박싱 (Unboxing)

- '언박싱'은 상품이나 제품을 구매 후 그것을 개봉하는 과정을 의미합니다. 일반적으로 언박싱은 제품 구매에 대한 기대감을 더하고 제품의 내용물과 디자인을 보여주는 데 많이 사용됩니다. 이러한 과정은 주로 온라인 동영상으로 제작되며, 제품 구매를 고려하는 소비자들에게 제품에 대한 정보를 제공하는 데 도움이 됩니다.
- 언박싱 동영상은 소비자들이 제품의 크기, 디자인, 부속품, 기능 등을 미리 확인할 수 있게 해 주어 구매결정에 도움을 줍니다. 또한 언박싱 동영상을 제작하는 유튜버들은 해당 제품에 대한 리뷰와 추천을 함께하며, 제품을 홍보하거나 소비자들의 구매 경험을 공유하는 데 자주 활용됩니다.

하울 (Haul)

- '세게 끌어당기다', '차로 나르다', '흥청망청하기', '사치부리다'란 뜻으로 인터넷 방송 등에서 물건을 대량으로 구매한 뒤 '나 이거 샀어요' 처럼 자랑하는 느낌과 우리가 흔하게 할 수 없는 것을 영상으로 보여주기 때문에 시청자들은 마치 자신이 구매한 것 같은 대리만족의 느낌을 받는다는 데서 리뷰와 차이가 있습니다.
- 주로 많은 물건을 구매했을 때, 돈을 많이 썼을 때 촬영하는 경우가 많고, 영상 앞에 '명품 하울'이나 '럭셔리 하울'같은 수식어가 붙습니다.

하우 투 (How to~)

- 말 그대로 'HOW-TO' 영상을 말합니다. 어떤 일의 하는 방법을 알려주거나 간단한 팁을 가르쳐 주기도 하고, 어렵고 복잡한 문제 풀이를 하거나 다양한 노하우 등을 알려주는 정보성 콘텐츠입니다.
- 하우 투 영상을 논할 때 쉐어하우스라는 용어가 나오는데, 쉐어하우스는 '세상의 모든 노하우'라는 슬로건으로 생활의 팁, 가이드, 뷰티, IT, 음식, 디지털 등 갖가지 노하우를 영상으로 보여줍니다.

루틴 (Routine)

- 특정한 작업을 실행하기 위한 일련의 명령이나 프로그램의 일부 혹은 전부를 뜻하는 컴퓨터 용어를 유튜브 영상 제작에 응용하는 것으로, 어떤 주제의 영상을 제작할 때 **[자기만의 순서]**로 소개하는 영상을 말합니다.
- 주로 운동루틴, 화장품 루틴, 베이비 루틴 등이 많은데 운동루틴은 헬스 등 자신의 운동 순서와 방법을 소개합니다.

홈트 (Home Training)

- 홈 트레이닝(Home Training)을 줄여 부르는 말로써 헬스장이나 운동장을 가지 않고도 집과 같은 자신의 공간에서 하는 운동으로 몸을 관리하는 것을 말합니다.
- 홈트 영상 유튜버들은 콘텐츠 전문성을 높이기 위해 피트니스 전문가와 동작을 일일이 검수받기도 하고, 다양한 사람들이 영상을 접하는 만큼 난이도도 동작별로 응용해 영상을 제작하기도 합니다.

커버 (Cover) 영상

- 유명한 가수의 노래나 춤을 자기만의 스타일로 재해석해서 부르거나 연주하는 경우 해당 가수의 노래 창법을 그대로 따라 하거나 춤을 그대로 따라 추는 영상이 인기가 많습니다.
- 저작권자 허락을 맡지 않은 커버 노래 영상, 커버 댄스 영상, 음원이나 뮤직비디오가 삽입되는 편집 영상 등은 모두 저작권 침해에 해당합니다.

머천다이징 (Merchandising)

- 유튜브 채널에서 자신의 브랜드를 홍보하기 위해 상품을 판매하는 것을 의미합니다.

프로불편러

- 'Pro(Professional) + 不便(불편) + er(~하는 사람을 뜻하는 접미사)'의 합성어로 '이거 나만 불편한가요?' 라는 말과 함께 불편함을 그대로 드러내어 주위 사람의 공감을 얻으려는 사람을 이르는 말입니다.
- 원래는 인터넷 커뮤니티에서 유머성 게시글에 대해 과도하게 예민하게 반응하거나 쓸데없이 트집 잡는 행태를 벌이는 사람들을 네거티브하게 가리키는 말이었으나 최근에는 성평등에 어긋나는 사건이나 사태에 대해서 이를 비판적으로 지적하는 사람을 주로 가리키는 말이 되었습니다.

화이트 불편러

- '화이트 + 불편 + ~er(~하는 사람)'의 합성어로, 정당한 불편을 느끼는 사람을 뜻합니다. 이들은 사회의 부조리와 차별에 대해 정의로운 목소리를 내며, 변화를 위해 노력하는 사람들입니다. 화이트 불편러들은 소셜 미디어를 통해 자신의 의견을 적극적으로 표현하고, 공론을 형성하는 데 도움을 주고 있습니다.
- 사이버 공간에서 중요한 정보를 훔치는 블랙 해커 또는 크래커를 방어하는 전문가를 화이트 해커라고 하듯, 화이트 불편러에서의 화이트는 좋은 뜻을 의미합니다.

OOTD (Outfit Of The Day)

- 'OOTD'는 'Outfit of The Day'의 약어로, 옷차림이나 패션 스타일을 나타내는 해시태그(또는 소셜 미디어에서의 표현)입니다. 유튜브뿐만 아니라 인스타그램, 트위터, 페이스북 등의 소셜 미디어에서 자신의 하루 복장을 자랑하거나 스타일을 보여주기 위해 사용됩니다.
- 매일매일 달라지는 스타일과 멋진 의상을 자랑하는 데 사용되며, 패션 열정이나 자신만의 개성을 표현하기 위해 많은 사람들이 이용합니다. 또한 옷차림을 자랑하는 것 외에도, 패션 블로거나 옷 샵 등과 협찬을 맺거나 홍보를 위해 사용되기도 합니다.

OTT (Over The Top service)

- OTT는 'Over-The-Top'의 약자로서, 인터넷을 통해 영상, 음악, 게임 등의 다양한 콘텐츠를 직접 제공하는 서비스를 가리키는 용어입니다. 이러한 서비스는 기존의 전통적인 미디어 제공 방식인 케이블 TV, 위성 방송, 라디오 등과 달리 인터넷을 통해 콘텐츠를 제공하기 때문에 'Over-The-Top'이라고 부릅니다.
- 초기에 단말기를 통해 영화나 TV 프로그램 등 프리미엄 콘텐츠를 VOD 방식으로 제공하였으나, 인터넷 기술변화에 따라 콘텐츠 유통이 모바일까지 포함하면서 OTT의 의미가 확대되었습니다. 한국에서는 N스크린이라는 이름으로도 불립니다.
- 2023년 OTT 순위는 넷플릭스, 웨이브, 티빙, 쿠팡플레이, 디즈니 플러스, 시즌, 왓챠 순입니다.

재미있는 유튜브 용어

용어	뜻	의미
구완	구독 완료의 줄임말	유튜브 채널의 '구독'을 신청했다는 뜻
구취	구독 취소의 줄임말	유튜브 채널의 '구독'을 취소했다는 뜻
닉차	닉네임 차별의 줄임말	닉네임을 보고 이 사람이 누군지 판단하여 차별한다는 의미
반모	반말 모드의 줄임말	반모를 하게 되면 친구처럼 지낼 수 있다는 의미
반박	반말 모드 박탈의 줄임말	반말 모드를 했던 상태에서 사이가 나빠지게 되면 반모를 박탈하는 것을 의미
반위	반말 모드 박탈 위기의 줄임말	사이가 나빠져 반모를 박탈할 위기에 놓여 있다는 의미
반유	반말 모드 유지의 줄임말	반말모드를 계속 유지한다는 뜻
불소	불타는 소통의 줄임말	메신저나 댓글 등으로 활발하게 대화를 나눈다는 의미
설참	설명 참고의 줄임말	유튜브 영상 아래 더보기란 등 미리 작성된 설명을 통해 질문을 해결하라는 말
윰차	유무 차별의 줄임말	구독자가 자신보다 더 많으면 받아주고 적으면 안 받아주는 것을 나타내는 말
좋완	좋아요 완료의 줄임말	유튜브 영상을 시청한 후 '좋아요'를 눌렀다는 뜻
죽반	죽어도 반말 모드의 줄임말	무조건 반말을 사용하는 모드로 엄청 친하게 지내자는 의미
지뺏	지인 뺏기의 줄임말	반모자였던 사람이랑 반모하자고 하면서 지인을 뺏어간다는 뜻
톡디	톡 아이디의 줄임말	카카오톡 아이디를 알려 달라는 뜻
평반	평생 반말 모드의 줄임말	죽을 때까지 반말을 하자는 의미로 또래로 인식한다는 의미
임구	이미 구독	'이미 구독'이라는 말의 줄임말
부구	부계정으로 구독	'부계정으로 구독한다'라는 줄임말
후공	추후 공개	어떤 내용을 주제로 이야기할 때 당장이 아닌 나중에 공개하겠다는 의미
영참	영상 참고의 줄임말	영상을 보면서 이야기할 경우 사용하는 '영상참고'라는 뜻
섹추	섹션 추가	자신의 채널에 다른 사람의 채널을 넣는 것
군싹	'군침이 싹도노'의 줄임말	먹방 콘텐츠 영상 댓글에 자주 등장함
옛능	'옛날 예능'을 일컫는 말	10년, 20년이 지난 과거 예능 영상
국룰	'국민의 룰' 줄임말	보편적으로 통용되거나 유행하는 규칙 및 행동
윰차	유무 차별	구독자 유무를 차별한다는 의미
닉차	닉네임 차별	닉네임을 보고 누군지 판단해서 차별한다는 의미
ㅈㅂㅈㅇ	'정보좀요'의 초성	SNS상에서 정보를 물어볼 때 사용

좋댓구알 : 좋아요, 댓글, 구독, 알림설정

팬아저 : 팬은 아니지만 저장

당모치 : 당연히 모든 치킨은 옳다

식집사 : 반려식물을 키우는 사람

억텐 : 억지 텐션(반대:찐텐)

라방 : 라이브 방송

캘박 : 캘린더 박제(약속 날짜를 정할 때 사용)

점메추 : 점심 메뉴 추천

즐감 : 즐거운 감상

스불재 : '자초한 재앙'을 스스로 한탄할 때 쓰는 말

서송요 기법 : 소원하는 일을 이미 벌어진 듯 말함

갓생 : 성실하고 부지런한 삶

어쩔티비 : 어쩌라고 가서 티비나 봐

오방있 : 오늘 방송 있나요?

도금 : 도용금지

실간 : 실시간

주불 : 주소 불러

얼공 : 얼굴 공개

2강 유튜브로 돈을 벌 수 있는 방법 총정리 (14가지)

유튜브에 대해서 잘 모르시는 분들은 유튜브로 돈을 버는 방법은 광고 수익만 있다고 생각하는 경우가 많습니다. 하지만, 유튜브를 통해서 수익을 내는 방법들은 다양합니다. 2강에서는 유튜브로 어떻게 돈을 벌 수 있는지에 대해서 자세히 알아보도록 하겠습니다.

1 구글 애드센스 광고로 돈을 벌 수 있습니다.

구글 애드센스 광고는 유튜브 영상 앞에 나오는 광고를 말합니다. 구독자 1,000명 1년 내 총 시청 시간 4,000시간 이상이 되어야 조건이 됩니다.

● 구글 애드센스란?

구글에서 운영하는 광고 수익 배분 사업입니다. 광고주들이 구글에 광고를 내면 구글은 자사 플랫폼 사이트 및 블로그 등에 광고를 게시합니다.그러면 구글이 얻게 되는 광고 수익 일부를 유저층에게 배분하는 광고료 지급 방식입니다. 일반적으로 많이 보이는 사례는 유튜브에서 흔히 찾을 수 있는데, 영상 재생을 클릭하면 재생 바에 노란 줄이 있고, 이때 광고가 사용자 측에 재생되는 것이 구글 애드센스 중 하나입니다.
유튜브는 영상 재생 전이나 재생 중간중간 광고가 나오는데, 유튜브 영상 조회 수를 포함해 종합적 광고 노출 시간을 측정해서 유튜버들에게 광고비를 지급합니다. 일반적으로 2017년 기준으로는 유튜버 광고 수입이 10만 뷰 당 대략 15~20달러였다고 합니다.

애드센스의 장점이라고 하면 구글이 미국 회사이기 때문에 광고료가 대부분 미 달러로 사용자 측에게 지급 된다는 점입니다. 당연히 달러 환율이 높다면 그만큼 환율에 의한 차익도 자연스럽게 얻을 수 있습니다. 또한 광고주 측에게도 이러한 구글 애드센스가 좋다고 하는데, 비교적 저렴한 가격으로 개인 홈페이지나 블로그 중심의 광고 게재가 가능하기 때문에 은근히 효과가 좋다고 합니다.
애드센스의 단점도 존재하는데, 이상한 광고가 소스 이상으로 인해 노출될 가능성이 있기도 하며, 기본적인 정책 사항이 까다로워서 가입이 힘들다는 점입니다. 주로 콘텐츠가 부족할 경우에는 가입 승인이 거절될 수 있습니다. 그리고 구글 애드센스 수입으로 많은 돈을 버는 사람은 드물고, 소수의 고수입자의 사례만 보고 허황된 꿈을 좇지 않도록 주의가 필요하겠습니다.

❷ 유튜브 멤버십으로 돈을 벌 수 있습니다.

매달 정기적으로 일정 금액을 크리에이터에게 후원하는 제도를 말합니다. 멤버십 수익 배분은 7:3으로 수익의 70%를 유튜버가 가져가는 구조입니다. 구독자 3만 명 이상인 크리에이터들만 가능한데 게임채널은 1,000명 이상이면 된다고 합니다. 멤버십에 가입한 사람들에게 특별한 콘텐츠를 제공하고 수익을 얻습니다. 많이 알려지지 않은 이유는 운영 조건이 조금 까다로워 실제 운영하는 크리에이터가 적기 때문입니다.
유튜브 멤버십에 가입되어 있는 채널인 경우 구독 버튼 옆에 가입이라는 버튼이 보입니다. 그럼 가입하고자 하는 사람들은 가입하고 등급별로 후원을 할 수 있습니다. 멤버십은 정보 위주의 채널보다는 팬쉽이 강한 채널 또는 시청자 충성도가 강한 정치뉴스 같은 데서 주 수익원으로 활용되고 있습니다. 멤버십은 여러 단계로 금액 설정을 할 수 있고 멤버십 등급에 따른 혜택도 부여할 수 있습니다. 멤버십 회원에게만 공개되는 영상이나 게시글을 제공할 수도 있고 멤버십 회원을 위한 특별한 행사를 열 수도 있습니다. 멤버십 혜택 요금제는 등급에 따라 다릅니다.
[감사 등급 1,990원], **[기도 등급 2,900원]**, **[감동 등급 4,990원]**, **[충성 등급 12,000원]**인데 주로 감사 등급을 많이 애용한다고 합니다.

❸ 유튜브 슈퍼 챗 (Super Chat) 으로 돈을 벌 수 있습니다.

유튜브의 실시간 스트리밍 방송에 들어 있는 슈퍼 챗 기능을 이용해 수익을 버는 방식입니다. 구독자 1,000명 이상 만 18세 이상이어야 합니다. 생방송으로 시청자들과 교류할 수 있는 실시간 방송에는 슈퍼 챗이라는 채팅 기능이 포함되어 있습니다. 팬들은 이 슈퍼 챗으로 유튜버에게 직접 현금을 후원할 수 있으며 후원과 함께 자신의 메시지를 채팅창에 크게 알릴 수 있습니다. 아프리카 TV 별풍선을 통해 수익창출을 하는 것과 같은 것입니다.
슈퍼 챗 수익구조는 7:3, 크리에이터가 70%를 가져가는 구조입니다. 많은 분이 슈퍼 챗은 라이브 방송할 때만 적용된다고 생각하는데 영상을 업로드할 때도 슈퍼 챗을 받을 수 있습니다. 유튜브 업로드 시 '인스턴트 Premiers 동영상으로 설정'이라는 항목이 있는데 이 부분을 체크하고 게시를 하면 게시됨과 동시에 영상을 시청자들과 함께 시청할 수 있습니다. 함께 시청하는 동안 슈퍼 챗을 받을 수 있습니다. 일반적인 라이브 방송은 말 그대로 라이브 방송이라면 인스턴트 업로드는 녹화 영상을 함께 라이브로 보는 개념으로 이해하면 됩니다.

❹ 미디어 커머스를 통해 돈을 벌 수 있습니다.

미디어(Media)와 상업을 뜻하는 커머스(Commerce)의 합성어로, 미디어 콘텐츠를 활용해 마케팅 효과를 극대화하는 방식의 전자상거래를 말합니다. 제품을 가지고 영상을 촬영해서 실제로 판매가 되게끔 홍보 하는 방식입니다.

❺ 브랜디드 콘텐츠 (브랜드 광고) 를 통해 돈을 벌 수 있습니다.

브랜드의 가치를 통해서 공감을 불러일으키는 콘텐츠를 제작해서 돈을 버는 방식인데 인기 유튜버의 경우 채널에서 나오는 수익(광고 수익+후원 수익)보다 브랜드 광고 제작으로 훨씬 더 많은 돈을 벌고 있습니다.
수익이 불규칙적이기는 하지만, 한 건당 적게는 몇 십만 원에서 많게는 몇 천까지 버는 경우가 많습니다. 해외 탑 크리에이터의 경우에는 억대까지 가기도 합니다.

이는 파워 블로거처럼 광고주들이 유튜버에게 제품이나 홍보비를 지불하면, 유튜버들은 제품이나 서비스를 홍보하는 콘텐츠를 제작하여 올립니다. 이런 브랜드 콘텐츠는 2가지 타입으로 구분할 수 있습니다.

첫 번째 타입은 PPL입니다.

PPL은 'Product PLacement'의 약자로 영상 내에서 제품을 노출시켜 주거나 간단한 언급을 하는 것을 말합니다. 길어야 5분 내외이기 때문에 비용은 낮지만, 유튜버 입장에서는 가장 만들기 쉬운 광고라는 장점이 있습니다.

두 번째 타입은 브랜드 광고 영상입니다.

브랜드 광고 영상은 영상 내에서 제품이나 서비스를 사용하거나 후기를 말하면서 광고를 자연스럽게 콘텐츠화하는 것을 말합니다. 길이는 10분 내외 정도이기 때문에 PPL보다는 홍보비가 더 높으며, 브랜드의 요구사항이 많을 수 있습니다. 하지만, 광고 영상이 광고주 기대치에 부합한다면 주기적으로 광고 영상 제작 의뢰를 받을 수 있다는 장점이 있습니다.

6 마케팅 대행을 통해서 돈을 벌 수 있습니다.

마케팅 대행은 해외에서 활발하게 이루어지는 수익 창출 수단 중 하나인데 국내에서는 활발한 편은 아닙니다. 대표적으로는 아마존 어소시에이트(Associate) 프로그램이 있습니다.

[아마존 어소시에이트]란? 유튜버가 자신의 고유한 코드가 부여된 아마존 상품 링크를 걸고, 그 링크를 통해서 제품이 구매가 이루어지면, 최대 10%의 수수료를 받는 방식입니다. 주로 IT 리뷰 콘텐츠에서 많이 이루어집니다. 이런 방식은 유튜버에게는 제품 추천만으로도 추가적인 수익을 창출할 수 있는 좋은 방법 중 하나입니다. 이렇게 상품 링크 이외에도 쿠폰을 활용하는 방법도 있습니다. 유튜버는 시청자에게 쿠폰 코드를 알려주고, 그 쿠폰을 통해서 구매가 이루어졌을 때, 유튜버에게 일정 수수료가 가는 방식입니다.

예를 들면, 배달 앱에서 **[Youtube]**이라는 5% 할인 쿠폰을 일정 기간 동안 발행해 주고 유튜버가 배달 앱을 홍보하면서 **[Youtube]** 쿠폰 사용을 통해 구매를 이끌어 내면 일정 부분의 커미션을 받는 형태인 것입니다.
국내에는 **[쿠팡 파트너스]** 서비스가 있습니다. 온라인 채널을 소유한 쿠팡 회원이라면 누구나 이용 가능합니다. 이용방법은 쿠팡 파트너스 사이트(Partners.Coupang.com)에서 단 몇 분이면 가입신청이 완료되며 이후 원하는 제품이나 서비스를 가입자의 웹사이트에 배너나 링크의 형태로 연결하면 됩니다.
수익 확인은 쿠팡이 자체 개발한 트래킹시스템과 실시간 현황판에서 수시 모니터링할 수 있으며 수익금은 월별로 정산해 사전 등록된 계좌로 이체됩니다.

7 굿즈 (Goods) 판매 및 오프라인 팬미팅을 통해서 돈을 벌 수 있습니다.

자신이 어떤 상품을 제작해서 판매를 통해 돈을 벌 수 있습니다. 또한, 인기 유튜버의 경우 팬미팅을 통해 자신을 대표할 수 있는 상품을 개발해서 돈을 벌 수도 있습니다.

❽ 본인 사업과 병행해서 돈을 벌 수 있습니다.

내 사업 아이템과 내가 운영하는 매장에서 판매되고 있는 제품이나 콘텐츠 등을 직접 홍보해 돈을벌 수 있습니다.

❾ 지식을 토대로 강의와 강연을 통해서 돈을 벌 수 있습니다.

지식 콘텐츠를 만들어 내는 사람들이 많이 하고 있는 형태입니다.

❿ 책을 출판하여 돈을 벌 수 있습니다.

유튜버 활동을 해서 어느 정도 인지도가 쌓이면 출판사에서 연락이 오는 경우가 있습니다. 출판 제의를 통해 인세를 받아서 돈을 벌 수도 있고 유튜브 홍보를 통해서 책 판매 수익을 더 많이 가져갈 수도 있습니다. 또한 정보집이라는 소책자를 만들어서 판매 수익을 가져갈 수도 있습니다.

⓫ 컨설팅 상담 코칭을 통해서 돈을 벌 수 있습니다.

여러 분야의 전문직 종사자들이 자신이 아는 지식을 가지고 수입을 창출하는 것을 말합니다.

⓬ 2차 콘텐츠 판매를 통해서 돈을 벌 수 있습니다.

OSMU 영상 배포 수입을 말하기도 하는데 하나의 영상 소스를 만들어서 다양한 곳에 뿌려서 수입을 만들어 내는 개념입니다. 유튜브에 올린 영상을 **[네이버 TV]**에 올려서 수입을 창출할 수 있습니다. 유료 영상 사이트와 계약해서 수입을 창출하고 방송국이나 영화사와도 계약을 통해서 수입을 창출할 수 있습니다.

⓭ 크라우드 펀딩을 통해서 돈을 벌 수 있습니다.

프로젝트 기반 크라우드 펀딩은 일반적으로 자선기금 모금, 대규모 콘텐츠 실험, 도서 출판과 같은 특정 프로젝트를 시작하기 위해 사용합니다.

⓮ 소셜커머스 공동구매 형태를 통해서 돈을 벌 수 있습니다.

소셜커머스란 SNS 온라인 미디어를 활용한 전자상거래를 의미합니다. SNS로 입소문을 내고 구매자들에게 특정 상품이나 서비스를 파격적인 할인가에 판매하는 방식입니다. 최근 소비자들은 리뷰와 사용 경험을 중시하는데, 이런 트렌드에 맞게 인스타그램과 페이스북도 쇼핑 서비스로 진화 했습니다. 유튜브도 콘텐츠에 제품 구매를 연동하는 '사이트 링크형' 서비스를 통해 쇼핑을 강화하고 있습니다. 동영상 시청 중 상품 정보를 클릭하면 제품 상세 페이지로 넘어가 구매로 이어지게 합니다.

3강 유튜브 채널 개설 계획표 작성하기

유튜브 채널 개설 계획표

* 빈칸을 작성하여, 유튜브 채널 개설 계획표를 완성합니다.

유튜브 마케팅 목적		
마케팅 타겟		
홍보 키워드 (검색어)	**대표 키워드**	
	1차 세부 키워드	
벤치 마케팅 유튜브 채널	①	
	②	
유튜브 채널 컨셉		
유튜브 채널 이름		
유튜브 채널 컬러		
로고 구독 버튼 컬러		
유튜브 메인 해시태그		
유튜브 운영 정책		
콘텐츠 구성	**메인 콘텐츠**	**콘텐츠 구성안**

상단 **[유튜브 채널 개설 계획표]**는 SNS소통연구소 블로그에서 다운받으실 수 있습니다. 네이버에서 **[SNS소통연구소]** 검색하시고 블로그 검색창에 **[유튜브 채널 개설 계획표]**라고 검색하셔서 다운로드받으실 수 있습니다.

유튜브 마케팅 목적

유튜브를 하고자 하는 목적을 기재합니다. 돈을 벌고자 하는 것이 목적인지 자신의 취미나 관심사를 정리하는 것이 목적인지 정합니다. 목적이 정확한지 선택과 집중을 해서 유튜브 콘텐츠를 기획해야 성공하는 유튜버가 될 수 있습니다.

마케팅 타깃

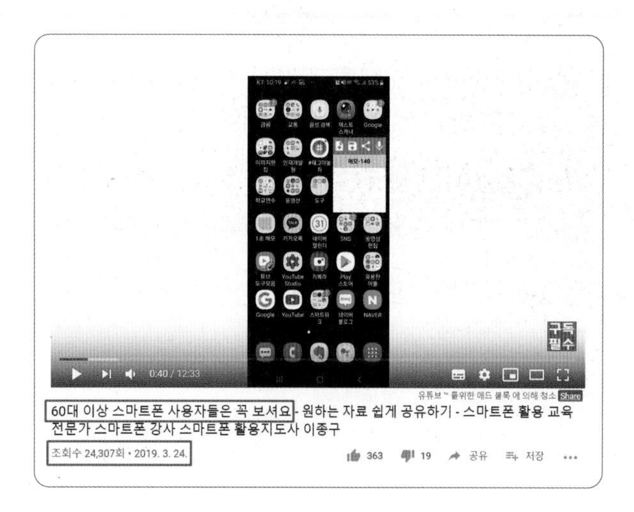

마케팅의 기본은 고객을 세분화하는 것입니다. 처음 유튜버 활동을 하는 사람들은 자신이 만든 콘텐츠가 남녀노소 누구에게나 통용된다고 생각하며 영상을 제작하게 되는데 현실은 그렇지 않습니다. 자신이 만든 콘텐츠의 고객층을 구분해서 홍보할 필요가 있습니다. 예를 하나 들어보겠습니다. 2019년 3월경 서울 미아리에 있는 모 생명보험회사에 스마트폰 활용 교육 미팅을 하던 중에 남자 지점장님으로부터 조금은 황당한 얘기를 들었습니다. 생명보험회사 지점에는 연령대가 50대 후반~60대 초반의 보험설계사 분들이 많이 계시는데 유튜브에 있는 자료도 공유를 못 하시는 분들이 있다는 것이 었습니다. 그때 당시 보험 설계사분들의 손에는 최신 스마트폰이 들려 있었고 아이패드로 계약서 사인을 받고 있는 상황이었습니다. 휴대 기기들은 최고로 좋은 신제품을 사용하고 있지만 정작 스마트폰이나 패드 활용법에 대해 무지한 분들이 많았습니다. 그래서 사무실에 복귀하자마자 유튜브에 있는 영상을 공유하는 방법에 대해서 오캠으로 녹화를 해서 올리고, 제목을 **[60대 이상 스마트폰 사용자들은 꼭 보셔요]** 라고 했는데 조회 수가 24,307회나 나왔습니다. 이처럼 자신의 콘텐츠 영상을 업로드 시 고객을 세분화해서 올려야 조회 수를 많이 얻을 수 있습니다.

홍보 키워드 (검색어) 만들기

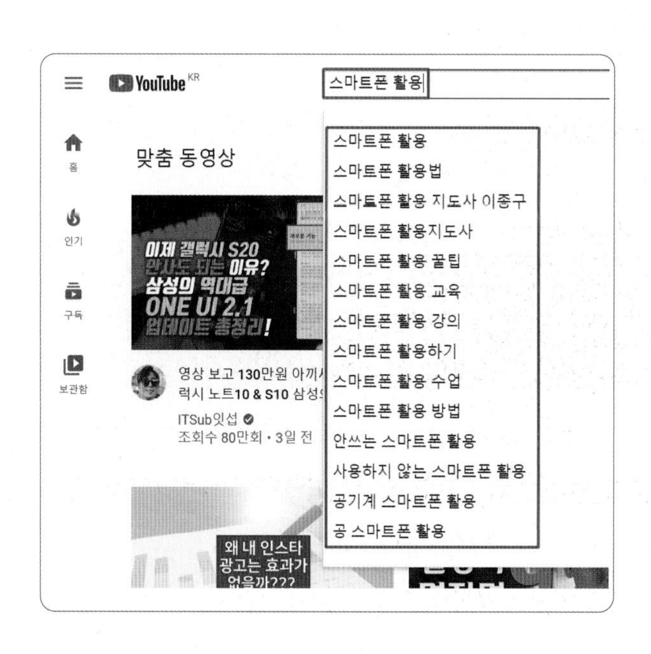

홍보 키워드는 한마디로 **[고객의 언어]** 라고 합니다. **[고객의 언어]**를 찾아내는 것이 조회 수를 늘리는 법 중 가장 중요합니다. 일단 자신의 영상 콘텐츠에 어울리는 대표 키워드를 먼저 정한 후 1차 세부 키워드를 나열합니다. 예를 들면 **[스마트폰 활용]**에 대해서 검색할 때 **[검색창]**에 입력 시, 검색창 하단에 관련된 키워드들이 보이는데, 이것들이 **[1차 세부 키워드]** 입니다. 대표 키워드와 1차 세부 키워드들 적절히 섞어 제목과 본문 설명 및 태그란에 입력하면 자신이 업로드한 영상이 보다 많은 시청자들에게 노출될 확률이 높아집니다.

예를 들어 **[남성 화장품]**을 소개하는 영상이라고 한다면 유튜브에서 많이 검색되는 관련 키워드를 찾아보는것이 우선이지만, 네이버가 가장 많이 사용하는 검색 사이트이므로 네이버 검색창에 **[남성 화장품]**이라고 검색해 보면하단으로 관련된 키워드들이 보이는데 네이버에서는 **[연관 검색어]**라고 하지만 이런 키워드들도 함께 섞어서 사용하면 시청자를 모으는 데 조금이라도 도움이 될 것입니다.

벤치마킹 유튜브 채널

자신이 유튜브 채널을 어떤 콘텐츠로 구성해서 찾아갈지가 결정이 되었다면 유사한 콘텐츠를 취급하는 유튜브 채널을 2~3개 정도 찾아내어 분석을 해보고 자신에게 맞는 채널 운영방법을 찾아내도록 합니다.

유튜브 채널 컨셉

컨셉이란 정말 중요한 것입니다. 컨셉은 해당 채널의 색깔을 보여주는 것이며 구독자로 하여금 당신의 니즈를 채워줄 것이라는 기대감을 심어줌으로써 구독을 불러일으킵니다. 유튜브 채널을 운영하면서 자신만의 컨셉을 잡기 위해서는 선택과 집중이 필요합니다. 남이 한다고 따라 하거나 조회 수를 올리기 위해 이슈만을 따라잡는다면 자신만의 컨셉이 불분명해져서 오히려 시청자들이 채널을 떠나게 되는 경우가 많을 것입니다. 자신만의 콘텐츠를 생산해 내는 데 선택과 집중이 필요한 것입니다. 자신의 유튜브 채널이 스마트폰 및SNS 마케팅 관련된 콘텐츠를 취급하고 있는데 갑자기 여행이나 먹방 콘텐츠가 수시로 올라온다면 누가 봐도 이런 채널은 구독자가 많이 생겨나지 않을 것입니다. 자신만의 컨셉이 잡힌다면 고객과 소통하고 유튜버로서 수익을 창출하는 데 많은 도움이 될 것입니다.

유튜브 채널 이름

채널 이름은 오프라인의 상점의 간판과 같다고 보면 됩니다. 초보 유튜버들의 경우 자신만의 브랜드를 만들어서 채널명으로 사용하는 경우가 많은데, 시청자들이 보았을 때 어떤 콘텐츠로 운영되는 채널인지를 쉽게 인식할 수 있도록 채널명을 만드는 게 좋습니다. 예를 들어 여행 채널을 운영한다고 가정했을 때, 채널명이 **[스마트 라이프]**라고 한다면 시청자들은 일반 생활 콘텐츠 블로그라고 생각할 수 있기에 굳이 **[스마트라이프]** 채널명을 사용하고 싶다면 **[스마트 라이프(여행전문)]**라고 자신이 사용하고 싶은 채널명 뒤에 다른 사람들이 보았을 때 **[여행 전문]**이구나라고 느낄 수 있도록 부연 설명 해주는 키워드를 넣어주면 좋습니다.

로고, 구독 버튼 컬러

로고, 구독 버튼 컬러도 **[유튜브 채널 컬러]**를 참고해서 만드는데 시청자들이 컬러만 보고도 '아, 00 채널이구나' 할 정도로 자신만의 브랜드 컬러를 만들어가면 좋겠습니다.

유튜브 채널 컬러

유튜브 채널을 운영하는 데 있어 전체적인 컬러는 시청자들에게 자신의 채널 브랜드를 각인시키는 중요한 역할을 합니다. 그러기에 자신이 좋아하는 색깔을 추구하기 보다는 전체적인 채널 컨셉에 맞는 색을 지정하거나 미국의 색채 연구소 팬톤(PANTON)에서 매년 발표하는 '올해의 컬러'를 참고해서 정해도 좋을 것입니다. 2022년 올해의 컬러는 '베리 페리'인데 팬톤사는 트렌드 컬러를 선정하기 위해 색채 전문가들이 세계각국의 문화를 살피고 산업, 예술, 패션, 디자인, 여행 뿐만 아니라 라이프 스타일까지 분석하여 선정한다고합니다. 참고로 베리 페리는 용감하고 즐거운 태도와 역동적인 존재감을 보여주며 용기 있는 창의력과 상상력을 북돋아 준다고 합니다.

유튜브 메인 해시태그

기본적으로 자신의 채널 컨셉이 정해지고 메인 콘텐츠가 구성 되고 나면 그것에 공통적으로 사용되는 해시태그도 정할 필요가 있습니다. 유튜브 알고리즘은 자주 거론되는 키워드들과 영상의 컨셉이 맞으면 더 많은 사람들에게 해당 채널의 영상들을 추천해 주기 때문입니다.

유튜브 운영 정책

유튜브에 영상을 업로드하는 것이 쉽지만은 않을 것입니다. 특히 일을 하면서 유튜버를 사이드 잡으로 하는 경우에는 영상을 자주 업로드 하는 게 쉽지 않습니다. 그래서 언제, 몇 시에, 얼마나 시간을 투자해서 영상을 제작하고 편집 할지에 대해서 계획을 세워놓고 하는 것이 좋습니다. 또한, 영상을 업로드 하는 시간도 일정하게 하는 것이 좋습니다. 요즘은 유튜브 업로드 시간도 예약을 할 수 있으니 충분히 가능한 일입니다.

콘텐츠 구성

콘텐츠 구성은 **[메인 콘텐츠]**와 **[콘텐츠 구성안]**으로 나뉘어 집니다. 예를 들어 **[메인 콘텐츠]**를 스마트폰 활용, SNS 마케팅, 오피스 활용, 컴퓨터 활용이라고 가정 한다면 **[스마트폰 활용]**이 **[메인 콘텐츠]**가 되고 **[콘텐츠 구성안]**은 **[스마트폰 활용]**을 세분화해서 만들면 됩니다. 만약 세분화 시 **[스마트폰 활용]** 안에는 스마트폰 설정, 카카오톡 활용, 스마트폰 카메라, 이미지 보정 및 편집, 동영상 편집, 스마트워크, 여행 앱, 번역 앱, 등 다양한 **[콘텐츠 구성안]**이 나오는 것입니다. **[유튜브 채널 개설 계획표]**는 집을 지을 때 설계도와 같다고 보시면 됩니다. 설계도 없이 집을 짓는다면 어떻게 될까요? 어떻게든 집을 지을 수 있겠지만, 시간과 비용이 많이 소모될 것입니다. 돈이 되는 유튜버가 되고 싶다면 **[유튜브 채널 개설 계획표]**를 꼼꼼히 기획해서 작성하는 것이 일의 효율성과 효과성을 극대화할 수 있을 것입니다.

4강 스마트폰 유튜브 앱 활용하기

유튜브 시크릿 모드 사용하기

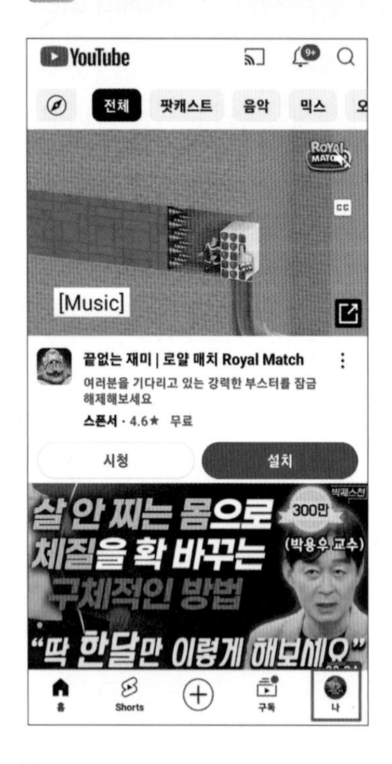

❶ [유튜브] 앱 홈 화면 하단에 [내 계정]을 터치합니다. ❷ [시크릿 모드 사용]을 터치합니다.
❸ 하단에 [시크릿 모드를 사용하고 있습니다.]라는 문구가 생성됩니다.
검색창에 원하는 [채널 또는 키워드]로 검색합니다.

❶ 시크릿 모드를 해제하고 싶다면 우측 하단에 [나]를 터치합니다.
❷ [시크릿 모드 사용 중지]를 터치합니다. ❸기존 계정으로 로그인한 화면을 확인할 수 있습니다.

시청 기록 지우기

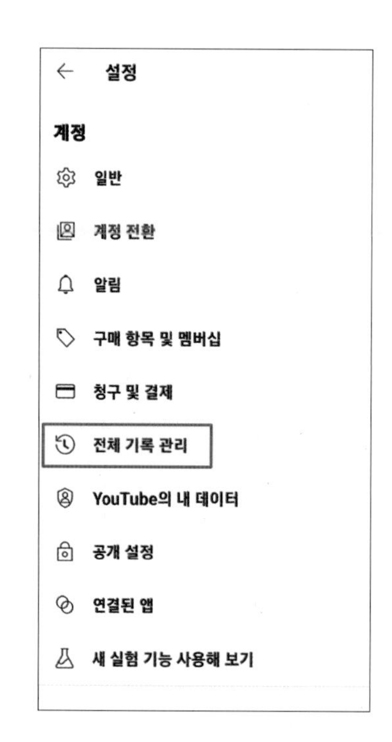

1 홈 화면 하단에 [내 계정]을 터치합니다. 2 [설정] 아이콘을 터치합니다.
3 [전체 기록 관리]를 터치합니다.

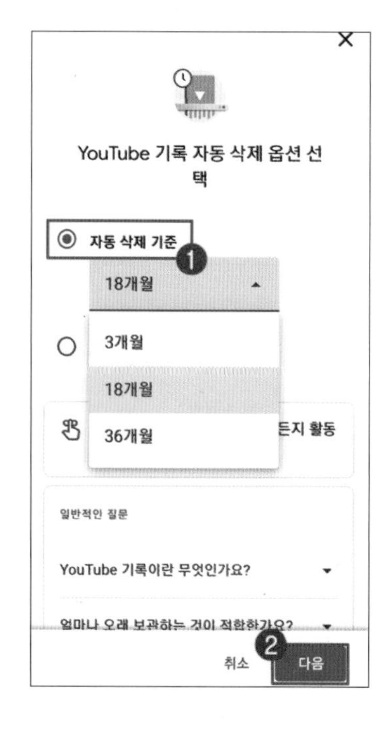

1 [자동 삭제]를 터치합니다.

2 ① [자동 삭제 기준] 메뉴에서 사용자가 원하는 개월로 설정합니다.
② [다음]을 터치하여 완료합니다.

유튜브 설정 제대로 활용하기

● 일반

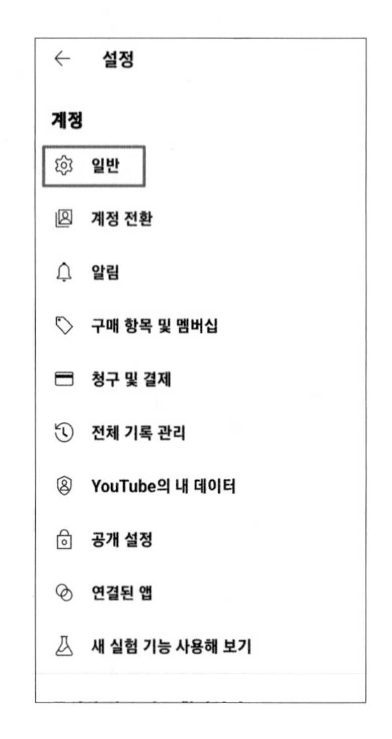

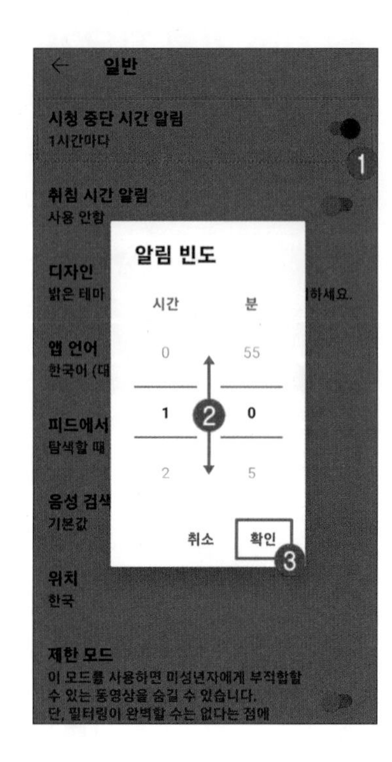

1 유튜브 앱 홈 화면에서 ① [**내 페이지**]를 터치합니다. ② [**설정**]을 터치합니다.
2 설정 화면에서 [**일반**]을 터치합니다. 3 ① [**시청 중단 시간 알림**]을 활성화하여 ② 위, 아래로 스크롤하여 시청 시간 알림 빈도 시간을 설정할 수 있습니다. ③ [**확인**]을 터치하여 완료합니다.

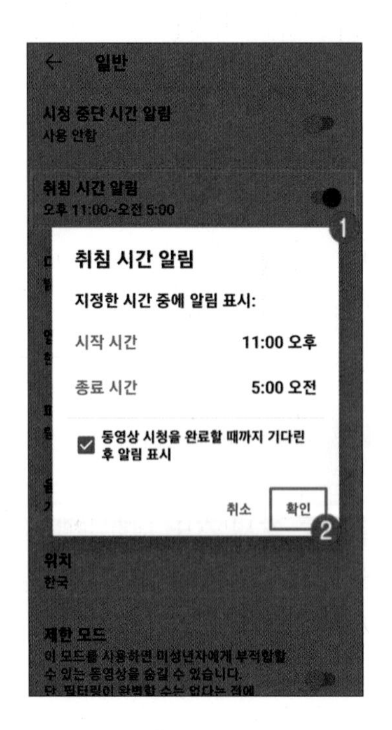

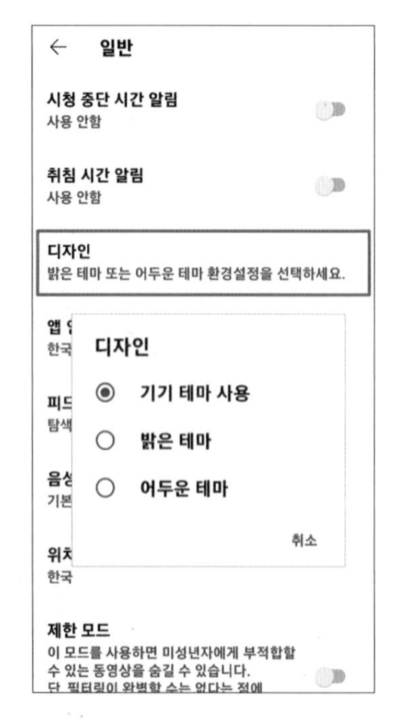

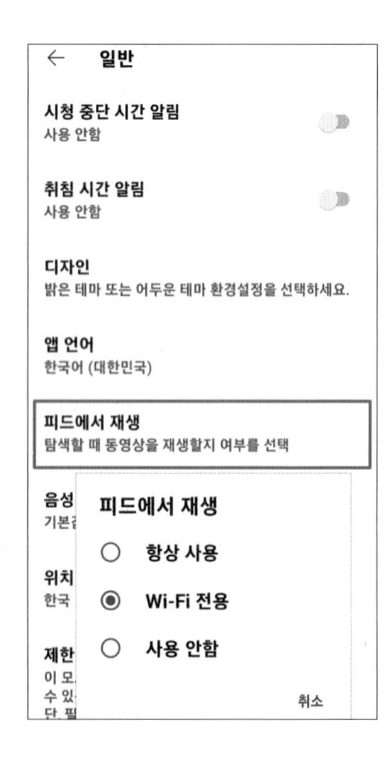

1 ① [**취침 시간 알림**]을 활성화하여 시간을 설정하고 ② [**확인**]을 터치합니다.
2 디자인 메뉴에서 밝은 테마, 어두운 테마 중 선택할 수 있습니다.
3 [**피드에서 재생**]을 환경에 맞게 설정할 수 있으며 영상을 탐색할 때 미리 영상을 볼 수 있습니다.

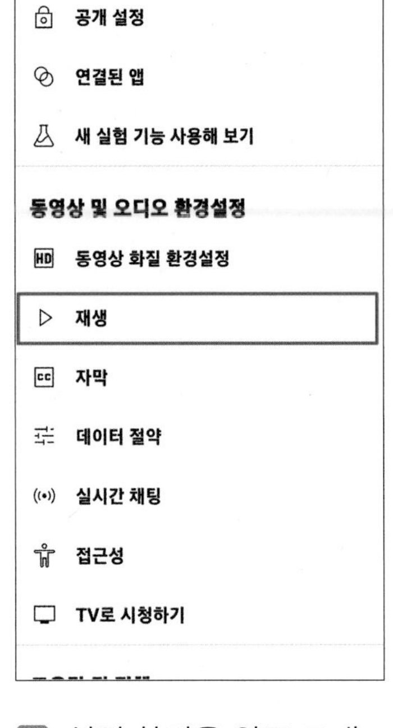

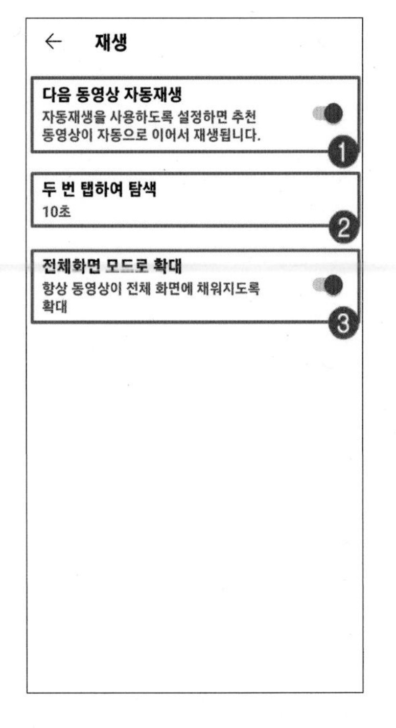

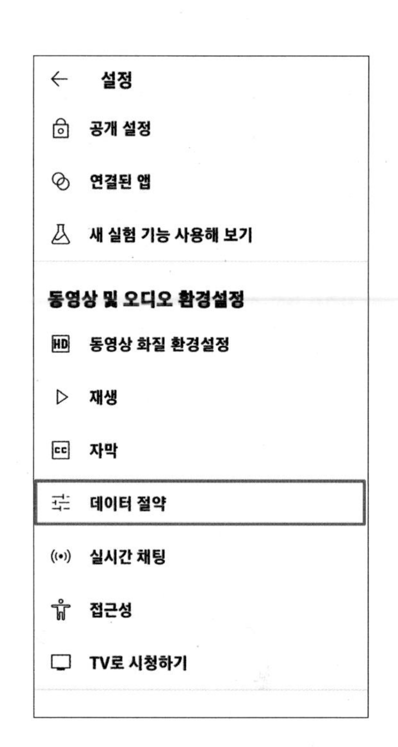

1 설정 화면을 위로 드래그하여 [**재생**]을 터치합니다. 2 ① [**다음 동영상 자동재생**]을 활성화하면 추천 동영상이 자동으로 이어서 재생됩니다. ② [**두 번 탭하여 탐색**]을 터치하면 5초~60초까지 설정할 수 있습니다. ③ [**전체화면 모드로 확대**]을 활성화하면 항상 동영상이 전체 화면에 채워지도록 확대하여 보실 수 있습니다. 3 설정 화면에서 [**데이터 절약**]을 터치합니다.

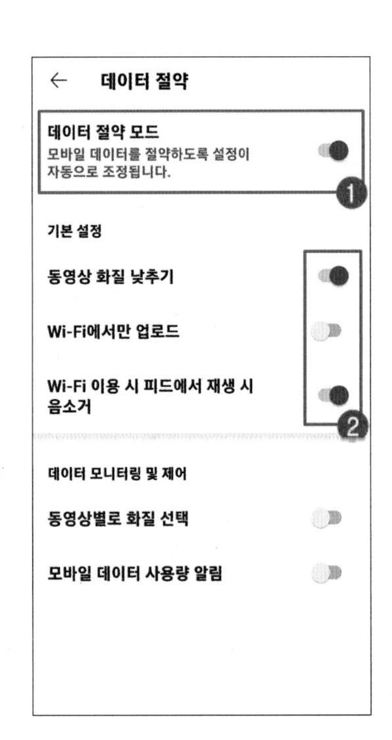

1 ① [**데이터 절약 모드**]를 활성화합니다.

② 기본 설정에서 사용자가 원하는 설정을 활성화할 수 있습니다.

유튜브 시청하기

● 화면 확대해서 보기

1 유튜브 영상을 실행합니다. 영상이 진행되는 상태에서 **손가락을 화면 위로 드래그하면** 화면이 가로로 전환되면서 확대됩니다.

2 영상 시청 중이나 시청 후 다시 **손가락을 아래로 드래그하면 원래 화면으로 축소**됩니다. 영상 재생 중에도 최대 8배까지 확대해서 볼 수 있습니다.

● 영상 속도 빠르게 보기

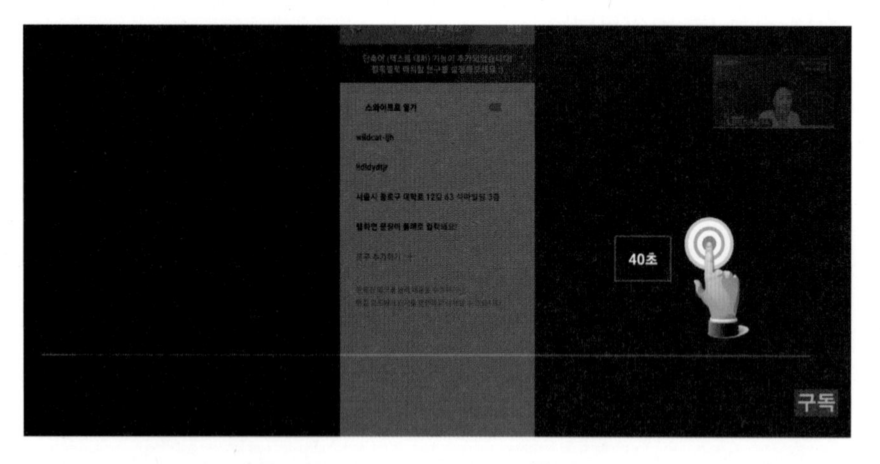

동영상 시청 시 화면 **오른쪽을 두 번 빠르게 터치**하면 화면이 빠르게 진행합니다.

동영상 시청 시 화면 **오른쪽을 길게 터치**하면 화면이 2배속으로 빠르게 진행합니다.

● 재생 속도 설정하기

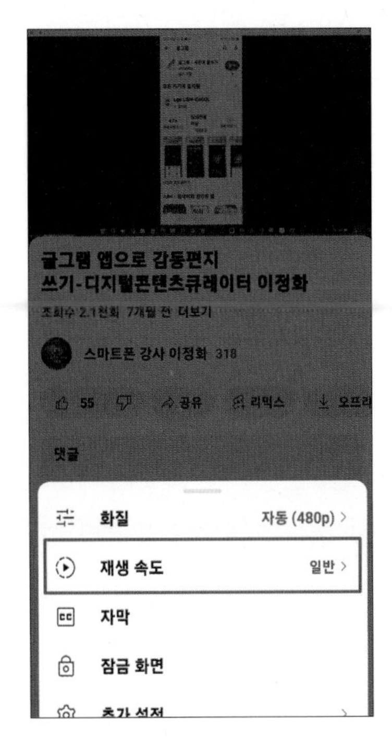

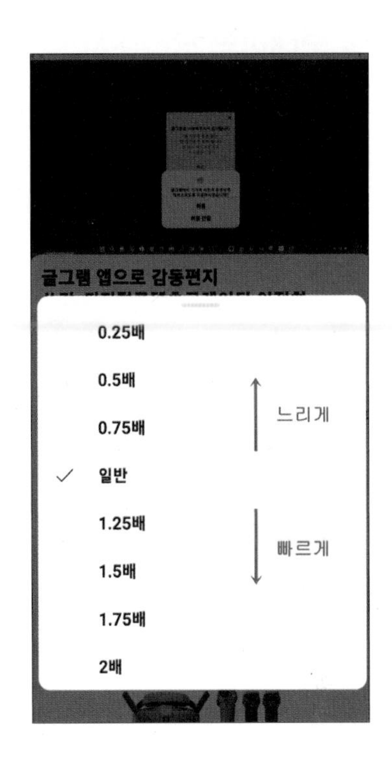

1 동영상 시청 시 화면 우측에 [**설정**]을 터치합니다.

2 [**재생 속도**]를 터치합니다.

3 보통은 일반으로 설정되어 있으며 사용자가 원하는 대로 느리게 또는 빠르게 설정할 수 있습니다.

● 보관함에 저장하기

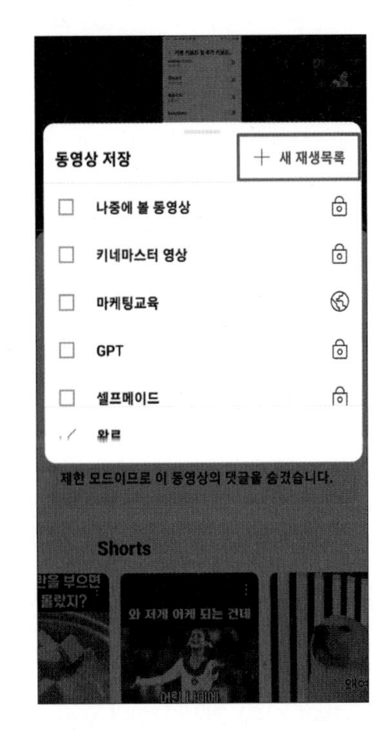

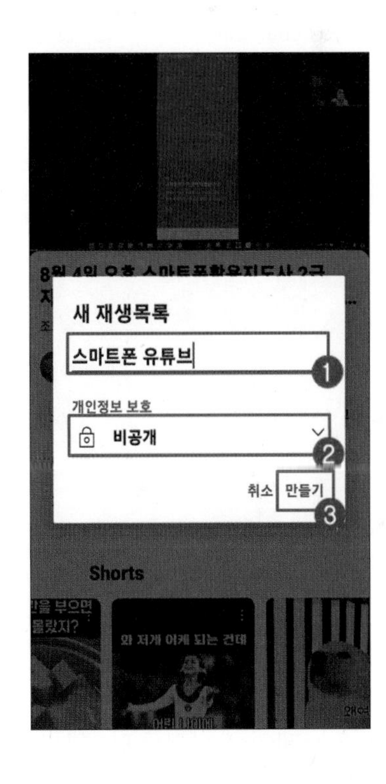

1 동영상을 실행 후 카테고리 메뉴를 이동하여 [**저장**]을 터치합니다.

2 동영상을 저장할 폴더를 만들어 관리할 수 있습니다. [**새 재생목록**]을 터치하여 3 ① 새 재생목록 폴더 이름을 입력합니다. ② 폴더의 공개 여부를 설정할 수 있습니다. ③ [**만들기**]를 터치하여 완료합니다.

광고 없이 유튜브 시청하기

● **브레이브 브라우저** - '백그라운드 재생'을 활성화하면 유튜브 화면이 꺼진 후에도 음악 듣기 가능

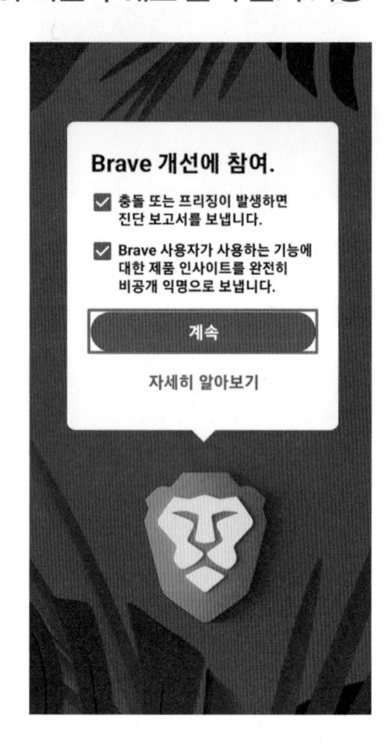

1 ① Play 스토어 검색창에 [**브레이브 브라우저**]를 검색하여 설치 후 ② [**열기**]를 터치합니다.
2 다음 화면에서 [**나중에**]를 터치합니다. 3 [**계속**]을 터치하여 진행합니다.

1 브레이브 브라우저 설치가 끝나면 홈 화면 상단 검색창에 [**youtube.com**]을 입력 후 검색합니다.
2 브레이브 브라우저에서의 유튜브는 처음이라 영상이 나타나지 않습니다. 검색창에 사용자가 원하는 키워드나 채널명을 넣어 검색합니다. 3 관련 영상을 터치하면 광고 없이 영상을 시청하실 수 있습니다. 화면 하단에 [**점 3개**] 아이콘을 터치합니다.

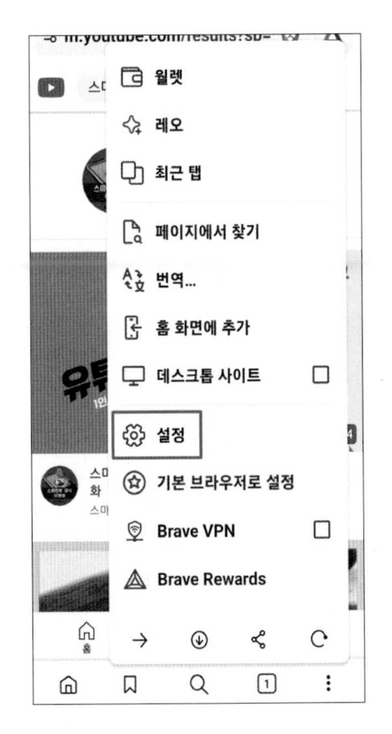

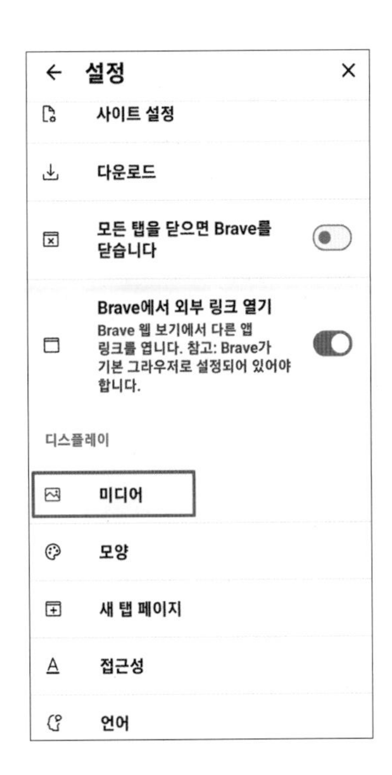

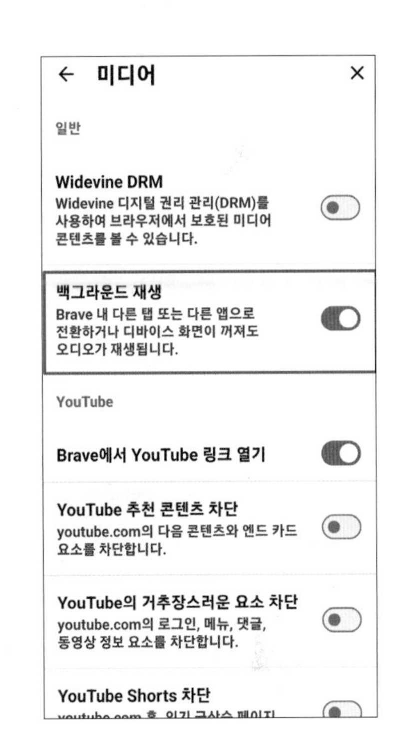

1 [**설정**]을 터치합니다. 2 [**미디어**]를 터치합니다.

3 [**백그라운드 재생**]을 활성화해두면 스마트폰을 닫아도 백그라운드에서 오디오가 재생됩니다.

Brave 내에서 다른 탭 또는 다른 앱으로 전환하거나 디바이스 화면이 꺼져도 [**오디오 백그라운드 재생**]으로 어느 화면이나, 잠금 화면에서도 오디오를 편리하게 즐길 수 있습니다.

5강 유튜브 채널 만들기

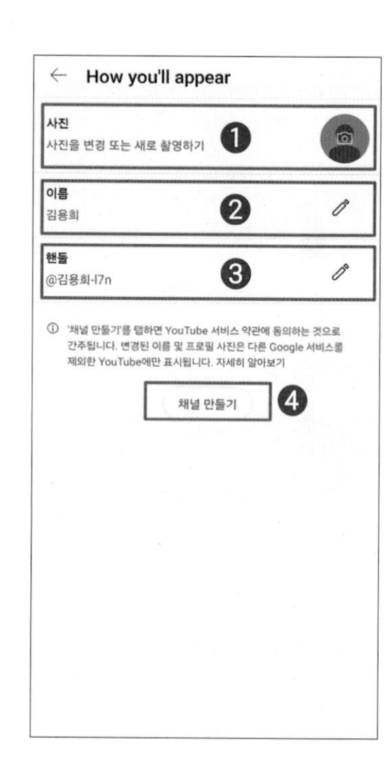

1 유튜브 우측 하단 [**나**] 아이콘을 터치합니다.

2 이름 아래 [**채널만들기**]를 터치합니다. 동영상을 업로드하기 위해서는 채널 만들기를 해야 합니다.

3 ① [**사진**]을 터치해서 프로필 사진을 입력하고 ② [**이름**]을 터치하여 채널 이름을 입력하고, ③ [**핸들**]을 터치하여 영문또는 한글로 입력을 하고 ④ [**채널 만들기**]를 터치하여 채널을 개설합니다.

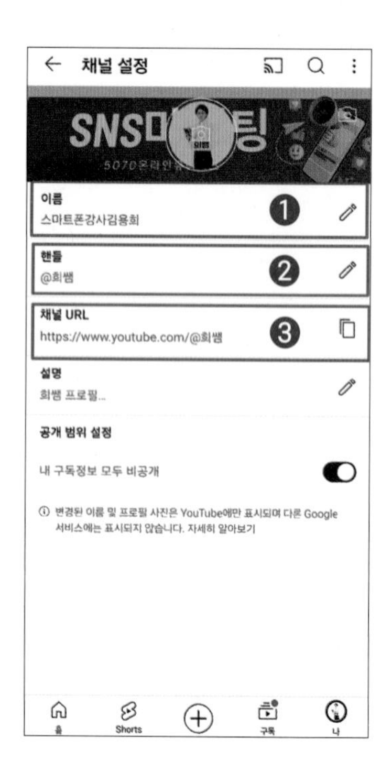

1 만들어진 [**내 채널**]의 정보를 수정하려면 [**채널 보기**]를 터치합니다.

2 동영상 관리 버튼 옆에 있는 [**연필**] 아이콘을 터치합니다.

3 ① [**채널 이름**]을 설정합니다. ② [**핸들**]은 한글로도 가능합니다. ③[**채널 URL**]을 복사하여 공유할 수 있습니다.

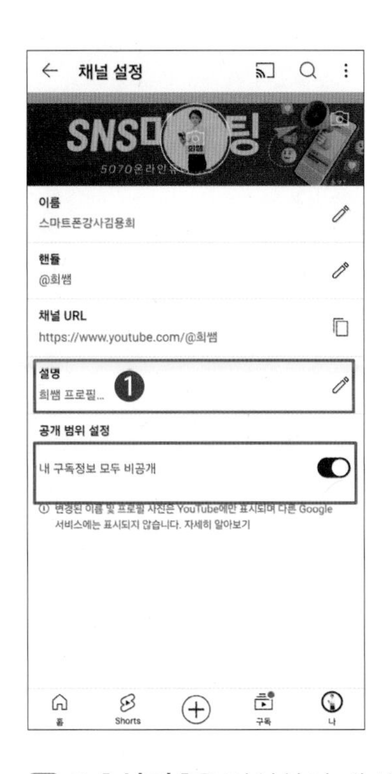

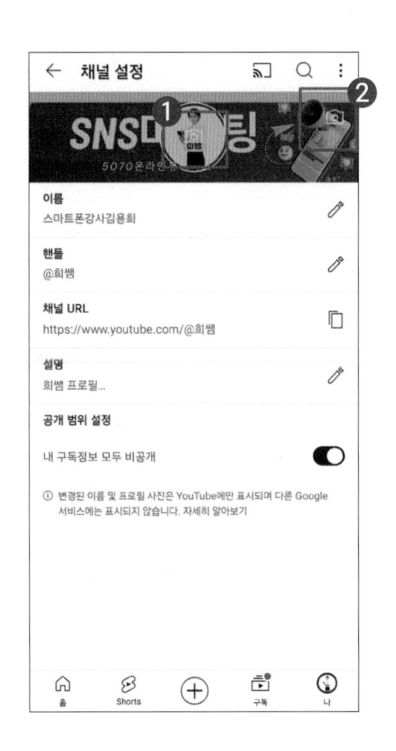

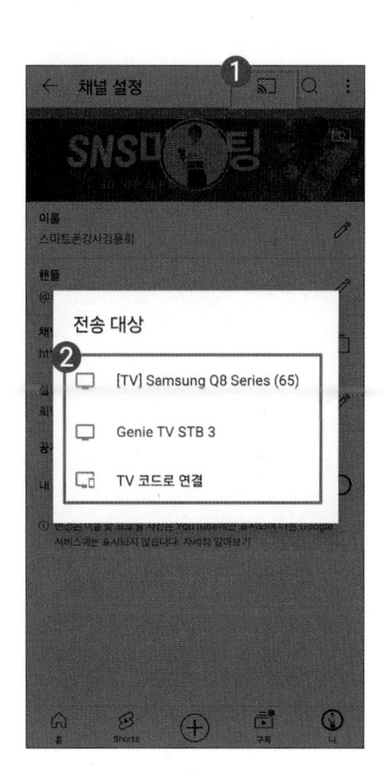

1 ① [설명]을 터치하여 내 채널의 소개 및 콘텐츠 소개 등을 할 수 있습니다.

2 ① [프로필 사진]을 터치하여 갤러리에 저장된 사진을 선택합니다.

3 ③ [전송 대상]을 연결해서 볼 수 있습니다.

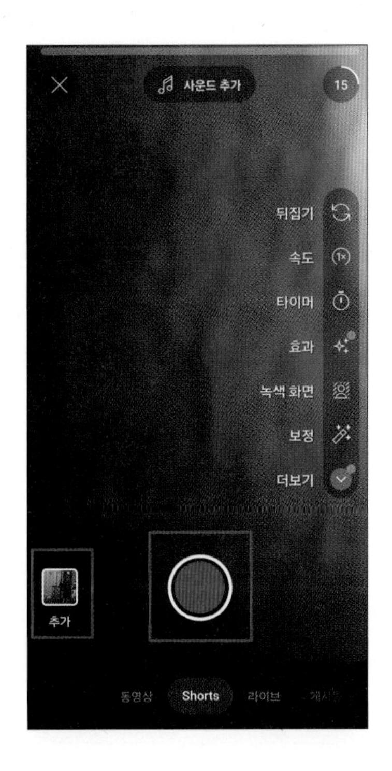

1 하단의 메뉴 중 [Shorts]는 쇼츠 영상만 보기 위해 누르는 메뉴입니다. 쇼츠 영상을 업로드하기 위해서 하단의 [⊕]를 터치합니다. 2 [추가]를 터치하면 갤러리에 저장되어 있는 영상을 가져올 수 있습니다. 3 [추가]를 터치하여 갤러리에 저장된 영상을 선택합니다. (쇼츠 영상은 9:16 비율의 영상입니다.)

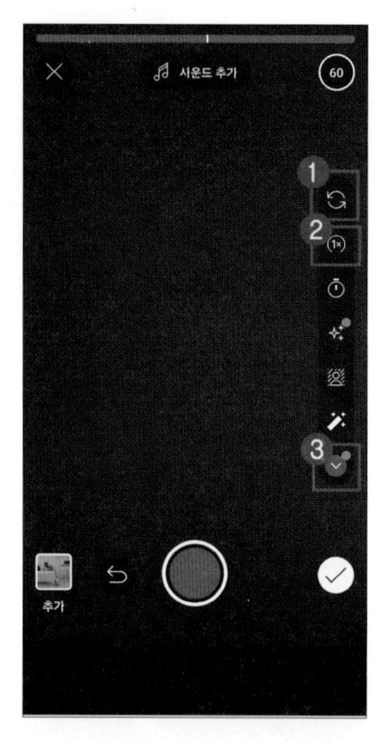

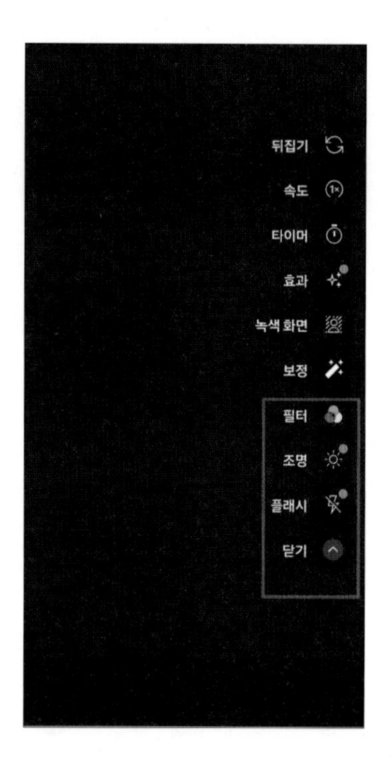

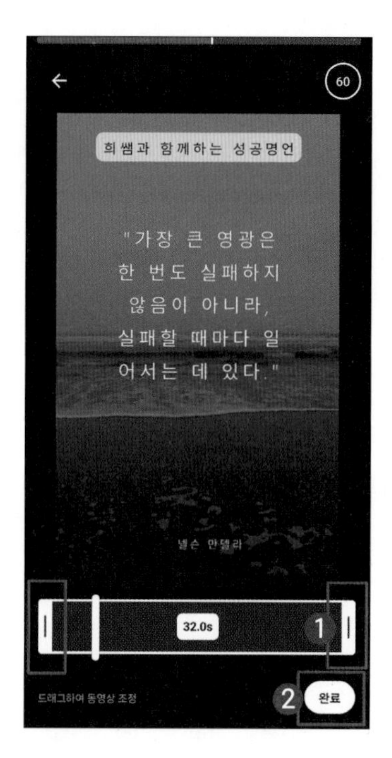

1 영상을 선택하고 나면 편집 메뉴가 나옵니다. ① [**뒤집기**]를 터치하면 전면,후면 촬영 전환이 가능합니다. ② [**속도**]로 1배속 2배속 3배속을 선택해서 녹화를 하면 영상 재생이 빠르게 됩니다. ③ [**더보기**]를 터치하면 2 필터, 조명, 플래시 기능이 있습니다. 3 ①양쪽끝을 드래그하여 동영상의 길이를 조절할 수 있습니다. ② [**완료**]를 터치합니다.

사운드 추가를 하는 경우에는 원본 영상인 내 오디오와 첨부한 음악 오디오의 볼륨을 조절하여 두 개의 소리가 적절할 비율로 들릴 수 있도록 믹스합니다.

1 [**볼륨조절 아이콘**]을 선택하여 2 [**내 오디오**]의 [**소리와 사운드 추가된 소리를 조절**]하시면 됩니다.

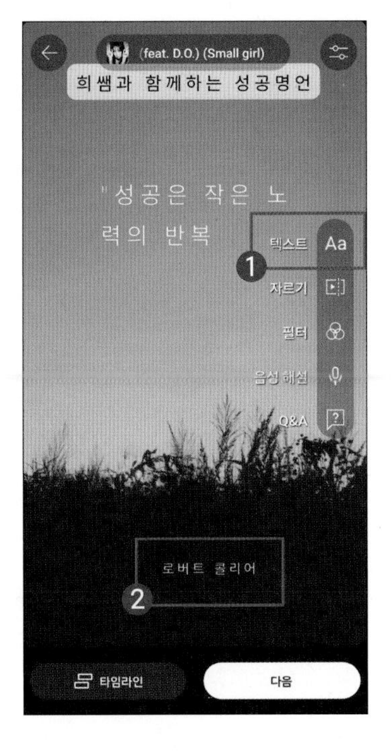

❶ ① [**텍스트**]을 터치하면 ② 글자 종류와 자막효과를 설정하고 글자의 크기를 조절할 수 있습니다.

❷ ② [**자르기**]를 터치하면 썸네일을 탭하여 수정할 수 있습니다.

❸ 중앙 하단에 변경된 썸네일을 확인할 수 있습니다.

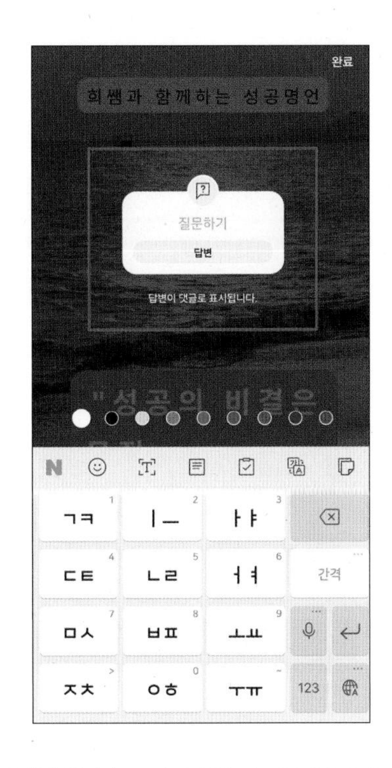

❶ ① [**Q&A**]를 터치하여 영상속에 질문을 넣고 소통할 수 있습니다.

❷ ② [**질문하기**]를 터치하여 재미있는 질문을 만듭니다.

❸ ③ [**답변**]은 댓글로 받을 수 있습니다.

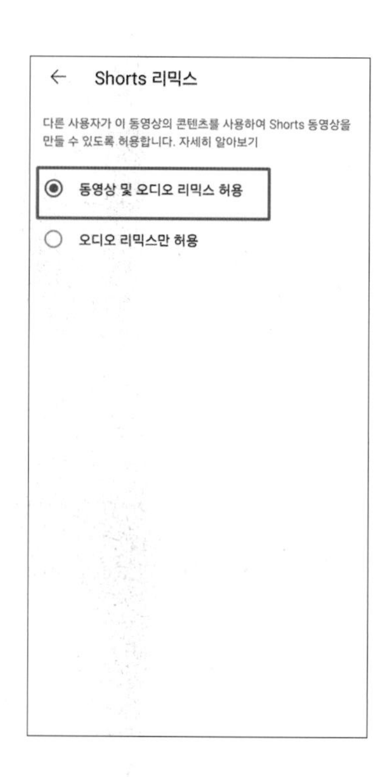

1 영상 내부의 [**연필**] 아이콘을 클릭하면 2 화면 하단에 영상의 타임라인이 표기되고 사각형 박스가 보입니다. 쇼츠의 썸네일을 선택할 수 있습니다. 3 [**동영상 및 오디오 리믹스 허용**] 옵션을 설정해야 합니다. 이 옵션은 다른 사용자가 내 쇼츠의 동영상 및 오디오 리믹스 허용이 기본 설정으로 되어있습니다.

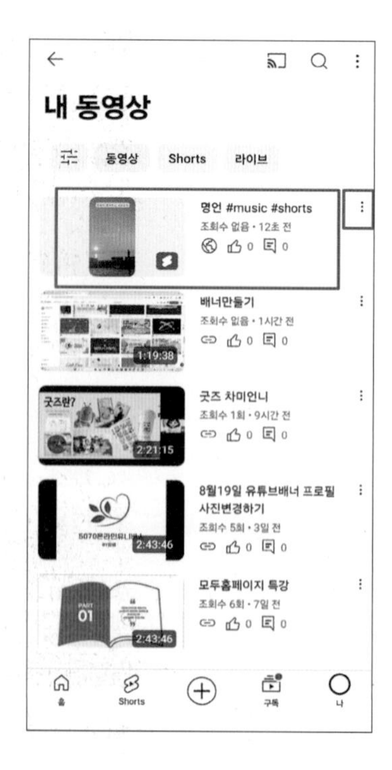

1 ① [**제목**]을 터치하여 영상과 관련된 제목을 입력하세요. (최대 100자까지 가능) ② [**Shorts 동영상 업로드**]를 터치하여 영상을 업로드합니다.

2 ③ [**내 동영상 업로드중**] 동영상보기를 터치하면 3 업로드된 쇼츠영상을 볼 수 있습니다.

① PC 유튜브 스튜디오에서 [**콘텐츠**]를 클릭하면 ② 우측에 [**Shorts**] 중 설명을 추가할 쇼츠 영상을 선택합니다. 업로드 시 설명을 추가할 수 없습니다. 설명을 추가하면 자신의 콘텐츠를 홍보하는데 많은 도움이 됩니다. 자신의 유튜브 채널에서 [**유튜브 스튜디오**] 카테고리로 이동합니다.

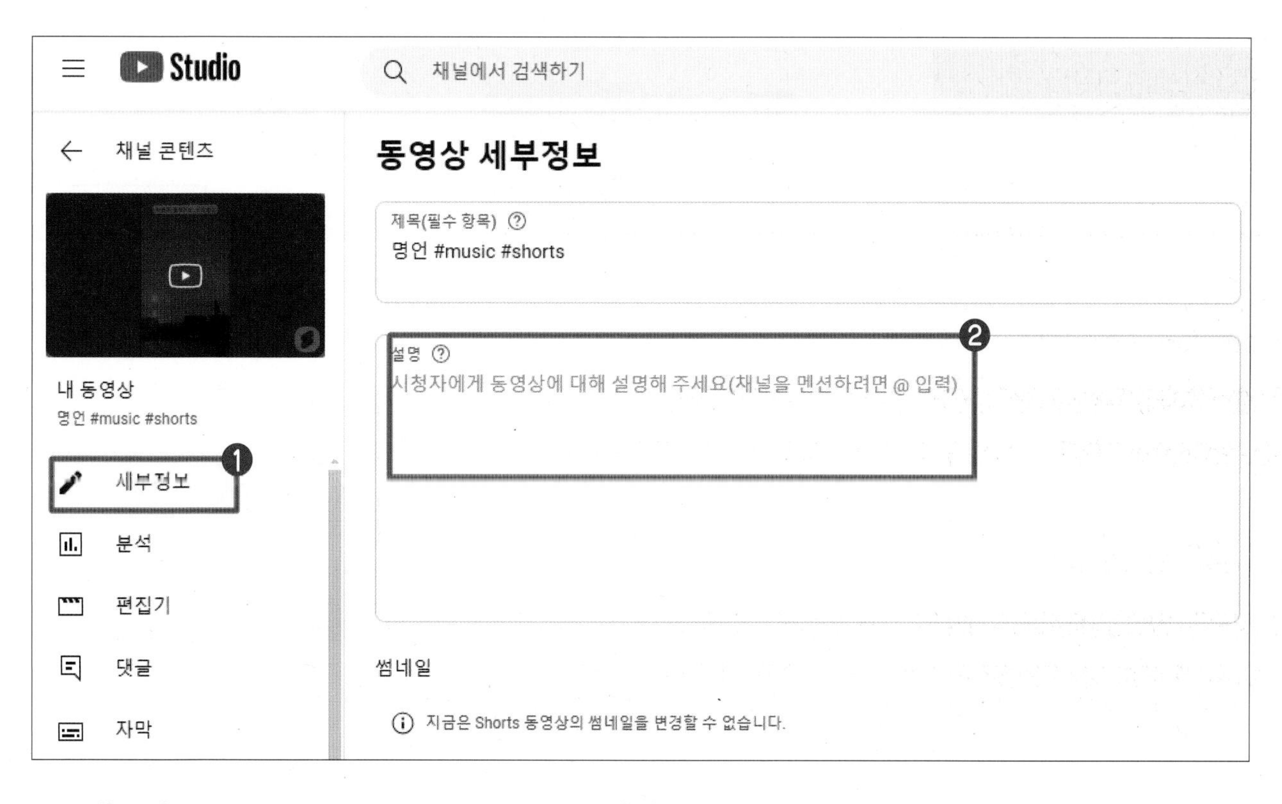

① [**세부정보**]를 클릭한 후 ② 우측에 나타난 [**설명**]란에 시청자의 이해를 도울수 있도록 쇼츠 영상에 대한 상세한 설명을 입력합니다.

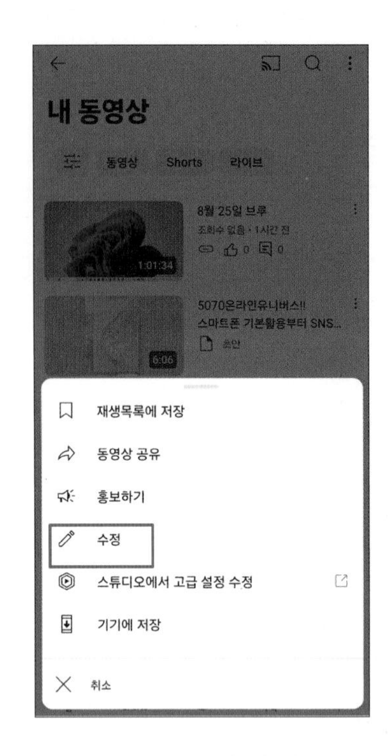

1 [내 동영상] 안의 쇼츠 영상을 선택한 후 우측의 [점세 개] 를 터치합니다.

2 [수정]을 터치합니다. 3 [설명]을 터치하면 PC에서 삽입한 내용이 보이고, 그 이후에는 스마트폰에서도, 스마트폰에서도 쉽게 설명을 추가할 수 있습니다.

● 일반 영상(16:9비율) 업로드하고 유튜브 인증 받기

1 [동영상] 버튼을 터치합니다.

2 [제목]란에 동영상의 제목을 작성합니다. [업로드] 버튼을 터치합니다.

3 [내 동영상]을 확인할 수 있습니다.

1 [**동영상**]에서 [**Shorts 동영상으로 수정**]을 터치합니다.

2 영상을 자르지 않을 경우 [**다음**]을 터치합니다.

3 사운드 추가 및 텍스트 삽입, 필터 처리를 할 수 있습니다. [**다음**]을 터치합니다.

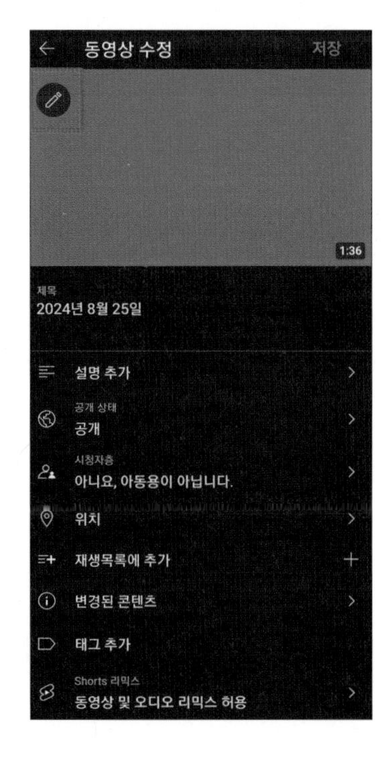

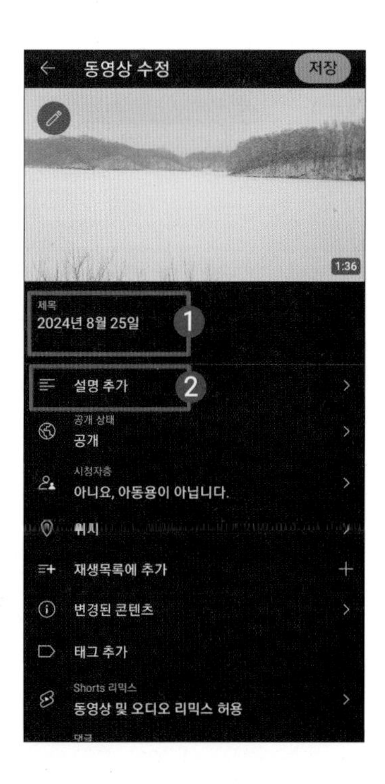

1 [**동영상 수정**]에서 [**연필**] 아이콘을 터치합니다.

2 썸네일을 변경할 수 있습니다.

3 변경된 썸네일을 확인 후 ① [**제목**]과 ② [**설명**]을 추가합니다.

※썸네일 변경을 하기 위해서는 전화번호 인증을 한번 해야 합니다. **(54페이지 참고)**

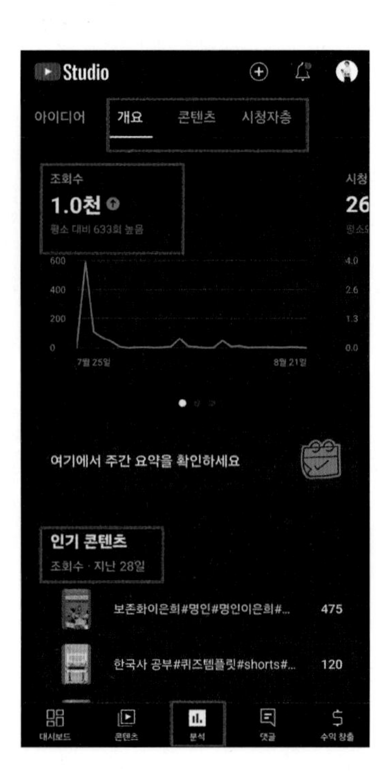

❶ [**유튜브스튜디오**] 하단에 보이는 [**대시보드**]로 채널의 활동을 알 수 있는 조회수, 구독자수, 시청시간을 알 수 있습니다. ❷ [**콘텐츠**]는 내 채널에 업로드한 일반 동영상 Shorts, 실시간, 재생목록 기록을 알 수 있습니다. ❸ [**분석**]은 일별 조회분포도, 인기콘텐츠, 영상별 실시간 조회 수에 대한 보고서를 통해 내 채널을 세밀하게 확인하고 분석할 수 있습니다.

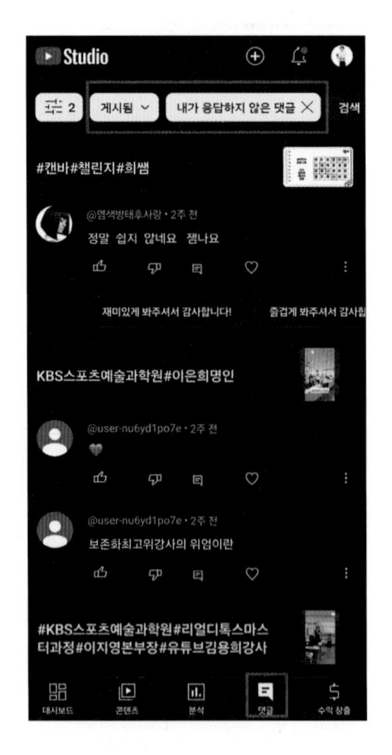

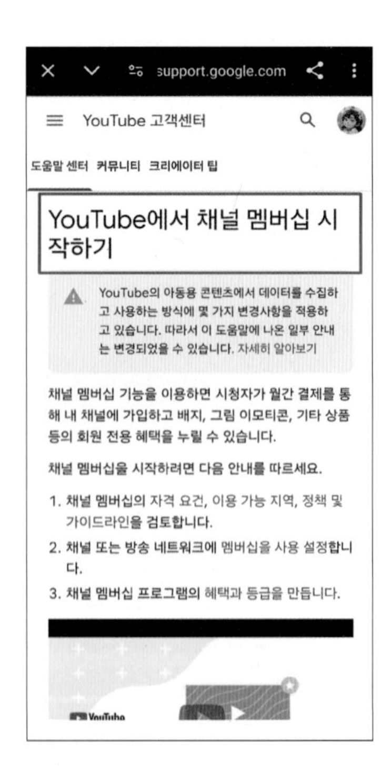

❶ [**댓글**]을 선택하면 내 동영상에 남긴 댓글을 확인하고 답글을 달 수 있습니다.

❷ [**수익 창출**]을 선택하면 유튜브 멤버십에 가입할 수 있는 [**멤버십**] 버튼이 나타나며, 멤버십 가입을 위한 창으로 이동 됩니다. ❸[**YouTube에서 채널 멤버십 시작하기**]를 통해 멤버십 가입에 관한 내용을 확인합니다.

수익창출

Youtube 파트너 프로그램(YPP)에 가입한 후 승인되면 광고 수익, 유튜브쇼핑,유튜브 프리미엄 수익, 채널 멤버십, SuperChat, SuperSticker, SuperThanks의 수익창출을 관리할 수 있습니다. 각 기능 자격요건에는 구독자수, 조회수 이외에도 별도의 자격요건이 필요합니다. (채널 자격요건 : 광고 수익 기준은 구독자수 1000명, 지난 365일간 공개된 동영상의 유효 시청 시간이 4,000시간 이상, 지난 90일간 공개 된 shorts동영상의 유효조회수가 1,000만 회 이상 조건이 충족되어야 합니다.)

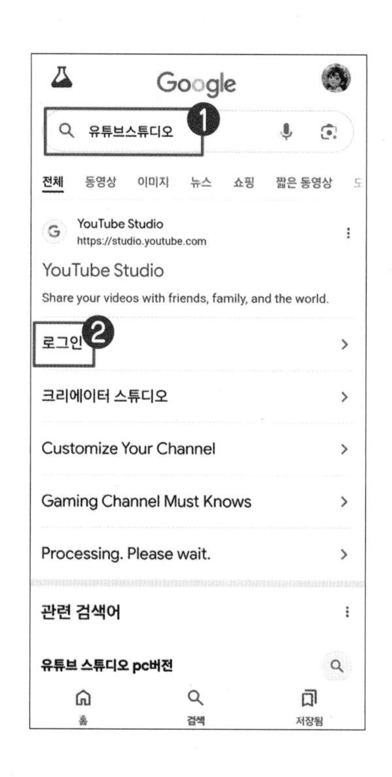

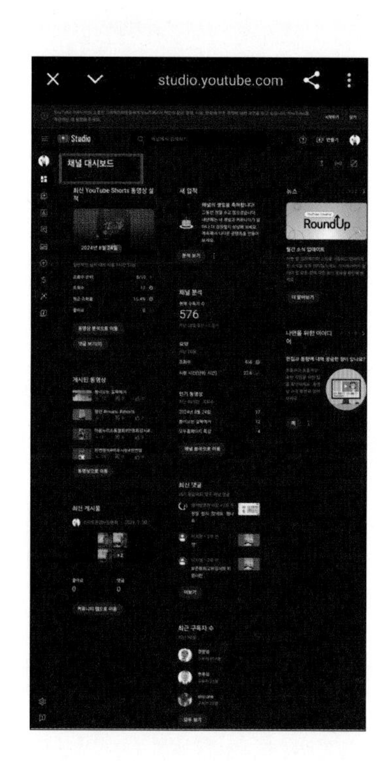

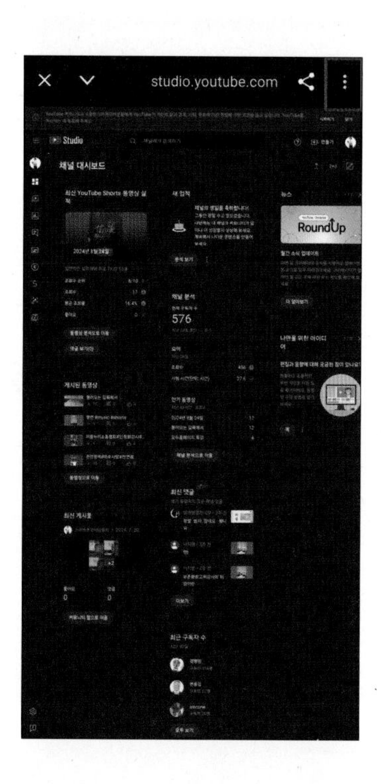

유튜브스튜디오 앱을 설치하지 않고 하는 방법입니다.

1 ① 크롬이나 구글에서 [**유튜브스튜디오**] 검색 후 ② [**로그인**] 합니다.

2 ③ 모바일에서도 PC버전의 [**유튜브스튜디오**]을 사용할 수 있습니다.

3 ④ [**점세 개**]를 터치합니다.

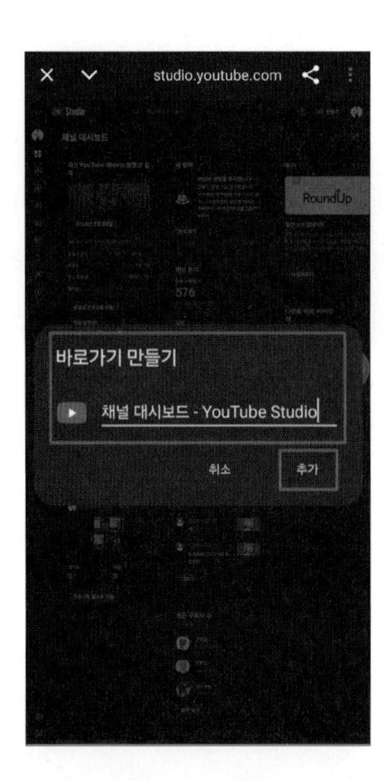

1 [**홈 화면에 추가**]를 터치합니다. 2 [**바로가기 만들기**]로 이름을 변경할 수도 있습니다. [**추가**] 버튼을 터치하면 3 [**홈 화면에 추가**]된 것을 확인할 수 있습니다.

● 내 유튜브 채널 인증하기

업로드 한 영상을 수정시 내가 만들어 놓은 이미지 변경(썸네일)을 하기 위한 내 계정 인증단계가 필요합니다.

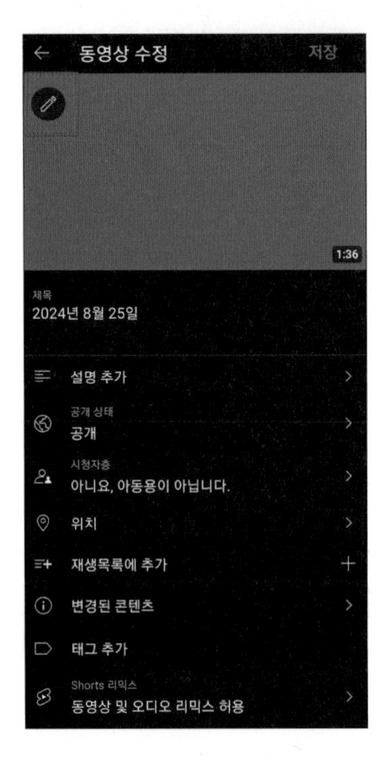

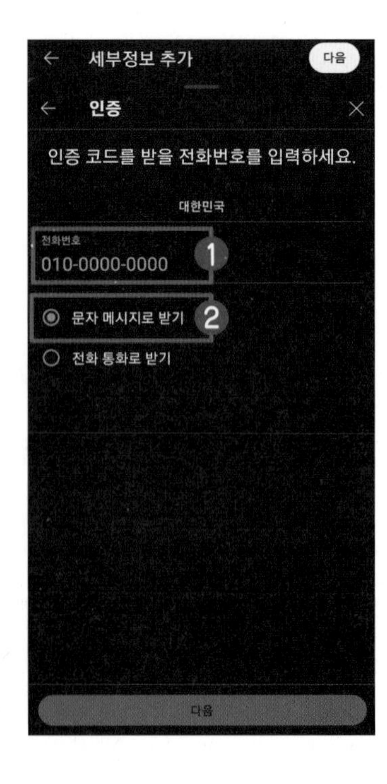

1 [**썸네일 변경**](**연필**) 이미지 아이콘을 터치합니다.

2 동영상 맞춤 썸네일을 위한 본인 확인 과정입니다. 하단의 [**확인**]을 터치합니다.

3 ① 사용자 전화번호를 입력합니다. ② 문자메시지로 받기를 선택합니다.

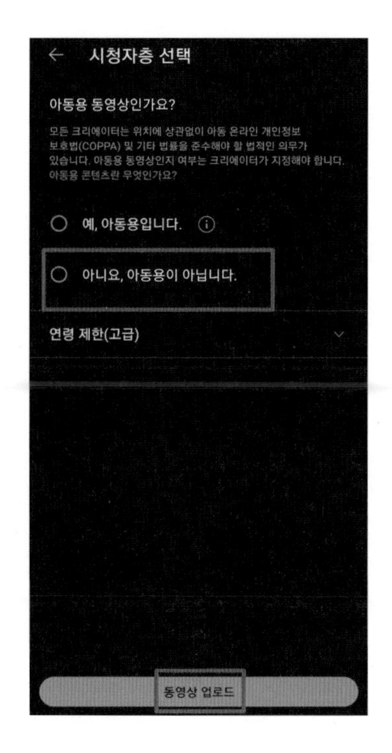

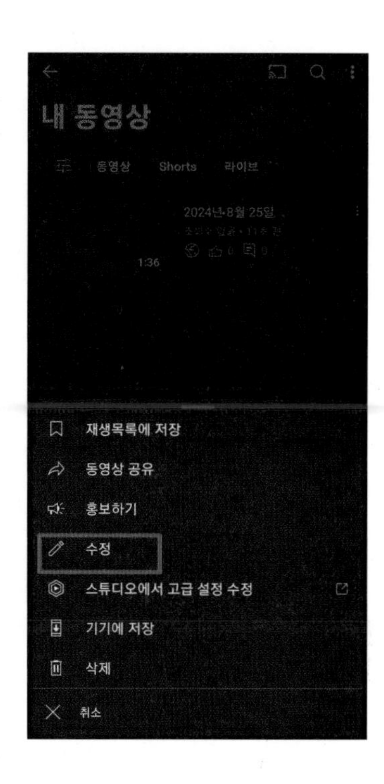

1 [**전화번호가 확인됨**] 메세지가 뜨며 인증이 완료되었습니다.

2 [**시청자층 선택**]은 반드시 하셔야 합니다. 확인 후 [**동영상 업로드**]를 터치합니다.

3 [**수정**]을 터치한 후 썸네일을 변경할 수 있습니다.

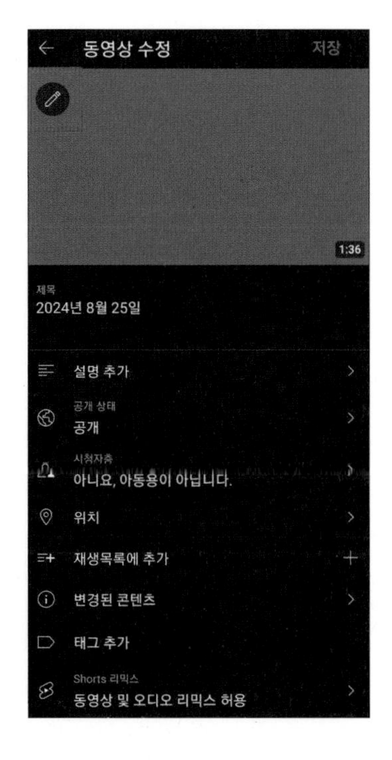

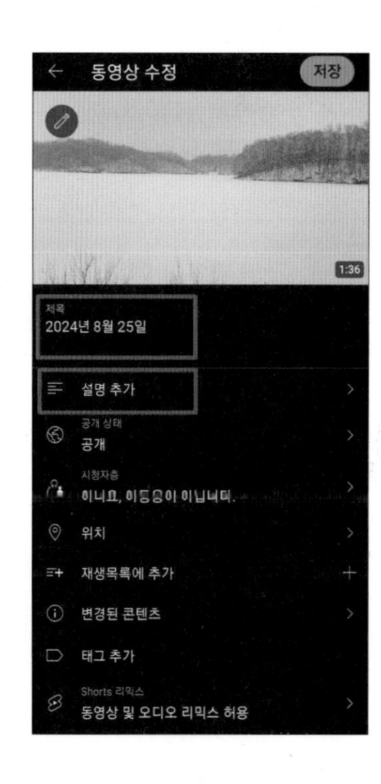

1 [**썸네일변경**]을 하기 위해 영상 속 [**연필**] 아이콘을 터치합니다.

2 갤러리에 있는 이미지들 중 하나를 선택 후 [**변경**]합니다.

3 [**제목**] 입력, [**설명 추가**]하면 썸네일 변경까지 되었습니다.

실시간 스트리밍 사용 설정과요구사항

휴대기기에서 실시간 스트리밍을 하려면 다음 요건을 충족해야 합니다.

① 구독자가 50명이상이여야 합니다.
② 지난 90일간 채널 실시간 스트리밍 하는데 제한받은 적이 없어야 합니다.
③ 채널을 인증해야 합니다.
④ 운영체제가 Android5.0 이상인 기기를 사용해야합니다.
⑤ 첫 라이브 스트리밍을 시작하기까지 24시간을 기다려야 할수도 있습니다.

유튜브 라이브 스트리밍은 일반적으로 유튜브에서 방송하는 것을 말합니다.

- **[시청자층 선택]**을 체크해야하는 이유 - 필수

  유튜브에서 아동용 콘텐츠를 제작하는 경우 2020년 1월부터 지정하지 않으면 아동 온라인 개인 정보 보호법에 따라 처벌을 받을 수있습니다. 동영상 업로드할 때, 아동용 동영상인지를 크리에이터가 직접 지정해야 합니다. 신규 동영상은 물론 기존 동영상도 지정해야 합니다. 아동용 콘텐츠를 제작하지 않는 크리에이터도 시청자층을 지정해야 유튜브에서 내 콘텐츠에 적절한 기능을 제공받을 수 있습니다.

1 하단의 [⊕]를 터치합니다.

2 [**라이브**]를 터치합니다. 오른쪽 메뉴 중 화면전환 마이크가 있습니다.

3 [**연필**] 아이콘을 터치합니다. 다음으로 이동합니다.

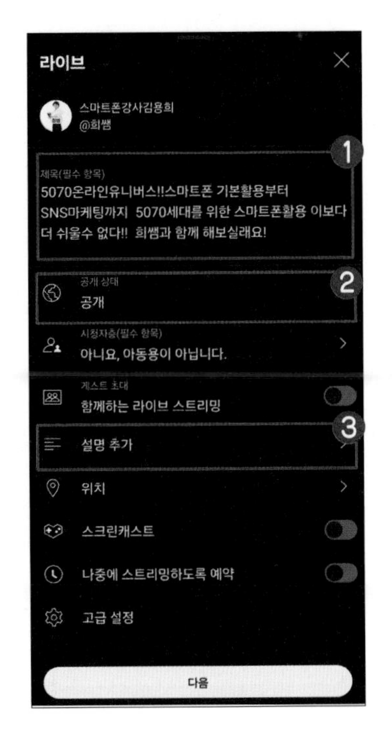

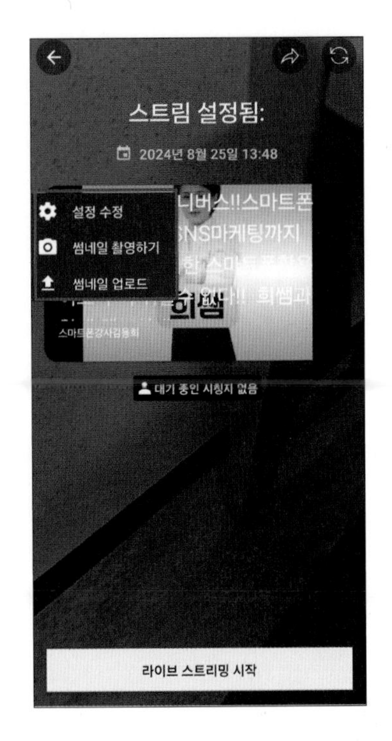

1 ①[**제목**]을 입력합니다. ②[**공개**] 여부를 선택할 수 있습니다. ③[**설명 추가**]를 합니다. **2** 라이브 스트리밍할 때 썸네일 [**미리보기**] 이미지가 촬영됩니다. [**스트림 썸네일**]을 변경할 수 있습니다. **3** [**라이브스트리밍 시작**]을 터치하여 시작합니다.

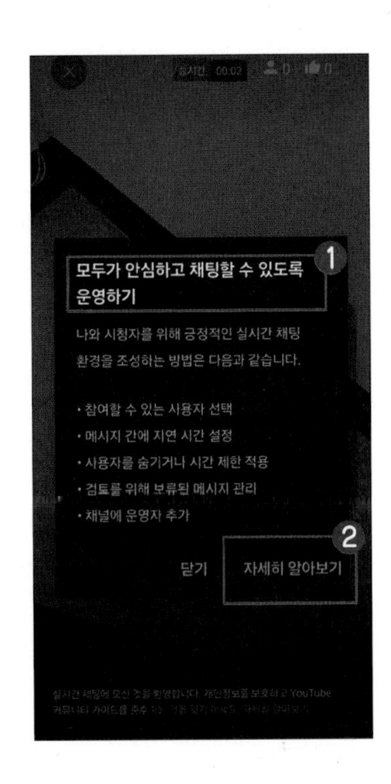

1 ① [**모두가 안심하고 채팅할 수 있도록 운영하기**] 란을 확인하여 긍정적인 실시간 채팅 환경을 조성하는 방법을 확인한 후,
② [**자세히 알아보기**]를 터치합니다.

2 [**실시간 채팅 검토**]를 확인합니다.

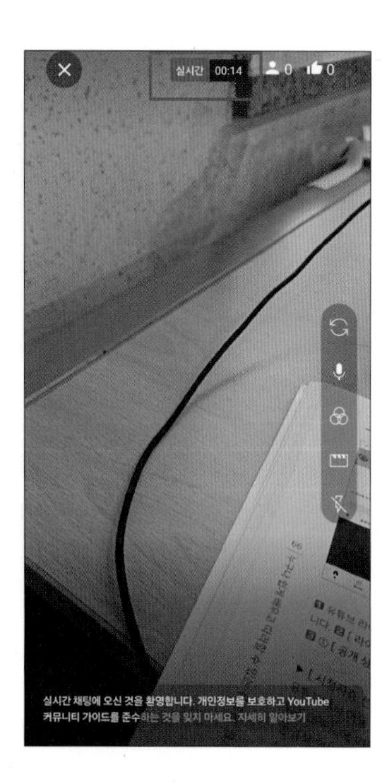

1 [**링크 복사**]를 터치하여 공유할 채널에 보냅니다.

2 [**실시간**] 버튼 옆에 초 단위로 시간이 변경되는 것을 볼 수 있습니다.

3 [**설문조사 시작**]을 터치하면, 커뮤니티에 물어보는 것이 가능합니다.

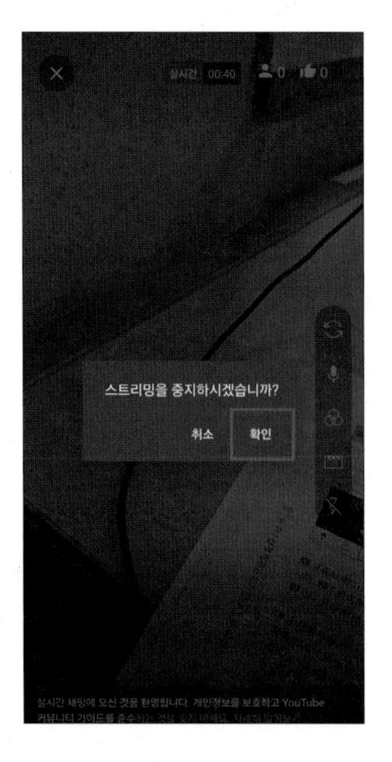

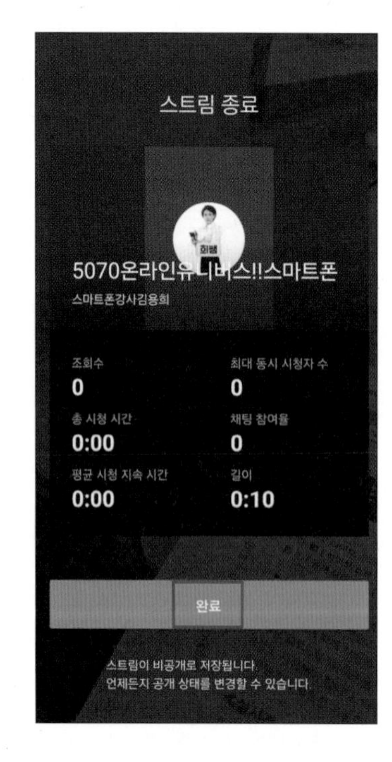

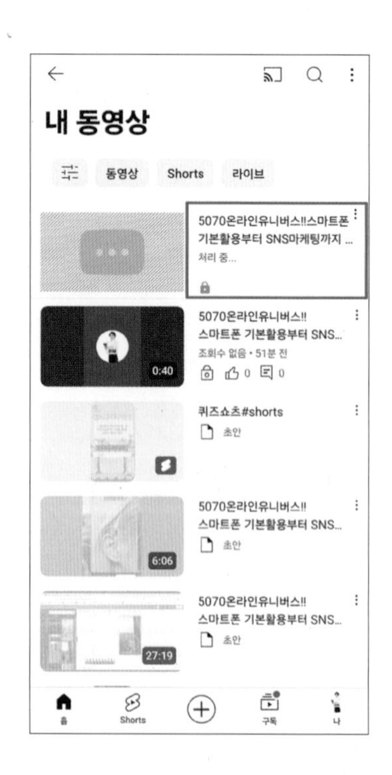

1 라이브 스트리밍을 종료하고자 한다면 [**확인**]을 터치합니다.

2 [**완료**]를 터치합니다. [**비공개 영상**]으로 자동저장됩니다.

3 [**라이브 스트리밍**] 영상이 저장되어 있는 것을 확인할 수 있습니다.

유튜브 화면 하단의 [⊕]를 터치하면 ❶ [**게시물**] 기능을 이용할 수 있습니다. [**설문조사 옵션을 추가**] 할 수 있습니다. [**이미지**]를 선택하여 게시할 수 있습니다. ❷ [**커뮤니티 퀴즈**]를 만들 수 있습니다. ❸ [**예약**] 기능으로 사용할 수 있습니다.

❶ 유튜브 이름 아래의 [**채널보기**]를 터치합니다.

❷ [**커뮤니티**]를 터치합니다. (유튜브 채널을 처음 운영하시는 분들은 메뉴가 보이지 않을 수 있습니다.)

❸ 게시물을 확인하실 수 있습니다. [**예약**]된 게시물도 확인할 수 있습니다

● 홈메뉴

1 ①하단의 카테고리 중 [**홈**]을 터치합니다. ② [**나침반**]을 터치합니다.

2 여러 콘텐츠 중 [**인기 급상승**]을 터치합니다.

3 [**인기 급상승**] 영상을 보실 수 있습니다.

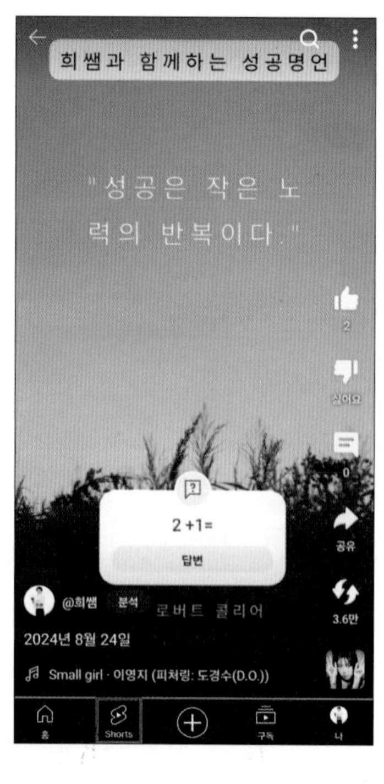

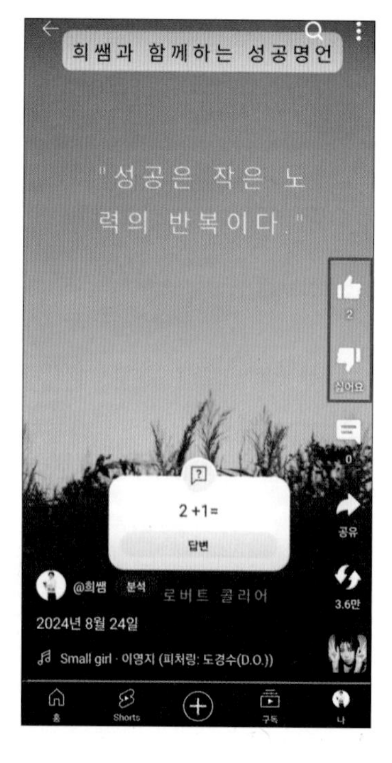

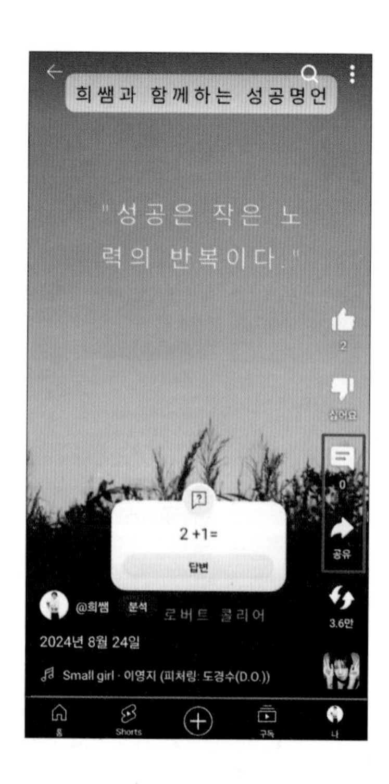

1 하단의 카테고리 중 [**Shorts**]를 터치합니다.

2 [**좋아요, 싫어요**]를 할 수 있습니다.

3 [**댓글 , 공유**]를 할 수 있습니다.

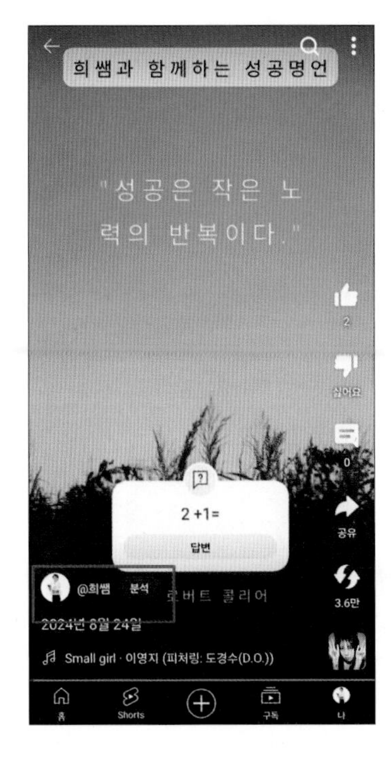

1 하단의 [프로필]을 터치합니다.

2 채널의 동영상 Shorts,라이브, 커뮤니티를 볼 수 있습니다.

● 구독

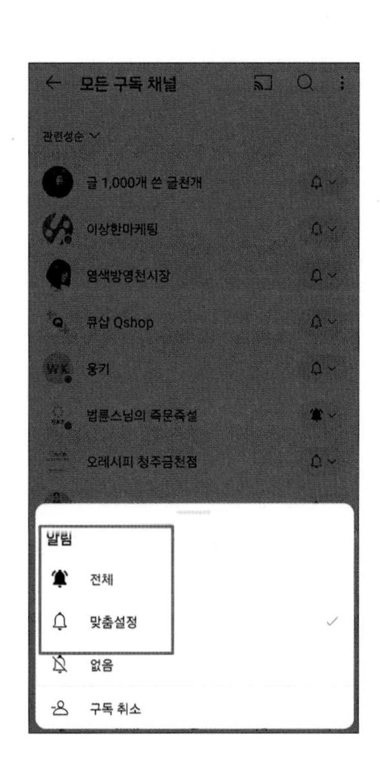

1 하단의 [구독]을 터치합니다.

2 [모든 구독 채널]을 한눈에 볼 수 있습니다.

3 알림 설정을 변경할 수 있고, 채널의 구독을 취소할 수 있습니다.

6강 동영상 촬영장비 알아보기

● 스마트폰 및 DSLR 카메라, 미러리스 카메라

유튜브를 시작하기로 마음먹고 장비부터 구입하는 분들이 의외로 많습니다. 하지만 장비 구매 전 어떤 채널을 운영할지 결정한 후 내 콘텐츠에 맞는 장비를 구매하는 것이 좋습니다. 동영상 촬영에 필요한 기본 장비는 카메라, 삼각대, 마이크, 조명이 있습니다.

스마트폰 DSLR 카메라 미러리스 카메라

스마트폰

모든 유튜브 입문자에게 추천합니다. 스마트폰은 지금 내가 가진 가장 익숙하고 강력한 동영상 촬영 장비입니다. 최신 스마트폰은 FHD는 물론 4K 영상까지도 가능하며 각종 앱을 활용한 편집 프로그램이 다양하여 보정으로 미러리스 카메라나 DSLR에 맞먹는 영상을 만들 수 있습니다.
또 한 번에 촬영, 편집, 업로드까지 할 수 있어 시간과 장소의 제약을 받지 않고 신속하게 유튜브에 올릴 수 있는 장점이 있습니다.

DSLR 카메라

디지털 기술로 태어난 최상위급 카메라입니다. 미러리스 카메라 시장이 확대되면서 DSLR 카메라의 시장이 일정 부분 줄어드는 것은 피할 수 없겠지만 그래도 디지털카메라의 가장 높은 단계에는 언제나 DSLR 카메라가 위치하고 있을 것이라는 견해에는 거의 이견이 나오지 않고 있습니다. 촬영 화면을 보여주는 액정을 촬영자 쪽으로 돌릴 수 있어야 혼자 촬영할 때 편리합니다.

미러리스 카메라

DSLR 카메라와는 달리 카메라 몸체 안에 있던 거울과 프리즘을 없애서 부피가 작고 가벼워 늘 휴대하며 일상의 영상을 찍기에 좋습니다. 보정 및 필터 기능이 있어 편리하며 스마트폰 다음으로 가성비가 좋은 촬영 장비입니다.

액션캠

삼각대

<네이버쇼핑검색>

웹캠

<네이버쇼핑검색>

액션캠

스포츠, 레저, 액션 등에서 사용되는 초소형 광각 캠코더입니다. 최근에는 여행, 캠핑, 브이로그에 많이 사용되며 보조 장비로 사용하기에 적합합니다. 액션캠을 사용하면 영상에 생동감을 불어넣을 수 있어 좋습니다.

웹캠

웹(Web)과 카메라(Camera)의 합성어로 컴퓨터에 연결해 사용하는 소형 카메라입니다. 먹방, 게임방송, 교육 등 모니터 앞에서 촬영하는 콘텐츠라면 웹캠을 사용하면 편리합니다.

삼각대

삼각대를 사용하면 야외촬영이나 1인 촬영 시 스마트폰이나 카메라에 고정시켜 흔들림을 방지하고 안정된 구도로 촬영하여 영상의 품질을 높일 수 있습니다.

● 스마트폰 짐벌, 스탠드 마이크 및 핀 마이크

스마트폰 짐벌

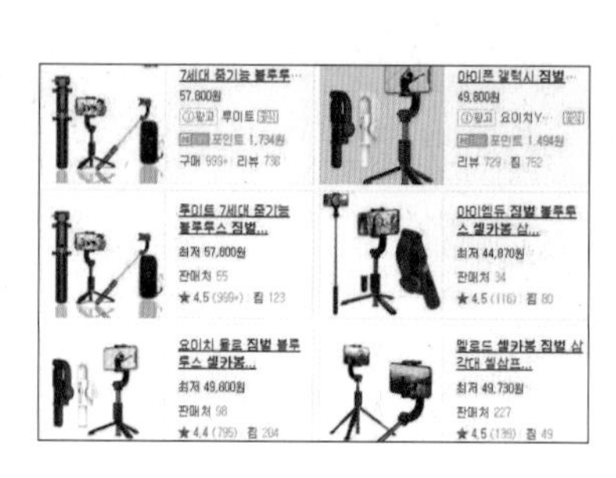

<네이버쇼핑검색>

스탠드 마이크

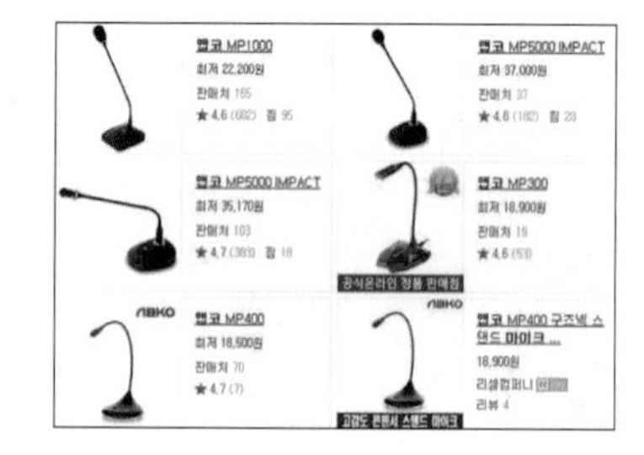

<네이버쇼핑검색>

핀 마이크

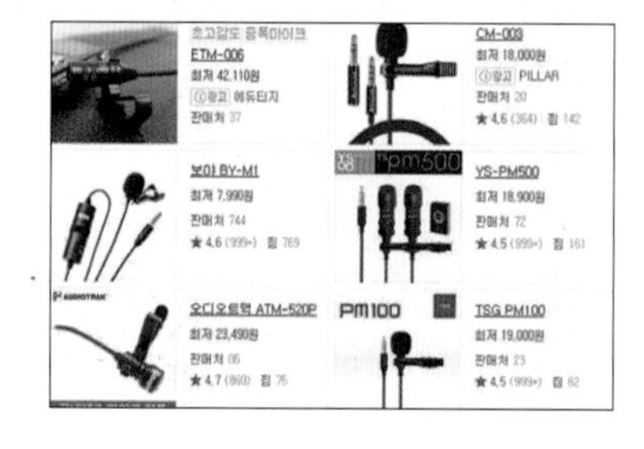

<네이버쇼핑검색>

스마트폰 짐벌

스마트폰과 결합하여 사진이나 영상을 찍을 때 흔들림을 보정해주는 장치입니다. 스마트폰 짐벌을 사용하면 혼자서도 제 3자가 찍어주는 것처럼 흔들림이 적고 구도도 직접 변경해가며 촬영할 수 있습니다.

스탠드 마이크

테이블 위에 올려놓고 사용하는 마이크 종류로 구즈넥 형태를 가지고 있는 경우가 많습니다.
구즈넥 마이크는 손잡이 부분을 원하는 각도로 자유롭게 구부릴 수 있습니다.

핀 마이크

강의, 리포터, 회담 시 주로 사용하는 초소형 마이크로 옷깃이나 넥타이 등에 클립으로 고정해서 사용합니다.

조명

빛은 동영상의 선명도를 높이고 색상을 풍부하게 담기 때문에 빛을 적극적으로 활용하는 것이 좋습니다. 조명은 뷰티크리에이터나 라이브 스트리밍을 하는 유튜버에게 특히 중요합니다. 편집프로그램에서 필터로 효과를 넣을 수 있겠지만 조명을 이용하면 더욱더 자연스럽게 보입니다.

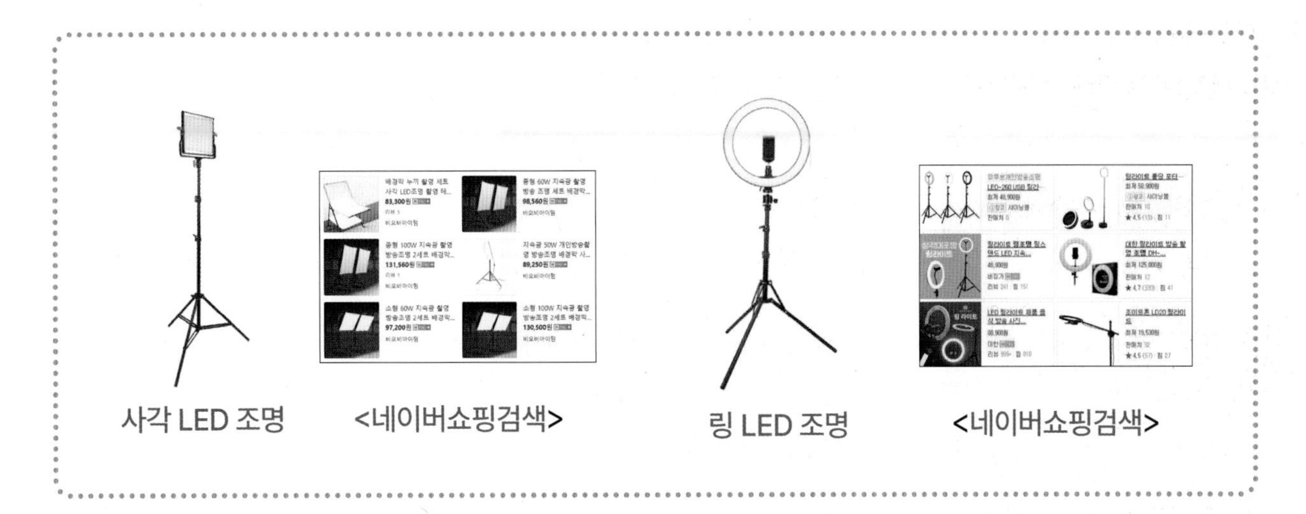

사각 LED 조명 <네이버쇼핑검색> 링 LED 조명 <네이버쇼핑검색>

사각 LED 조명

사각 LED 조명 2개를 활용하면 얼굴에 입체감이 살아납니다.

링 LED 조명

2개의 조명이 부담된다면 링 LED 조명 1개를 활용하시면 그림자의 사각이 덜 생깁니다.

Memo

7강 스마트폰 촬영 노하우

카메라 설정 완전 정복하기

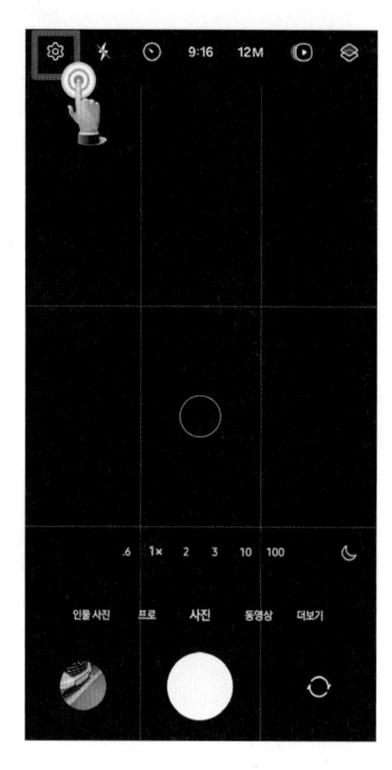

1 ① 스마트폰 홈 화면 하단의 [**카메라**] 아이콘을 터치합니다. ② 카메라 앱이 열리면 상단 왼쪽 톱니모양 [**설정**] 아이콘을 터치합니다. ③ 카메라 설정 화면이 열립니다.

● 인텔리전트 기능

- **문서 및 텍스트 스캔 :** 후면 카메라에 문서나 텍스트가 감지되면 [**원형T**] 아이콘이 표시됩니다.
- **QR코드 스캔 :** 카메라 촬영 화면에서 QR 코드를 스캔하도록 설정합니다.
- **촬영 구도 추천 :** 피사체의 위치와 각도를 인식해 사진에 적합한 최적의 구도를 추천해 주도록 설정합니다.
- **인텔리전트 최적화**
  - **화질 최적화 :** 화질 옵션 [**최대, 중간, 최소**] 중 하나를 선택합니다.
  - **장면별 최적 촬영 :** 카메라가 피사체를 인식해 자동으로 색상을 조정하고 최적의 효과를 적용해 줍니다. 촬영 모드의 사진을 선택한 후 대상이 인식되면 [**장면별 최적 촬영**] 버튼의 모양이 바뀌고, 대상에 최적화된 색상과 효과가 적용됩니다.

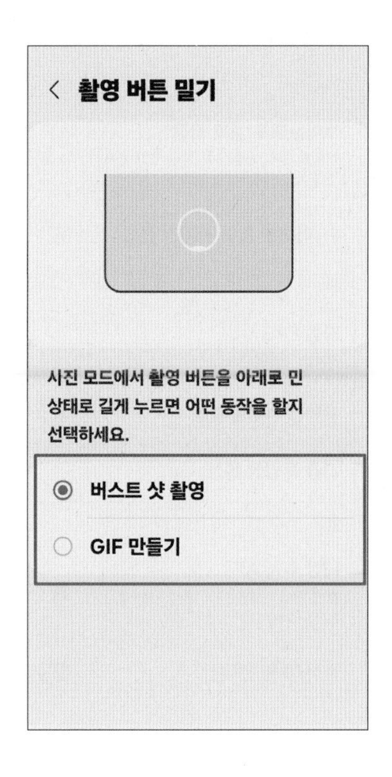

● 사진

- **촬영 버튼 밀기 :** 사진 모드에서 촬영 버튼을 아래로 민 상태에서 길게 누르면 두 가지 촬영이 가능합니다.
  ① 버스트 샷 촬영 : 고속 촬영으로 최대 100장까지 촬영이 가능합니다.
  ② GIF 만들기 : 움직이는 사진 촬영으로 최대 30장까지 촬영이 가능합니다.
- **워터마크 :** 촬영한 사진에 이름, 날짜, 시간 등을 표시하는 기능입니다.
- **고급 사진 옵션 :** 촬영한 사진을 저장할 방식을 설정합니다.
  ① 고효율 사진 : 사진을 고효율 이미지 형식(HEIF)으로 저장하도록 설정합니다.
  ② 프로모드 사진 형식 : 프로 모드에서 촬영한 사진을 저장할 형식을 선택합니다.
  - JPEG 파일은 사진을 압축해 더 적은 저장공간을 차지합니다.
  - RAW 파일(파일 확장자 : DNG)은 사진을 압축하지 않고 모든 데이터를 원본 그대로 유지하여 최상의 화질을 구현할 수 있지만, 더 많은 저장공간을 차지합니다.
  - RAW 및 JPEG 형식을 선택한 후 촬영한 사진은 DNG와 JPG 파일 두 가지 형식으로 저장됩니다.

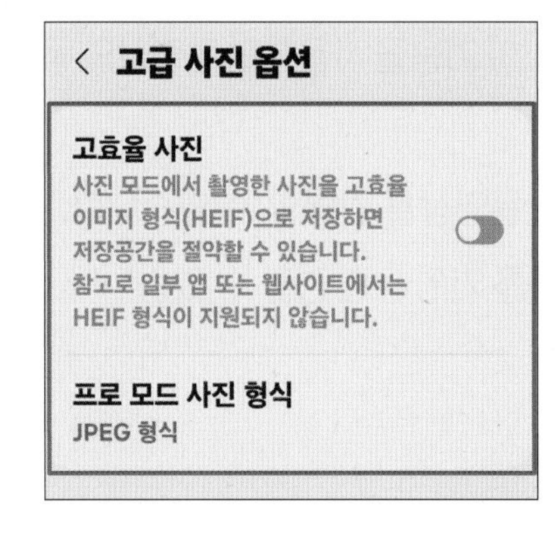

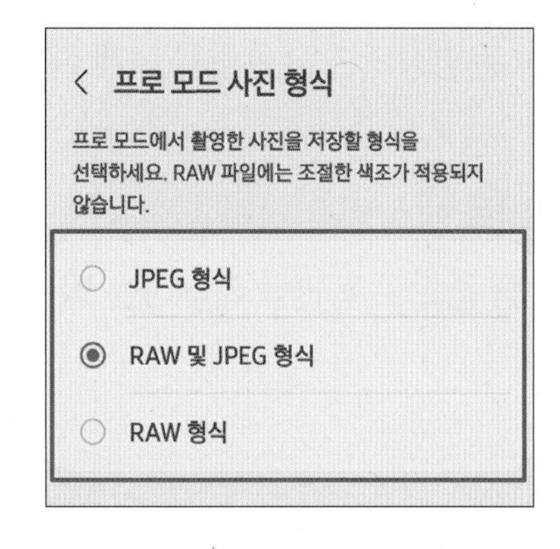

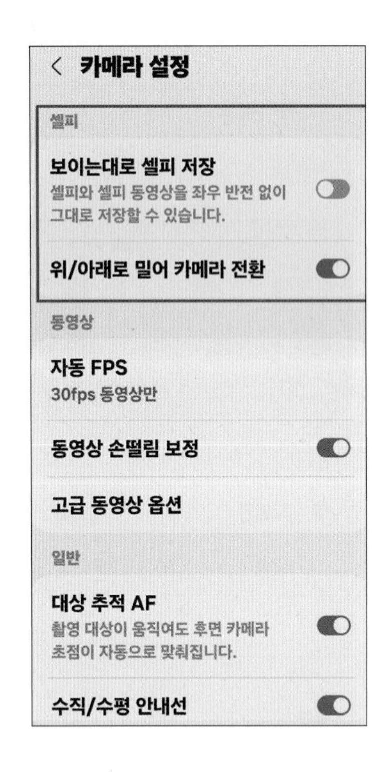

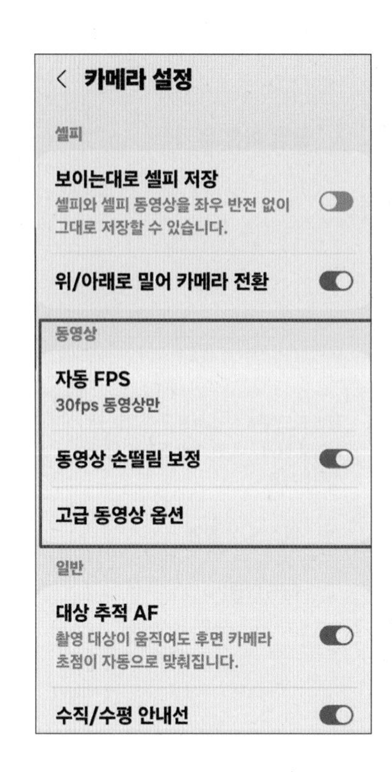

● 셀피

- **보이는 대로 셀피 저장 :** 전면 카메라로 촬영 시 화면에 보이는 대로 좌우 반전 없이 저장되도록 설정합니다.
- **위/아래로 밀어 카메라 전환 :** 촬영 화면을 위 또는 아래로 밀어 카메라 화면을 전환하도록 설정합니다.

● 동영상

- **자동 FPS :** 빛이 부족한 곳에서 프레임 속도를 자동으로 최적화하여 동영상을 더 밝게 촬영할 수 있도록 합니다.
- **동영상 손떨림 보정 :** 손 떨림 보정 기능을 실행하여 동영상 촬영 시 화면이 흔들리는 현상을 줄이거나 방지합니다.
- **고급 동영상 옵션**

① **동영상 형식 :** 동영상 형식을 설정합니다.

② **높은 비트레이트 동영상 :** 동영상의 초당 용량을 높게 설정합니다. 이 기능을 사용하면 동영상의 용량이 커질 수 있습니다.

③ **HDR10+ 동영상 :** 장면별로 색조 및 명암이 최적화된 HDR10+ 동영상을 촬영할 수 있습니다.

④ **마이크 줌 :** 동영상 촬영 중 줌으로 화면을 확대하는 방향의 소리를 키워서 촬영할 수 있습니다.

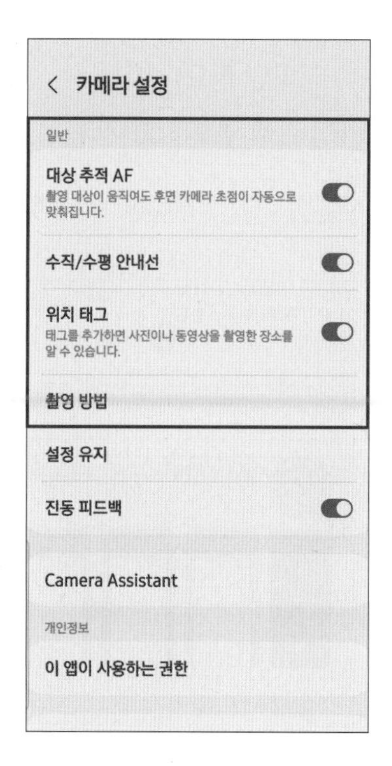

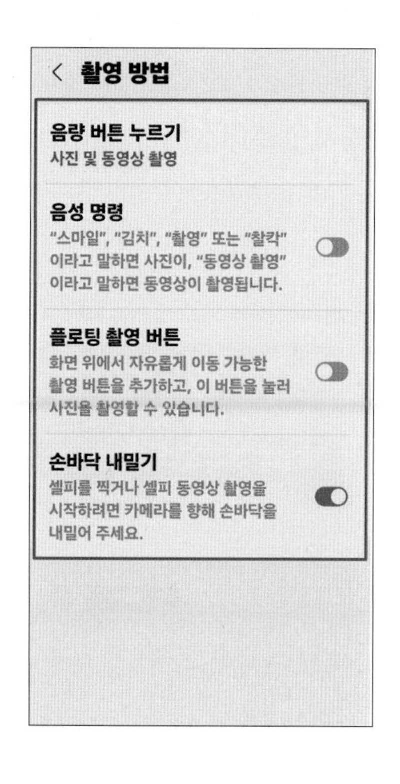

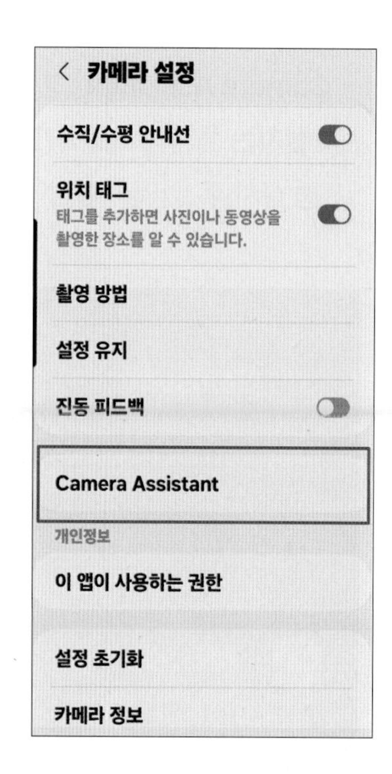

● 일반

- **대상 추적 AF :** 촬영 화면에서 초점을 맞추고 싶은 피사체를 누르면, 피사체가 움직이거나 촬영 구도를 변경해도 초점이 피사체를 따라 자동으로 맞춰지도록 설정합니다.

- **수직/수평 안내선 :** 촬영 시 구도 설정에 도움이 되는 안내선을 표시하도록 설정합니다.

- **위치 태그 :** 촬영지 위치 정보를 저장하도록 설정합니다.

- **촬영 방법**

  ① **음량 버튼 누르기 :** 음량 버튼으로 사진 및 동영상을 촬영하거나, 화면 확대 및 축소 또는 음량 제어를 할 수 있습니다.
  ② **음성 명령 :** 음성 명령어로 사진 및 동영상을 촬영할 수 있습니다.
  ③ **플로팅 촬영 버튼 :** 촬영 버튼을 추가 및 원하는 위치로 이동시켜 사진을 촬영할 수 있습니다.
  ④ **손바닥 내밀기 :** 전면 카메라를 향해 손바닥을 내밀어 사진 및 동영상을 촬영할 수 있습니다.

- **설정 유지 :** 카메라를 다시 실행할 때 카메라 모드 등 이전에 사용했던 설정을 유지할 수 있습니다.

- **진동 피드백 :** 촬영 버튼을 누르는 등의 특정 상황을 진동으로 알려 주도록 설정합니다.

- **Camera Assistant (카메라 어시스턴트) :** Camera Assistant 메뉴가 보이지 않은 분들은 [**삼성 갤럭시 스토어**]에서 설치 하시면 됩니다. (다음 장 참조)

• **Camera Assistant :** 별도 앱 설치 후 사용가능합니다. (폰에서 지원 가능 여부 확인 필요)
※ **설치는 플레이 스토어가 아닌** [갤럭시 스토어]에서 [Camera Assistant] 검색 후 설치합니다.
- 앱 설치 후, 카메라 설정에 자동으로 Camera Assistant 메뉴가 생성됩니다.

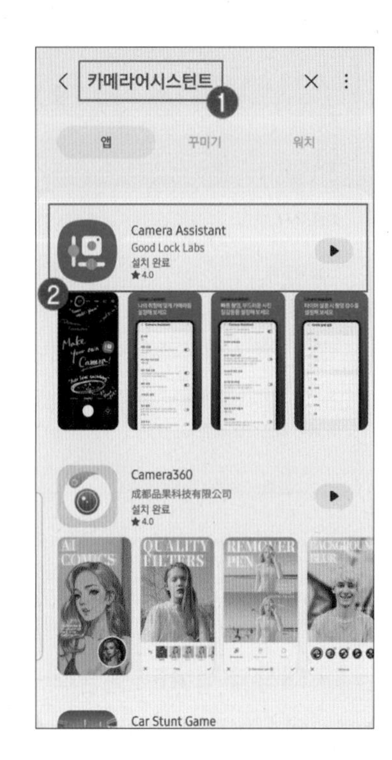

1 앱스(Apps) 화면에서 [**갤럭시 스토어(Galaxy Store)**]를 찾아 터치합니다. **2** 상단의 [**검색(돋보기)**] 버튼을 터치하여 **3** ①[**카메라 어시스턴트**]를 검색합니다. ②[**Camera Assistant(카메라 어시스턴트)**]를 터치하여 설치합니다.

카메라 화질 향상 및 사용자 편의대로 조작하며 사용할 수 있는 [**카메라 어시스턴트**]를 설치하여 취향에 맞게 카메라 설정을 변경할 수 있습니다.

• **줌 버튼** : 카메라에 줌 버튼을 추가로 설정할 수 있는데 필요에 따라 활성화시키면 됩니다.

- 2x : 고해상도 센서를 활용한 크롭 줌
- 10x : 고해상도 센서를 활용한 크롭 줌
- 100x

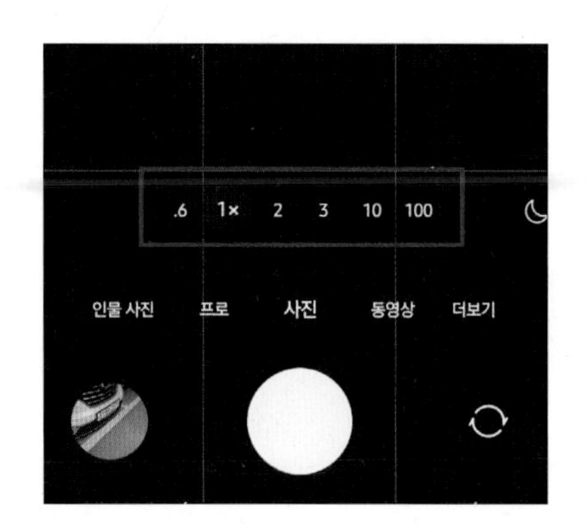

• **자동 HDR :** 사진과 동영상에 밝고 어두운 영역의 디테일까지 포착하므로 활성화시키는 것이 좋습니다.

• **부드러운 사진 질감 :** 사진의 질감을 부드럽게 해줍니다.(화질 우선 시 비활성화)

• **렌즈 자동 전환 :** 일부 줌 배율에서 주변 밝기 및 촬영 대상과의 거리를 고려해 최적의 렌즈를 적용하여 촬영합니다. 하지만 3배 줌 이상 촬영시 선명도가 떨어질 수 있으니 비활성화를 추천합니다.

• **왜곡 보정 :** 사진의 왜곡을 자동으로 보정합니다.

• **고해상도 설정 :** 어댑티브 픽셀 설정과 디지털 줌 업스케일 설정이 있습니다.

① **어댑티브 픽셀 :** 저조도 환경에서 촬영할 때 사진의 노이즈를 줄일 수 있도록 해상도를 낮춘 여러 프레임을 합성하여 사용자가 설정해둔 고해상도 사진으로 제공합니다.

② **디지털 줌 업스케일 :** 줌으로 해상도가 저하될 때, 사용자가 선택한 해상도로 업스케일 합니다.

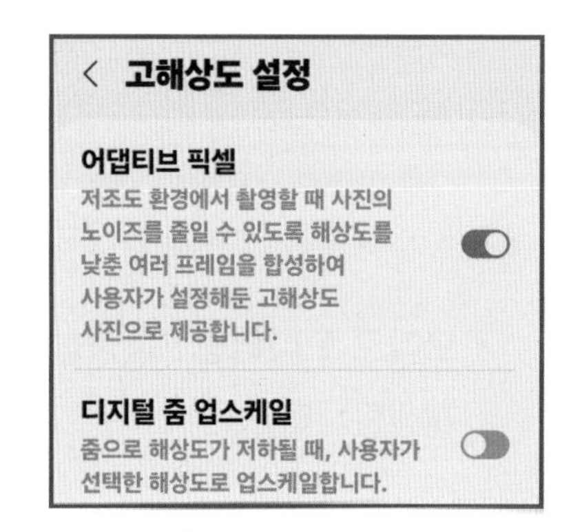

• **즉시 촬영 :** 기본 카메라 촬영 시에는 촬영 버튼에서 손가락이 떨어진 순간 촬영이 되지만 이 기능을 설정하면 촬영 버튼에 손가락이 닿는 순간에 촬영됩니다. 사진을 먼저 촬영한 후 촬영 버튼을 밀거나 누르면 GIF, 버스트 샷 촬영, 동영상을 촬영합니다.

- **초점 우선 :** 초점을 맞춘 후 사진을 촬영합니다.
  초점 변경 중 촬영 버튼을 누르면 지연이 촬영이 지연됩니다.

- **사진 모드에서 동영상 촬영 :** 사진 모드에서 촬영 버튼을 길게 눌러 동영상을 촬영할 수 있습니다.

- **타이머 상세 설정 :** 기본 카메라 타이머는 설정된 시간에 1장 촬영을 하지만 이 기능은 설정된 시간, 1~3초 사이에 1장~7장을 촬영할 수 있습니다.
  타이머 설정 후 촬영 장수를 설정하면 다양한 포즈의 사진 촬영을 합니다.

- **DOF 어댑터 보정 :** 피사체 심도 어댑터를 외부에 장착하여 뒤집힌 이미지를 자동으로 보정합니다.
  이 보정은 프로 또는 프로도영상 모드에서만 사용할 수 있습니다.

- **아나모픽 렌즈 보정 :** 외부에 장착된 아나모픽 렌즈의 왜곡을 보정하기 위해 압축되지 않은 상태로 동영상을 촬영합니다.
  이 기능은 8K, HDR10+, 120fps에서 촬영한 동영상을 제외한 프로동영상 모드로 촬영한 모든 16:9 동영상에서 사용할 수 있습니다.

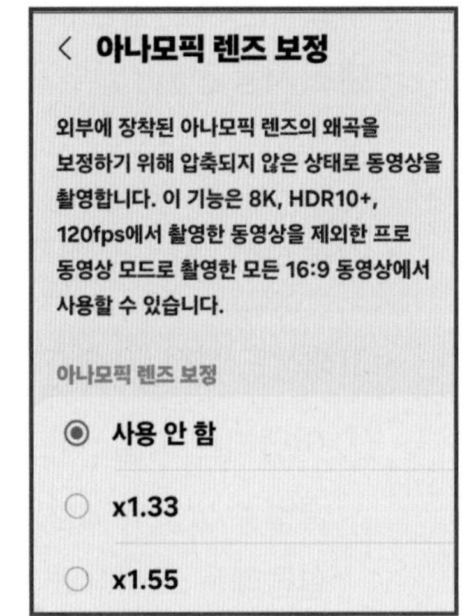

- **오디오 모니터링 :** 동영상 촬영 중 녹음되는 소리를 블루투스, HDMI, USB 헤드폰이나 스피커로 재생합니다.

- **카메라 자동 꺼짐 :** 카메라 촬영시 화면이 자동 꺼짐을 설정할 수 있습니다. 1분, 2분, 5분, 10분 원하는 시간을 선택할 수 있습니다.

- **녹화 중 화면 어둡게 :** 동영상 촬영 시 카메라 화면이 어둡게 되는 것을 사용자 편의에 따라 설정할 수 있습니다.

- **클린 HDMI :** HDMI로 연결한 화면에서 촬영 정보나 설정 버튼 등을 제외한 촬영 역역만 볼 수 있습니다. 필요시 사용하시면 됩니다.

전문가(프로) 모드로 촬영하기

일반 사진 모드의 느낌이 아닌 나만의 느낌을 담을 수 있는 사진 촬영은 카메라의 미세조정을 통한 수동 모드를 사용하는 것인데, 일반적인 DSLR 카메라처럼 자동과 수동을 오고 가면서 표현할 수 있는 기능입니다. 스마트폰에서는 프로 모드에서 자신만이 표현하고자 하는 사진을 원한다면 사용해 보길 추천합니다.

프로 모드에서 촬영한 사진은 JPEG와 RAW 파일(확장자 DNG)로 저장되는데 RAW 파일의 장점은 파일 손상 없이 디테일하게 보정을 한다는 점입니다.

❶ 프로 모드 메뉴 이해하기

카메라 어플을 실행하고 화면 하단 우측 [**더보기**]를 터치하면 다양한 촬영 모드가 보입니다. [**프로 모드**]를 터치합니다.

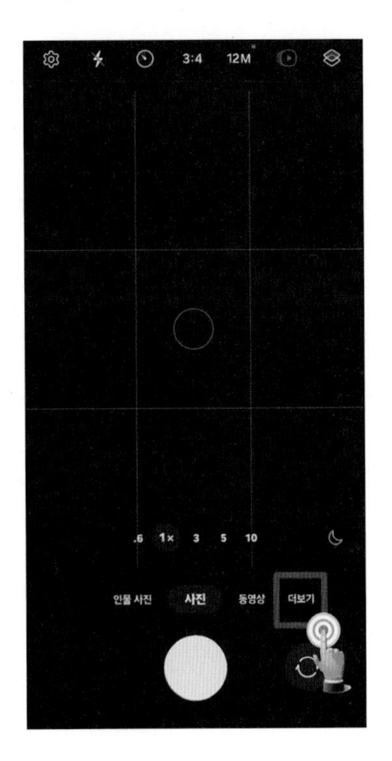

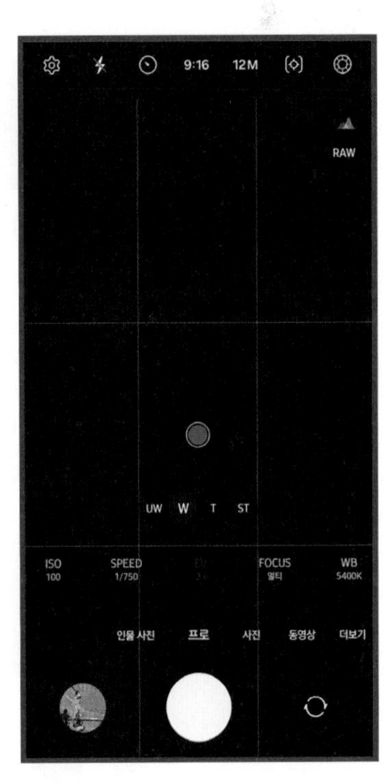

❷ 상단 메뉴 이해하기

좌측부터 설정, 플래시, 타이머, 화면 비율, 화소수, 측광 모드, 색보정 모드 등이 있습니다.

설정 • 플래시 • 타이머

[**설정**]은 카메라의 다양한 기능을 확인하고 설정하며, [**플래시**]는 어두운 곳이나 빛이 부족할 경우 사용합니다. [**타이머**]는 셔터 시간을 2초 ~ 10초 사이로 조절해서 촬영할 수 있는데 사용 후에는 기본으로 세팅해야 합니다.

플래시

타이머

화면비율

프로 모드에서는 3:4로 설정되며 필요에 따라 [**화면 비율**]을 선택하면 됩니다.
만약 9:16 비율을 선택해서 촬영을 했다면 갤러리에 저장된 JPEG 파일은 9:16 비율이고, RAW 파일은 3:4 비율을 유지합니다.
[**화면비율**]이 바뀔 때마다 카메라 화각이 달라진다는 것을 확인하시고 촬영하시면 됩니다.

화면비율

• **화소수 :** 폰에서 지원 가능 여부 확인 필요
12M : 1200만 화소 – UW, W, T, ST 모두 사용 가능
50M : 5000만 화소 – W(와이드렌즈 1.0x)만 사용 가능

측광

측광이란 촬영 대상의 밝기와 화면 중앙부분을 중심으로 어느 범위까지 측정할 것인지 구분하는 형식을 말합니다. 측광모드를 터치하면 좌측부터 **중앙 집중 측광, 다분할 측광, 스팟 측광**입니다.

❶ 중앙 집중 측광
피사체가 화면의 대부분을 차지하고 있거나 화면 중앙에 있을 때 적합합니다.
화면 중앙부에 노출을 맞추기 때문에 인물 등 피사체를 부각시키는 촬영에 사용하면 효과적입니다.

❷ 다분할 측광
빛이 고르게 퍼진 풍경 사진에 적합합니다. 즉 촬영 대상의 화면을 여러 개 구역으로 분할해서 빛을 측정한 후 평균치를 사진에 적용하는 것입니다. 최적의 노출을 맞추어 주기에 초보자도 쉽게 사용하면 됩니다.

❸ 스팟 측광
화면 중앙 부분의 3 ~ 4% 영역의 빛만 측정하기에 노출 차이가 심한 역광이나 명암 차이가 큰 장면에 적합합니다.

색보정모드

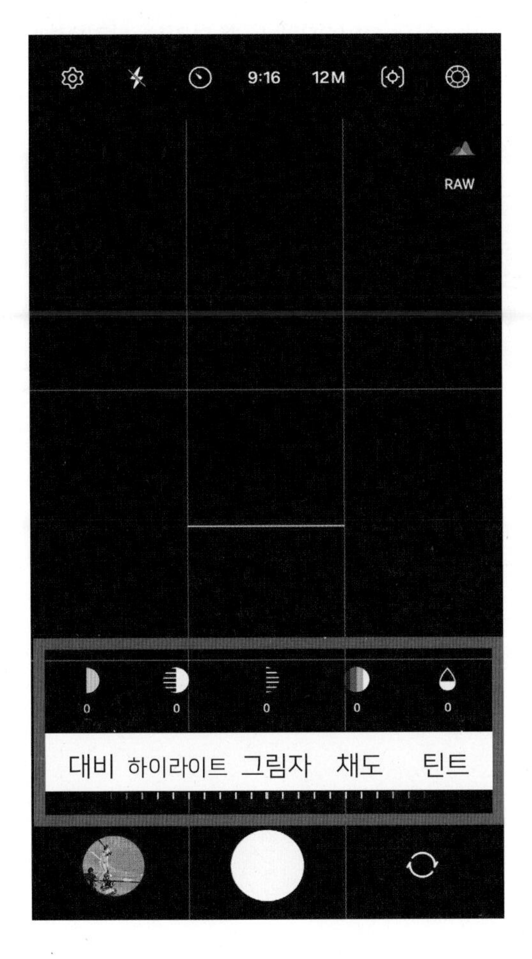

대비, 하이라이트, 그림자, 채도, 틴트 등 5가지 보정 메뉴를 활용하여 사진 촬영 전에 사용자가 원하는 색감으로 조절한 후 촬영할 수 있습니다.

- **대비 :** 이미지 안에서 가장 밝은 부분과 가장 어두운 부분과의 차이, 즉 이미지의 강약을 말합니다.
- **하이라이트 :** 밝은 부분만 임의로 조정할 수 있는 영역입니다. 사진이 너무 밝아 일부 영역이 날아가는 경우, 슬라이드를 왼쪽으로 조절(-)해 방지할 수 있습니다.
- **그림자 :** 모든 피사체에는 빛을 비추면 자연스럽게 그림자가 생기는데 사진은 평면이기 때문에 피사체의 입체감을 얼마나 잘 살리느냐가 매우 중요하며, 그림자를 잘 조절하면 입체감을 살리거나 없앨 수 있습니다.
- **채도 :** 색상의 순수한 정도. 색상의 옅고 진함을 뜻한다.
- **틴트 :** 피사체의 색감을 부드럽게 바꾸어 줍니다.

❸ 하단 메뉴 이해하기

좌측부터 [ISO(감도)], [SPEED(셔터스피트)], [노출(EV)], [초점(FOCUS)], [화이트밸런스(WB)] 등이 있습니다.

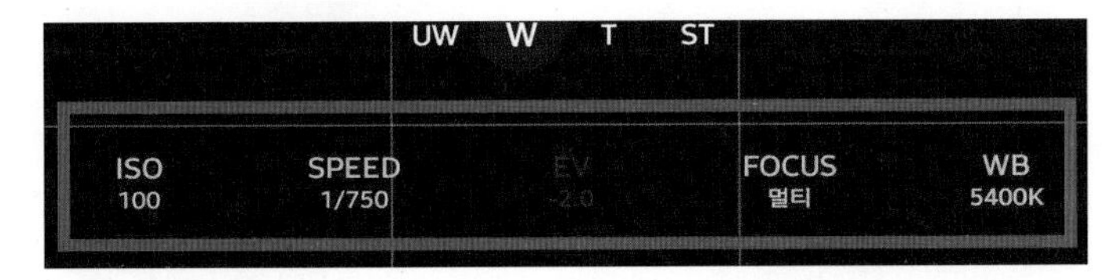

ISO(감도)

이미지 센서가 빛에 대하여 반응하는 민감도를 숫자로 나타낸 것을 말한다.

조절 범위는 50 ~ 3,200입니다. ISO 값이 높아지면 적은 빛으로도 촬영이 가능합니다.

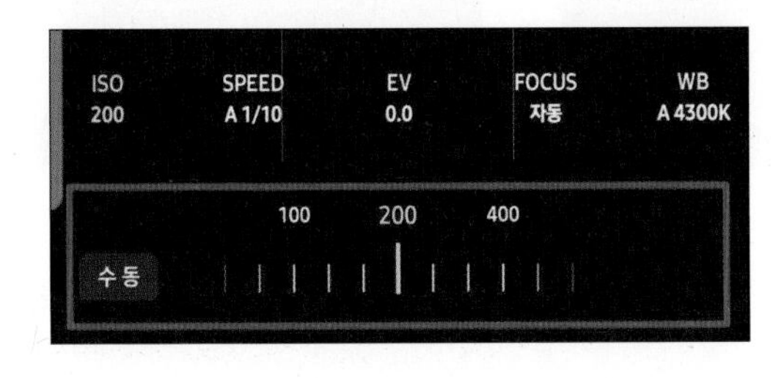

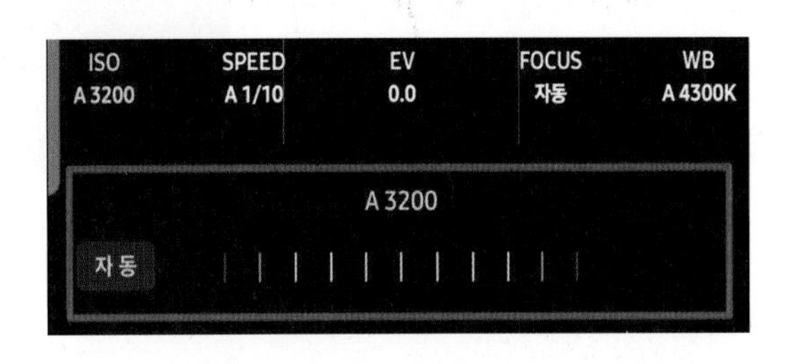

SPEED(셔터속도)

스피드는 셔터가 열려있는 시간입니다. 즉, 렌즈를 통해서 들어오는 빛을 CMOS에 노출시키는 시간인데, 오랜 시간 셔터가 열리면 빛이 많이 들어오고, 반대로 빠른 시간 동안 열리면 빛이 적게 들어옵니다.

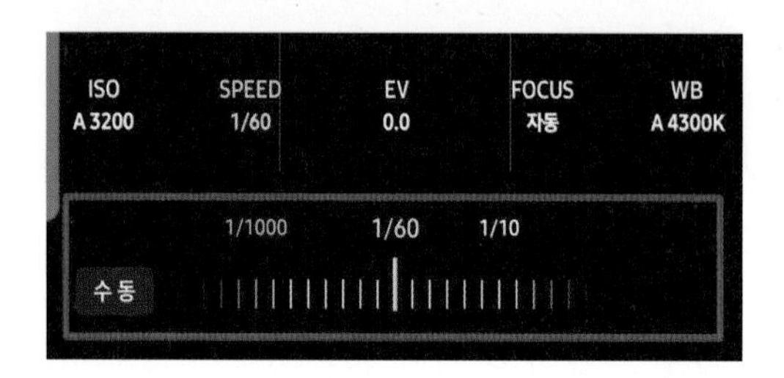

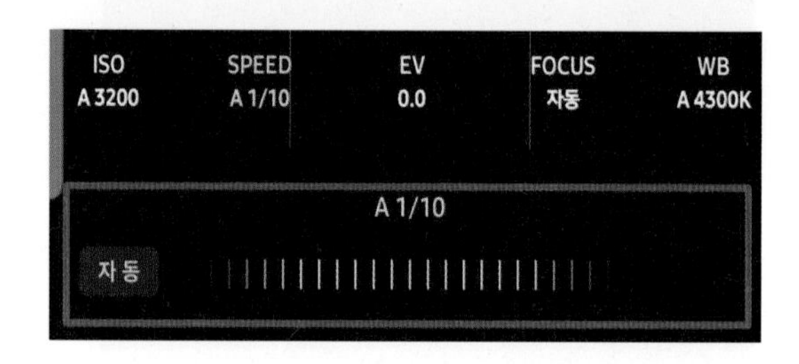

노출(EV)

노출은 카메라에서 렌즈로 들어오는 빛을 셔터가 열려있는 시간만큼 필름이나 건판에 비추는 것을 말합니다. 감도와 조리개값, 그리고 셔터 속도의 세가지 개념의 조합으로 이루어지며, 사진의 밝기를 결정하는 아주 중요한 요소입니다. ※ **EV 0은 F1.0에서 1초 노출을 준 값입니다.**

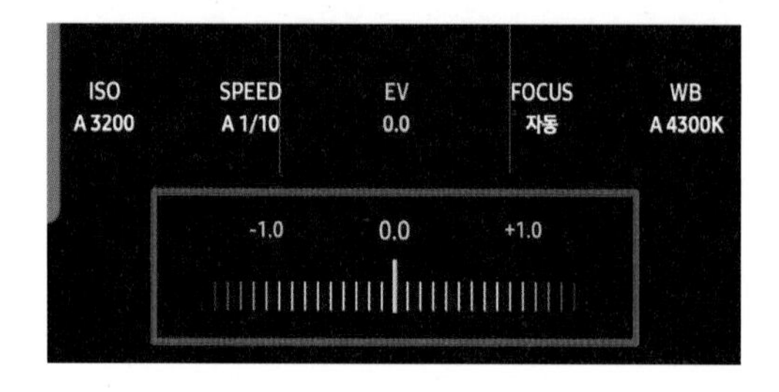

FOCUS(자동/수동)

초점은 사진을 선명하게 촬영할 수 있는 중요한 요소입니다.

자동 초점(Auto Focus)과 수동 초점(Manual Focus)으로 구분되며, 수동 초점을 사용하는 경우에는 근접 촬영 시 주로 사용하며, 수동 초점 슬라이더를 좌우로 움직이면서 초점이 맞을 경우 녹색으로 경계선이 나타납니다.

근거리 초점은 좌(0에 가깝게)로 슬라이드를 움직이고, 원거리 초점은 우(1에 가깝게)로 슬라이드를 움직이면 됩니다.

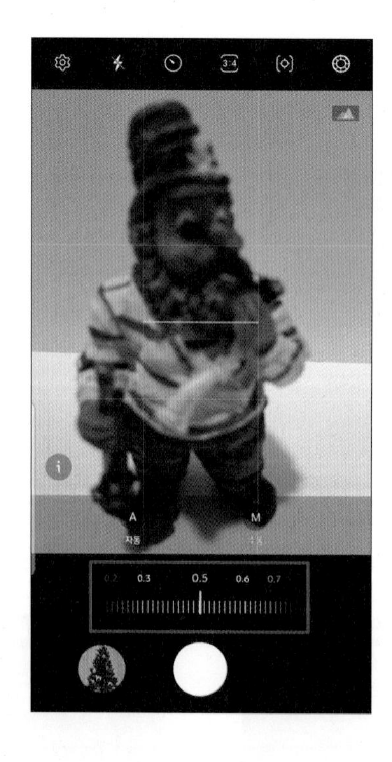

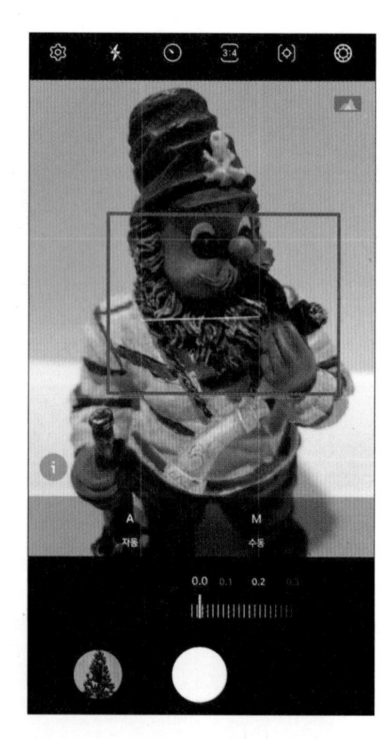

WB(화이트밸런스)

- 촬영 대상을 카메라로 촬영했을 때 흰색을 흰색으로 표현해 주는 기능입니다. 이는 이미지의 색상을 자연스럽게 보이게 만드는 데 도움이 됩니다.
- 태양광 기준으로 색온도를 표현하는데 수동에서는 2300K ~ 10000K 조절 가능합니다.
- 태양광은 5300K입니다.
- 색온도가 낮을수록 차갑게(푸른빛) 표현되고 색온도가 높을수록 따스하게(노란빛) 표현됩니다.

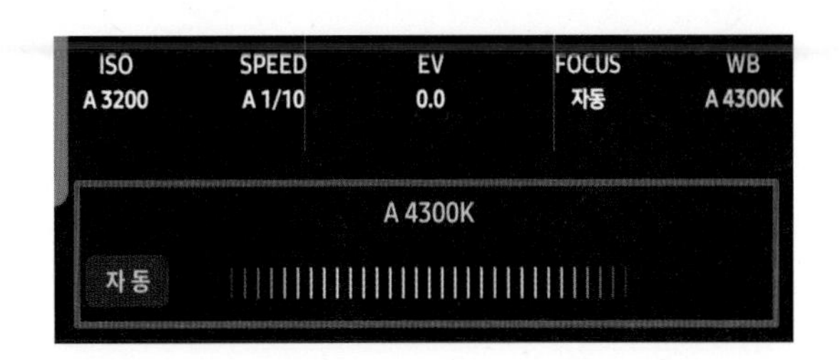

스마트폰 카메라로 사진 잘 찍는 법

좋은 사진을 만드는 수직·수평 안내선

카메라 화면의 [**수직/수평 안내선**]을 항상 켜고 촬영합니다. 사진의 수평과 수직을 맞추는 것은 사진 촬영에 있어 가장 기본 요소 중의 하나로 보는 이들에게 안정감을 주고 전체적인 사진의 구도를 완성시켜줍니다. 사진에서 가로와 세로의 수평과 수직을 맞추는 것만으로도 사진이 훨씬 좋아집니다.

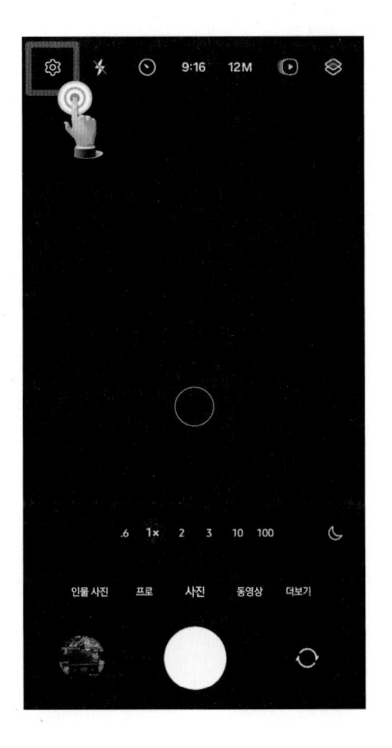

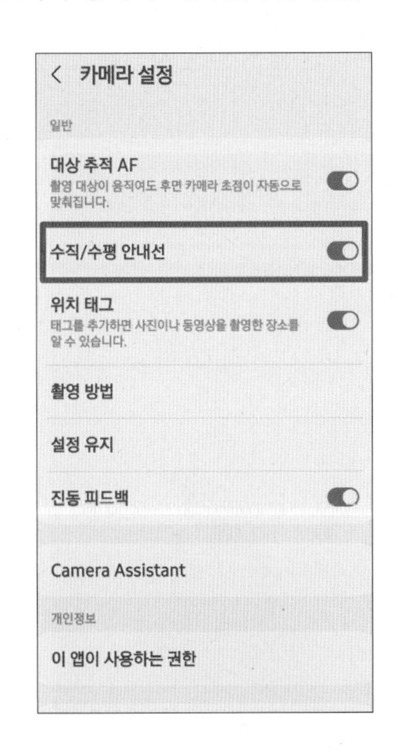

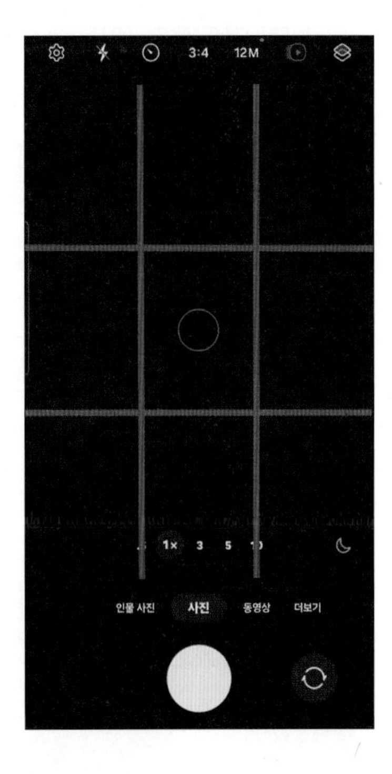

사진에서 수직과 수평만 잘맞아도 훨씬 좋은 사진이 됩니다. 사진을 잘 찍기 위한 황금 분할 구도는 피사체의 균등한 화면 배분으로 가장 안정적인 시선의 흐름을 유도합니다.

황금분할 구도를 표현하는 방법은 아래 예시와 같이 [**수직/수평 안내선**]이 서로 교차되는 포인트에 피사체를 위치시켜 촬영을 하게 되면 가장 보기 좋은 구도의 사진 결과물을 얻을 수 있습니다.

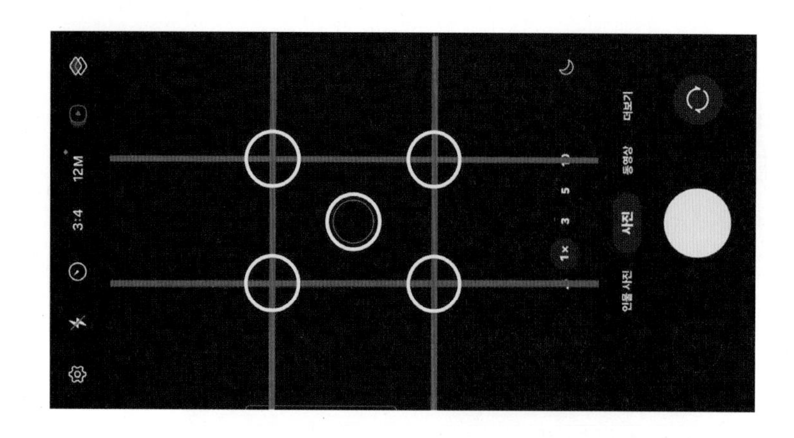

[가로선과 세로선이 만나는 지점에 피사체를 위치시키는 황금분할구도]

피사체의 적정 노출과 초점 설정

사진 결과물에 있어 중요한 것은 사진을 찍기 전에 화면에 보이는 피사체의 밝기와 초점이 제대로 맞추어졌는지가 중요합니다. 즉, 초점이 원하는 피사체에 제대로 맞았는지 밝기가 제대로 조정이 안되어 어두운 사진 결과물이 나올 수 있다.

초점을 맞추기 위해 화면을 터치합니다. 선명하게 보인다면 제대로 초점이 맞은 겁니다.

피사체의 밝기를 조절하기 위해 화면을 꾹 누르면 노출 조절 [**슬라이드 바**]가 나옵니다.

좌우로 조절하면서 피사체의 밝기를 어둡거나 밝게 조절해서 촬영하면 됩니다. 특히 역광일 경우 피사체가 어두울 수 있는데 이때 잘 활용하면 훨씬 좋은 사진을 촬영할 수 있습니다.

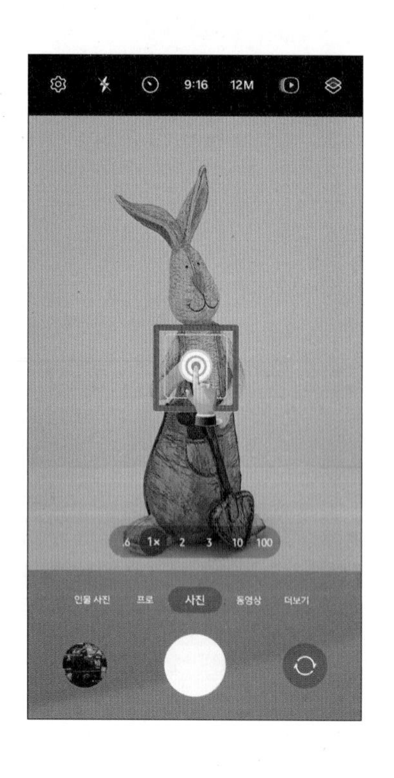

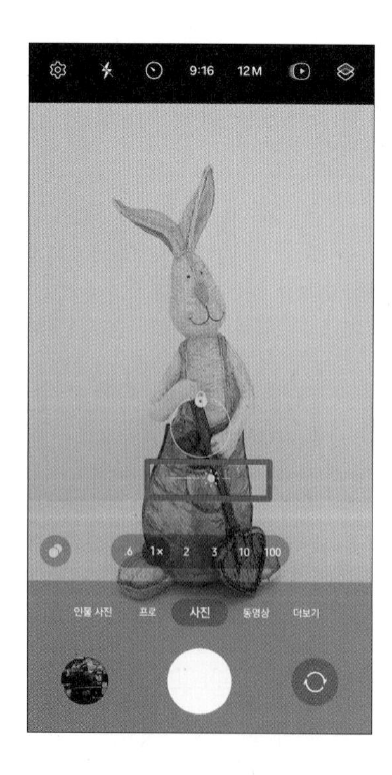

1 피사체를 터치함으로 선명한 피사체의 결과물을 얻을 수 있습니다.

2 해 모양의 슬라이드를 터치하여 좌우로 움직여 보면 화면이 어둡거나 밝게 표현됩니다.

스마트폰 파지법

● 스마트폰 올바르게 잡기만 해도 좋은 사진을 얻는다.

스마트폰 카메라는 디지털카메라와 다르게 버튼을 터치할 때 촬영이 되는 것이 아니고 터치한 손이 떨어질 때 촬영합니다.(카메라 어시스턴트 설치 후 일부 기종에서는 해결됨.) 대부분의 사람들이 한 손으로 스마트폰을 들고 다른 한 손으로 셔터를 터치합니다. 이럴 경우 조금만 손에 힘이 가해져도 원하는 결과물을 얻기 힘듭니다.

흔들린 사진이나 수직/수평이 틀어진 사진을 얻을 수밖에 없을 겁니다. 그래서 스마트폰으로 사진 촬영을 할 때 제대로 잡아주는 것이야말로 좋은 결과물을 얻을 수 있습니다.

가로파지법

왼쪽 사진처럼 왼손의 검지와 엄지는 스마트폰의 왼쪽 아래, 위를 잡아주고, 오른손 검지와 새끼손가락은 스마트폰 오른쪽 위, 아래를 잡아주면서 중지와 약지 손가락은 스마트폰의 뒷면을 받쳐줍니다.

그리고 오른손 엄지손가락으로 카메라 셔터를 터치하면서 촬영하는 방법입니다.

세로파지법

- 왼쪽 사진처럼 왼손으로 스마트폰 아래를 감싸듯 받쳐줍니다.
- 오른손으로는 왼손 위로 한 번 더 감싸면서 흔들림을 최소화시켜 줍니다.
- 촬영 버튼은 엄지손가락으로 터치하면서 사진 촬영을 합니다.

샷 및 앵글에 따른 사진 촬영법

● 인물사진 샷의 종류

풀샷, 니샷, 미디엄, 웨이스트샷, 바스트샷, 클로즈업샷, 익스트림 클로즈업 인물을 찍을 때 어떻게 프레임을 잡는가는 매우 중요합니다.
발목, 손목, 목 등 관절에서 자르면 보기 불편하니 주의합니다.

① **풀 샷(Full Shot) :** 인물의 전체 모습과 배경을 같이 보여주나 인물에 관심을 집중시켜주는 샷입니다.

② **니 샷(Knee Shot) :** 인물의 무릎에서 위쪽(상반신)을 보여주는 샷을 말하며 상반신의 움직임을 보여주려고 할 때 샷과 샷의 연결하는 과정에서 많이 사용합니다.

③ **미디엄 샷(Medium Shot) :** 일반적으로 인물의 허벅지 중간부터 머리까지 보여줄 수 있는 샷입니다. 주변 정보보다는 인물에 포커스가 맞춰진 샷입니다.

④ **웨이스트 샷(Waist Shot) :** 인물의 허리 부분부터 머리까지(상반신) 보여주는 샷입니다. 인터뷰나 뉴스 등에서 많이 쓰이는 샷입니다.

⑤ **바스트 샷(Bust Shot) :** 머리끝에서 가슴까지 보여주는 샷입니다.

⑥ **클로즈업 샷(Close Up Shot) :** 얼굴 전체가 화면에 가득 차는 샷으로 인물의 표정과 감정이 잘 나타납니다.

⑦ **익스트림 클로즈업(Extreme Close Up) :** 인물의 눈이나 입술 등의 특정 부위를 화면에 가득 차게 보여줍니다.

카메라 앵글

● 앵글은 바로 촬영하는 각도, 즉 카메라의 각도

앵글은 피사체를 바라보는 차이에 따라 완전히 달라진다.

- **카메라 앵글의 종류** : 버즈 아이 뷰(Bird's Eye View), 하이 앵글(High Angle), 아이 레벨(Eye Level), 로우 앵글(Low Angle), 웜즈 아이 뷰(Worm's Eye View)가 있습니다.

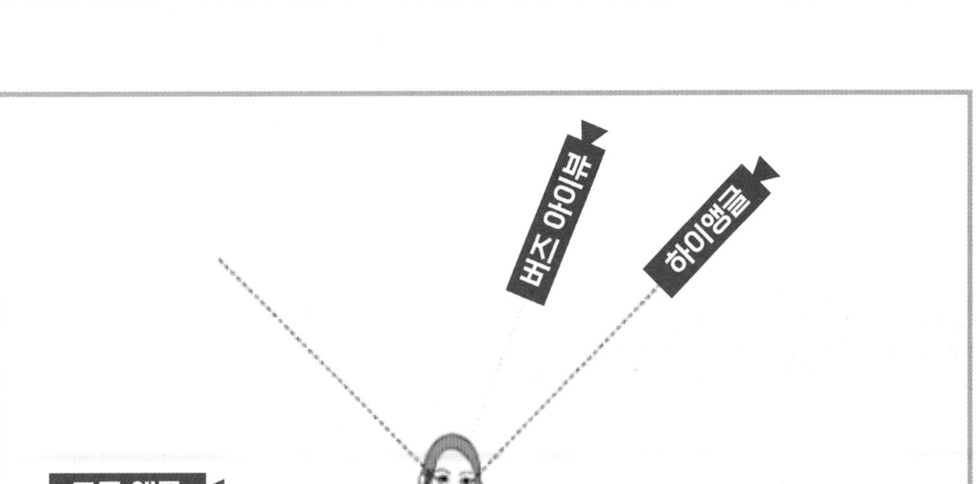

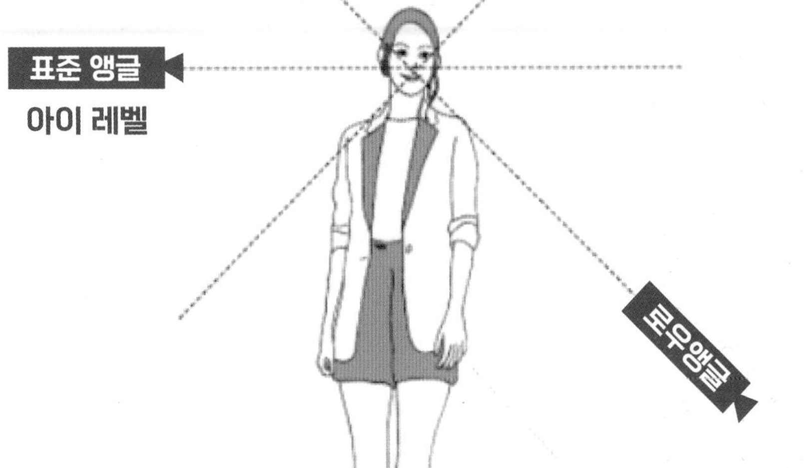

웜즈 아이 뷰

● 버즈 아이 뷰(Bird's Eye View)

사람의 시선보다 높은 머리 위에서 촬영하는 앵글입니다. 새가 바라본다 해서 **버즈 아이 뷰**라고 한다.

● 하이 앵글(High Angle)

피사체를 위에서 내려다보면서 높은 위치에서 촬영하는 것으로 인물 클로즈업, 인물 표정 촬영에 사용하면 좋습니다.

● **아이 레벨**(Eye Level)

촬영자가 서있는 상태로 피사체와 같은 높이로 바라보면서 촬영하는 것으로 가장 보편적인 앵글입니다.

● **로우 앵글**(Low Angle)

사람의 시선보다 낮은 위치에서 피사체를 올려다 보며 촬영하는 것으로 건물을 웅장하게 표현하고자 할 때, 인물 사진일 경우 다리가 길게 보이고 키가 커 보이는 효과가 있습니다.

● **웜즈 아이 뷰**(Worm's Eye View)

벌레가 위를 바라보는 듯한 앵글입니다. 익스트림 로우 앵글이라고도 불리기도 하는데 극단적으로 낮은 위치에서 촬영하는 것을 말합니다.

상황별 사진 촬영 노하우(풍경, 인물, 음식)

① 풍경 사진 촬영 노하우

아름다운 풍경 사진이 화창한 날씨에만 촬영해야 잘 나온다고 대부분 생각합니다.
날씨가 흐리거나 비가 온다고 해서 사진이 잘 안 나올 거란 생각을 하게 되지요.
하지만 비오는 날이나 흐린날은 빛이 부드러워 오히려 피사체를 돋보이게 한다는 사실!
이런 경우에는 아주 특별한 사진을 연출 할 수 있답니다.

흐린하늘의 감성사진

해가 지면서 남겨주는 오묘한 빛은 바라만 봐도 예쁜 감성적인 사진을 허락해 줍니다. 부드럽고 따뜻한 찰나의 순간이야말로 많은 사람들이 사진으로 간직하고 싶어 합니다.

해뜨기 30분 전, 그리고 해지고 30분 후!

바로 '매직아워(골든아워)' 라고 합니다.

태양은 매일 뜨고 지지만 간직하고자 하는 멋진 일몰 장면은 쉽게 만날 수 없답니다.

날씨의 영향을 많이 받기에 구름이나 하늘의 상태에 따라 노을의 빛이 천차만별로 달라집니다
매직아워의 시간을 기다림으로 시간에 따라 달라지는 사진 속 컬러가 변하게 되므로 시간차를 두면서 촬영한다면 멋진 일몰 장면을 담을 수 있습니다.

태양이 수평선 또는 지평선으로 사라진 후, 그때부터 10~15분 정도의 화려한 컬러의 하늘 빛을 만날 수 있는데 그것이 바로 '매직아워'입니다.

② 인물사진 촬영 노하우

인물사진을 더욱 특별하게 만드는 방법은 바로 아웃포커스입니다.

인물에 초점이 맞아 선명해지고 배경은 흐려지는 상태를 '아웃포커스'라고 합니다.
사람의 시선은 선명한 곳으로 집중되어 인물이 부각되기 때문입니다.

아웃포커스를 제대로 표현하기 위해서 일반적으로 사진 모드에서도 촬영이 가능하지만 최근에는 인물사진에 최적화된 인물사진 모드를 지원하고 있어 아웃포커스 효과를 쉽게 적용할 수 있는데 인물사진 모드에서는 아웃포커스를 블러 효과로 불리우고 있습니다.

인물사진 모드의 블러 기능은 인물사진 촬영뿐만 아니라 일상의 풍경이나 사물을 담을 때도 유용하게 활용할 수 있습니다. 이 기능을 잘 활용하면 우리 주변에서 마주치는 다양한 순간을 특별하게 기록할 수 있습니다.

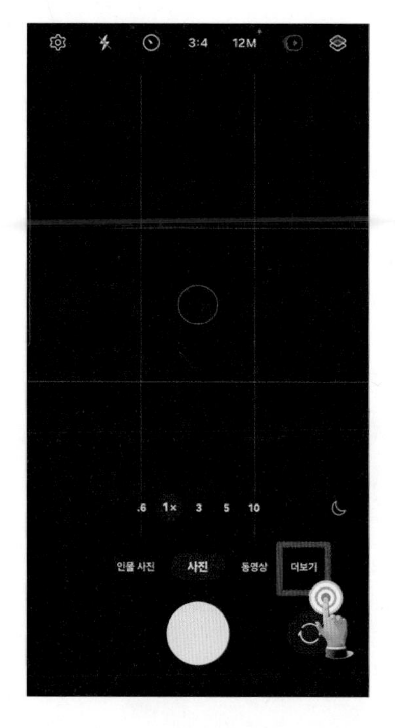

1 인물사진 모드는 카메라 화면에서 [**더보기**]를 터치한 후 2 [**인물사진**]을 선택하면 카메라 화면이 인물사진 모드로 바뀌고 일반 사진 모드와는 다르게 피사체와 일정 거리를 유지하면 3 화면상단 [**준비되었어요**] 노란색 글씨가 나타납니다. 이때 촬영하면 피사체(인물)는 선명하고 배경은 멋지게 흐려진 사진의 결과물을 얻을 수 있습니다.

③ 음식 사진 촬영 노하우

스마트폰에서 가장 많이 촬영하는 사진이 바로 음식사진이라고 합니다.

일상에서 아주 쉽게 접할 수 있지만, 특별한 연출을 할 수 있는 사진이 바로 음식을 먹을 때 찍는 사진입니다. 많은 사람들이 다양한 음식 사진을 찍지만 그냥 촬영한다고 해서 음식 사진이 잘 나오는 것은 아닙니다. 음식 사진을 특별하게 찍을 수 있는 간단한 촬영 노하우를 알려드립니다.

Step 1 음식과의 거리 , 최대한 들이대라

렌즈의 화각은 눈으로 보는 것보다 비교적 넓게 세상을 담고 있는데 음식 사진 촬영 시에는 많은 것을 담을 수 있지만 불필요한 피사체도 담기기 때문에 음식에 집중할 수 없게 됩니다.
이 경우 음식에 카메라를 가까이 가져가 보는 것이 좋습니다. 불필요한 피사체는 카메라 화면에서 사라지고, 찍고자 하는 음식의 모습을 제대로 담을 수 있습니다.

대부분 음식 사진은 가까이 갈수록 눈으로 볼 수 없는 섬세함이 보입니다. 단, 음식을 담은 그릇이 특별할 경우 그때는 그릇과 함께 담는 것도 좋은 방법입니다.

Step 2 음식과의 각도 - 가장 돋보이는 화면 찾기

두 번째는 바로 음식과의 각도입니다. 일반적으로 측면 45도에서 바라보는 각도와 위에서 내려다 보는 각도가 보편적인 음식 사진의 각도입니다.

각도에서 가장 신경 써야 하는 부분은 거리입니다. '원거리 측면, 탑뷰(Top View), 근거리 측면 및 탑뷰(Top View)' 이 4가지 조화에 의해 음식 사진은 다양하게 만들어질 수 있습니다.

피사체에 근접해서 촬영할 경우, 주 피사체는 선명하고 배경은 흐릿하게 표현되는 아웃포커싱으로 설정됩니다. 이 경우 상차림의 분위기도 살리면서 주요 피사체 음식에만 시선을 집중시킬 수 있는 장점이 있습니다.

탑뷰(Top View) 촬영의 경우, 음식에 집중할 수 있는 장점이 있습니다. 이 방법으로 촬영을 한다면 측면 촬영보다는 수평, 수직에 더욱 신경을 써야 합니다.

위와 같은 방법으로 음식 모드에서 촬영한다면 아주 선명하고 컬러가 도드라지며 먹음직스럽게 표현이 되기에 음식에 시선 집중이 되는 효과를 보여준답니다.

이동 중 촬영 노하우

유튜브 영상을 촬영할 때 가장 중요한 조건은 시청자가 보기에 불편함이 없는 영상 제작일 것입니다. 유튜브 동영상 촬영은 실내촬영과 야외촬영으로 나눌 수 있습니다. 실내촬영 시에는 스마트폰을 거치할 수 있는 삼각대를 활용하면 바로 촬영이 가능합니다.
추가적으로 조명으로 얼굴을 입체감 있게 비춰주고 마이크로 목소리를 선명히 나오게 한다면 더 좋은 영상이 될 것입니다.

브이로그를 촬영하거나 야외에서 움직이면서 촬영을 할 때는 촬영자 본인이 직접 스마트폰을 들고 찍는 경우가 많기 때문에 항상 영상의 흔들림에 대한 걱정을 하면서 찍게 됩니다. 스마트폰이 촬영 장비치고는 작다 보니 손으로 들고 찍다 보면 흔들릴 수밖에 없습니다. 흔들린 화면은 시청자로 하여금 몰입에 방해를 주기 때문에 유튜브 영상으로는 좋지 않습니다.
야외촬영 시 이동 중에는 어떻게 촬영하면 좋고 어떤 장비를 활용하면 좋을지 알아보겠습니다.

① 안정된 자세

이동 중 촬영 시 가장 신경 써야 할 부분은 가능한 카메라가 흔들리지 않게 안정된 자세로 찍는 것입니다. 스마트폰을 두 손으로 잡고 양 팔꿈치를 옆구리에 최대한 밀착시켜 팔이 움직이지 않게 고정한 다음 무릎을 굽히고 뒤꿈치를 들어 발을 쓸 듯이 앞으로 천천히 나아가며 촬영합니다.

② 스마트폰용 짐벌 활용

동영상 촬영을 이동하면서 촬영할 때 흔들림을 줄이기 위해 출시된 제품이 바로 짐벌입니다.
야외촬영 시 특히 여행 영상 촬영 시에 활용하면 흔들림 없이 멋진 영상을 찍을 수 있습니다.

③ 마이크 활용

스마트폰 자체 마이크로 목소리를 녹음할 수 있지만, 야외에서는 바람이 불거나 시끄러운 곳에서는 목소리에 잡음이 섞이게 됩니다. 이동 중 촬영을 하면서 목소리를 녹음하려면 핀 마이크를 활용해 보세요. 핀 마이크를 사용하면 조금 더 잡음없이 깔끔하게 목소리를 영상에 넣을 수 있습니다.

④ 스마트폰용 광각렌즈 활용

스마트폰으로 야외 촬영 시 DSLR이나 미러리스 카메라처럼 넓은 화각의 영상을 원한다면 스마트폰용 광각렌즈를 활용해보세요. 작고 휴대하기 좋아서 간편하게 들고 다닐 수 있고 특히 여행 영상 촬영에 유용합니다.

⑤ 보조배터리 & 외장하드 활용

여행 영상 촬영 시 스마트폰으로 지속해서 촬영하다 보면 배터리가 평상시보다 더 많이 소모되고 충전할 시간적 여유가 없을 수도 있기 때문에 보조배터리를 휴대하시기 바랍니다.
또한 요즘 스마트폰은 FHD는 물론 4K 영상의 고화질 동영상을 촬영할 수 있게 되면서 영상 하나의 용량이 많이 커졌습니다. 그러기 때문에 저장공간이 부족할 수 있으니 외장하드를 들고 다니면서 데이터 백업을 해두시기를 권합니다.

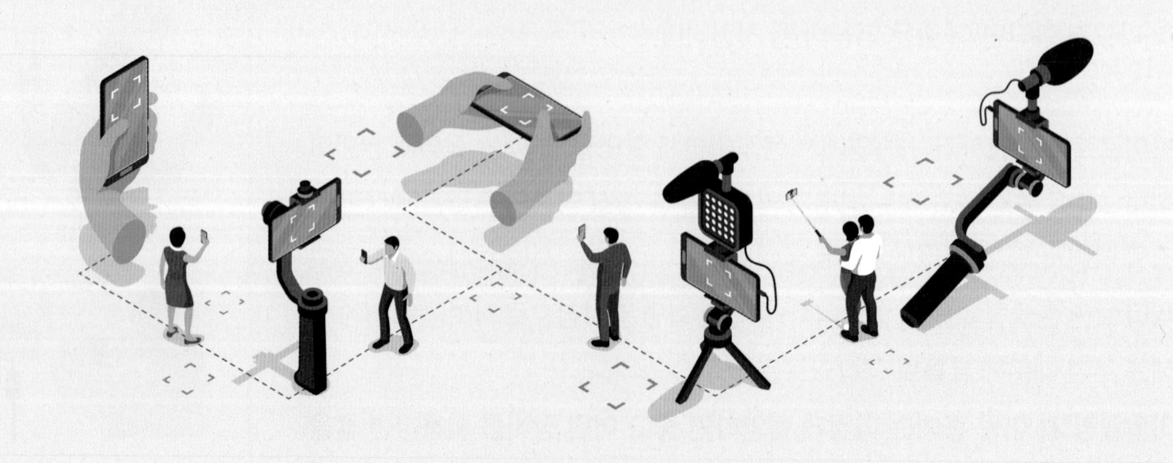

8강 갤러리 및 파일전송 서비스

갤러리 앨범 만들고 관리하기

1 갤러리에서 ① [**사진**]을 터치하고, 상단의 ② [**점 3개**]를 터치합니다. 2 [**편집**]을 터치합니다. 3 ① 앨범을 만들 사진을 선택하고 ② [**더보기**]를 터치합니다.

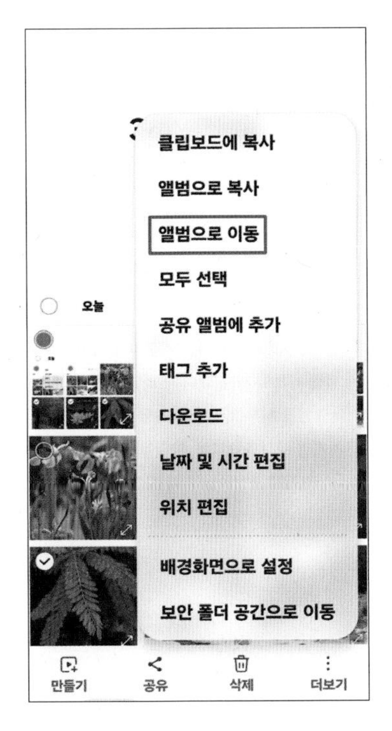

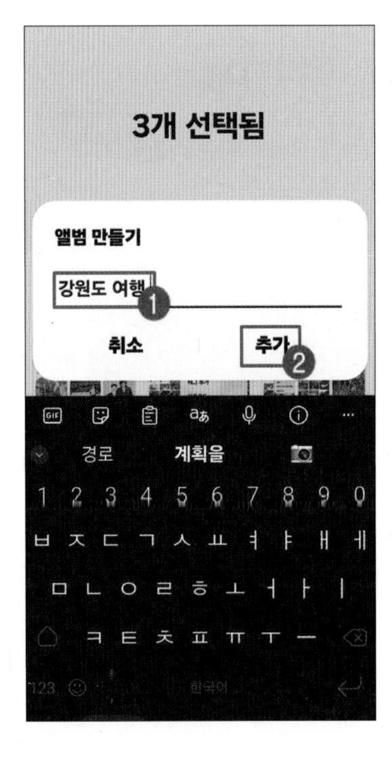

1 [**앨범으로 이동**]을 터치합니다. 참고로 [**앨범으로 복사**]는 원본은 그대로 두고 다른 앨범에 복사합니다. 2 ① 기존 앨범으로 이동할때는 해당 앨범을 터치하면 이동이 됩니다. ② 새로 앨범을 만들때는 상단의 [**만들기**]를 터치합니다. 3 ① 앨범 이름을 입력하고 ② [**추가**]를 터치하면 새로 앨범이 만들어지며 선택한 사진들이 이동됩니다.

1 갤러리의 [**앨범**]에 새 앨범이 만들어 졌습니다. 관리를 하기위해 터치합니다. 2 상단의 [**점 3개**]를 터치합니다. 3 ① [**편집**]은 삭제하거나 공유 등을 할 수 있으며, ② [**정렬**]은 조건별로 사진을 정리할 수 있습니다. ③ [**앨범 설정**]은 그 앨범의 대표이미지나 앨범의 이름을 변경할 수 있습니다.

샌드애니웨어로 대용량 파일 전송하기

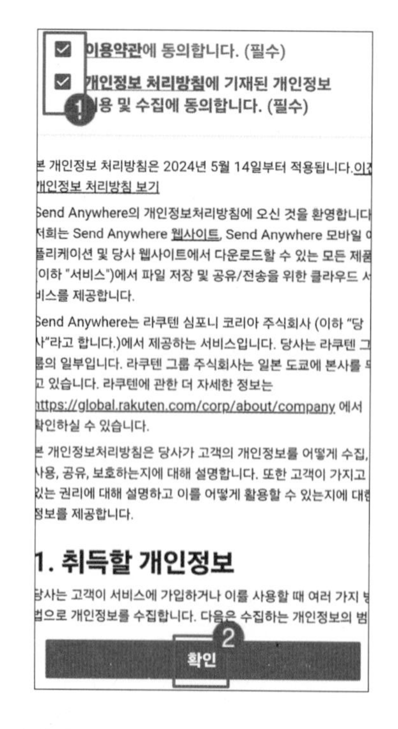

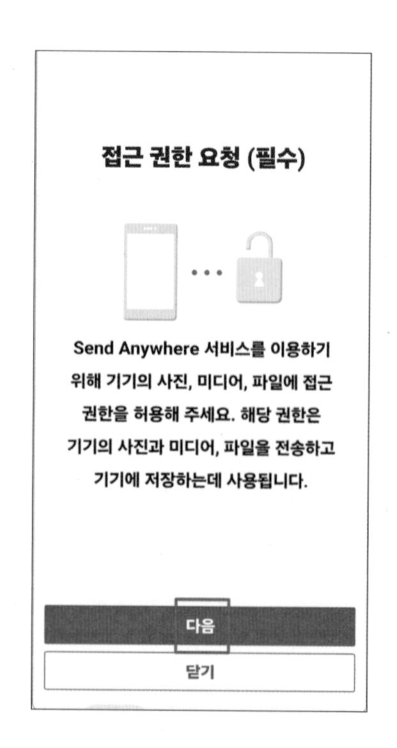

1 [**Play 스토어**]에서 [**샌드애니웨어**]를 검색하여 [**설치**]하고 [**열기**]를 합니다.

2 약관 등에 동의를 위해 ① [**체크**]를 하고 ② [**확인**]을 터치합니다.

3 권한 요청에 [**다음**]을 터치합니다.

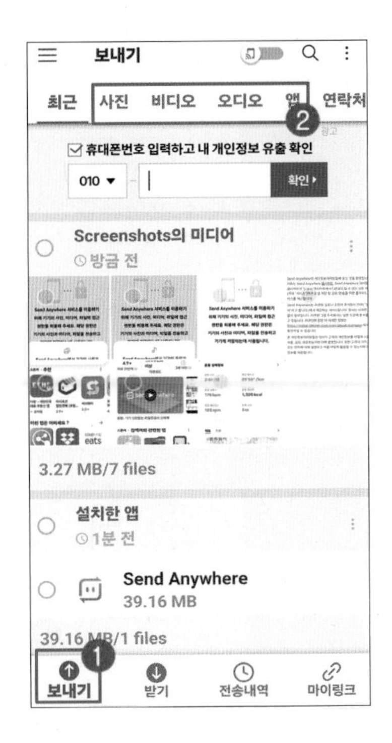

1 [허용]을 터치합니다. 송신자,수신자 모두 [샌드애니웨어] 앱을 먼저 설치하여야 하며, 1:1 전송 시 로그인이 불필요합니다. 하지만 링크 발송 시에는 로그인이 필요합니다. 2 ①자료 전송 시 [보내기]를 터치합니다. ② 사진, 영상, 음악 등 모든자료를 보낼 수 있습니다. 3 ① [사진]을 선택하면 갤러리로 이동되며 ② 사진을 선택하고 ③ [보내기]를 터치합니다.

1 받는 기기에서 숫자키를 입력하거나, QR코드를 스캔하면 전송이 시작됩니다. [확인]을 터치합니다.
2 링크를 생성하기위해 [링크 공유]를 터치합니다. 3 링크 주소가 생성되었습니다.
링크 주소를 길게 눌러 복사를 해서 받을 사람의 이메일이나 카톡에 [붙여넣기]를 합니다.

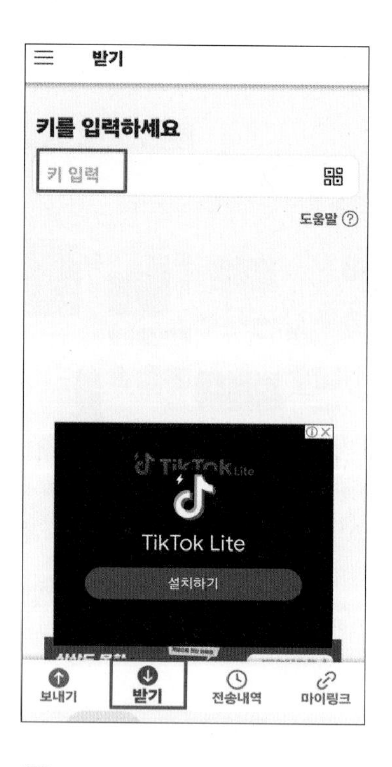

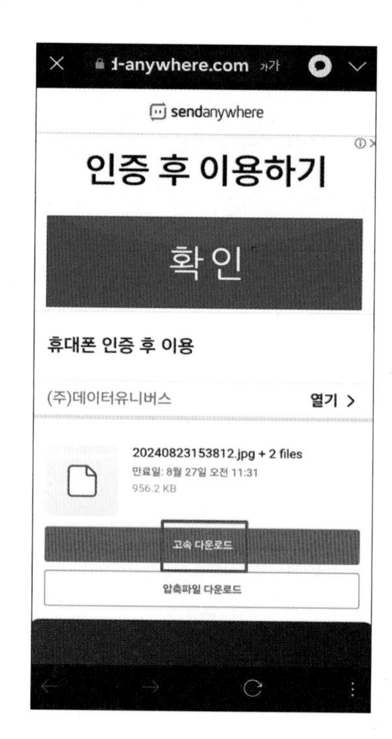

1 받을 기기에서 [**숫자 키**]를 입력하면 다운로드 됩니다.

2 링크주소로 받은 경우, 링크주소를 터치합니다.

3 [**고속 다운로드**]를 터치하면 다운로드됩니다. 링크 공유는 여러사람이 동시에 공유가 가능합니다.

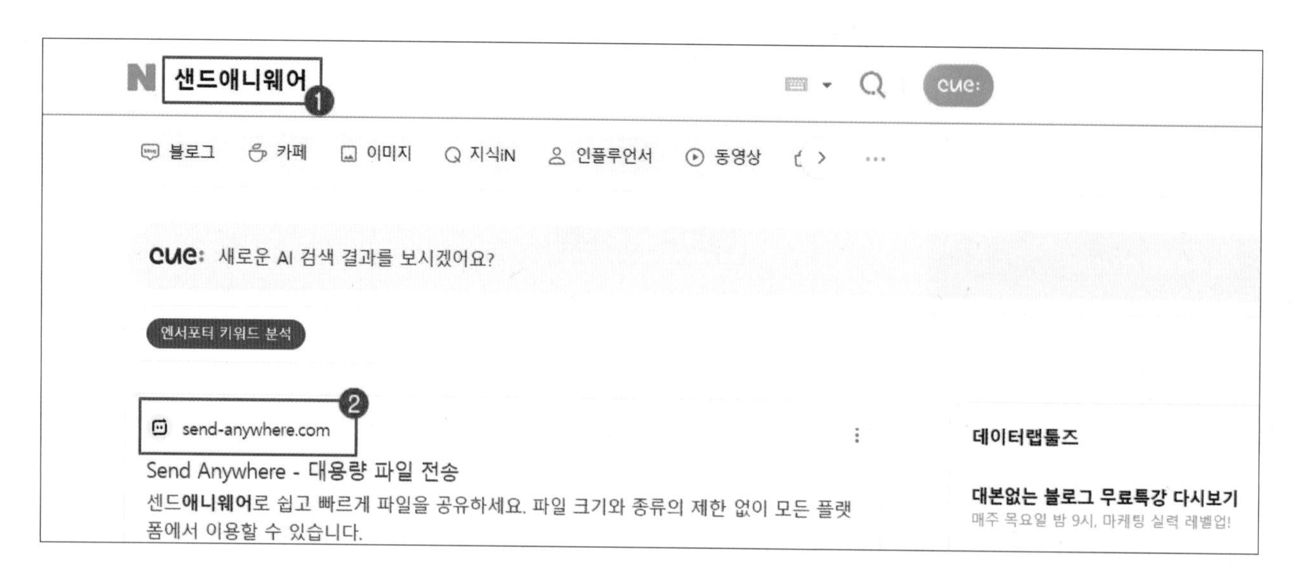

PC에서 네이버 검색창에 ① [**샌드애니웨어**]를 입력하고 검색합니다.

② [**send-anywhere.com**] 주소를 클릭합니다. Windows용으로 다운로드하여 설치하며, 웹 사이트 상에서도 다운로드가 가능합니다.

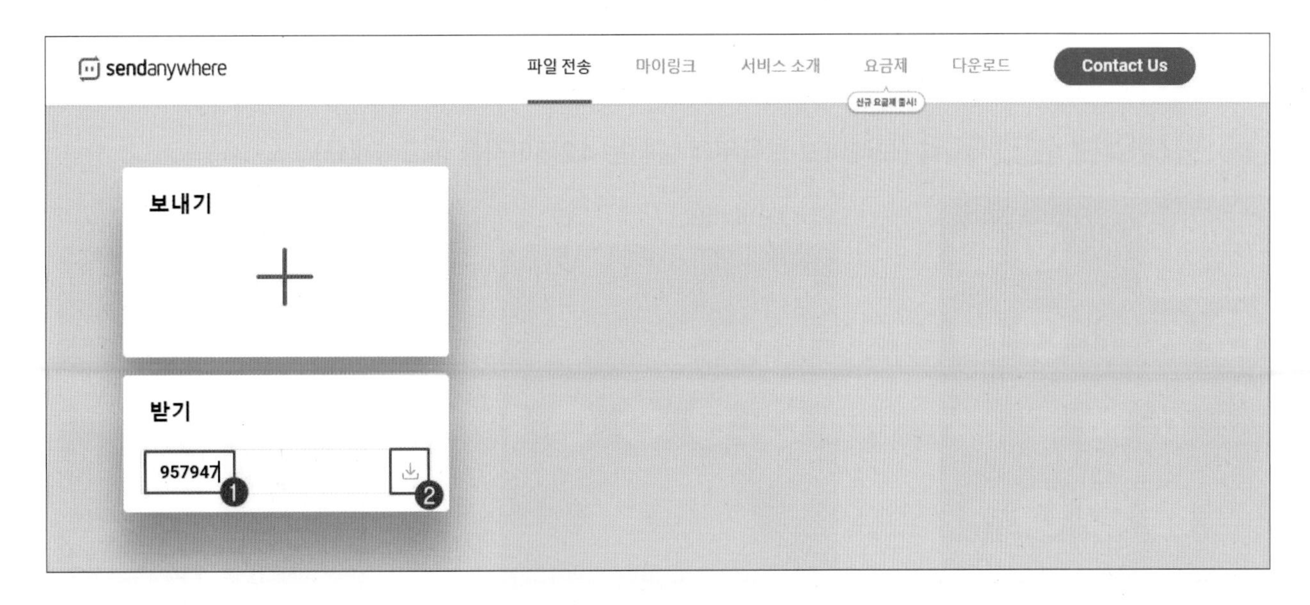

① 스마트폰에서 생성한 [**숫자 6자리**]를 입력하고 ② [**다운로드**]를 클릭합니다.

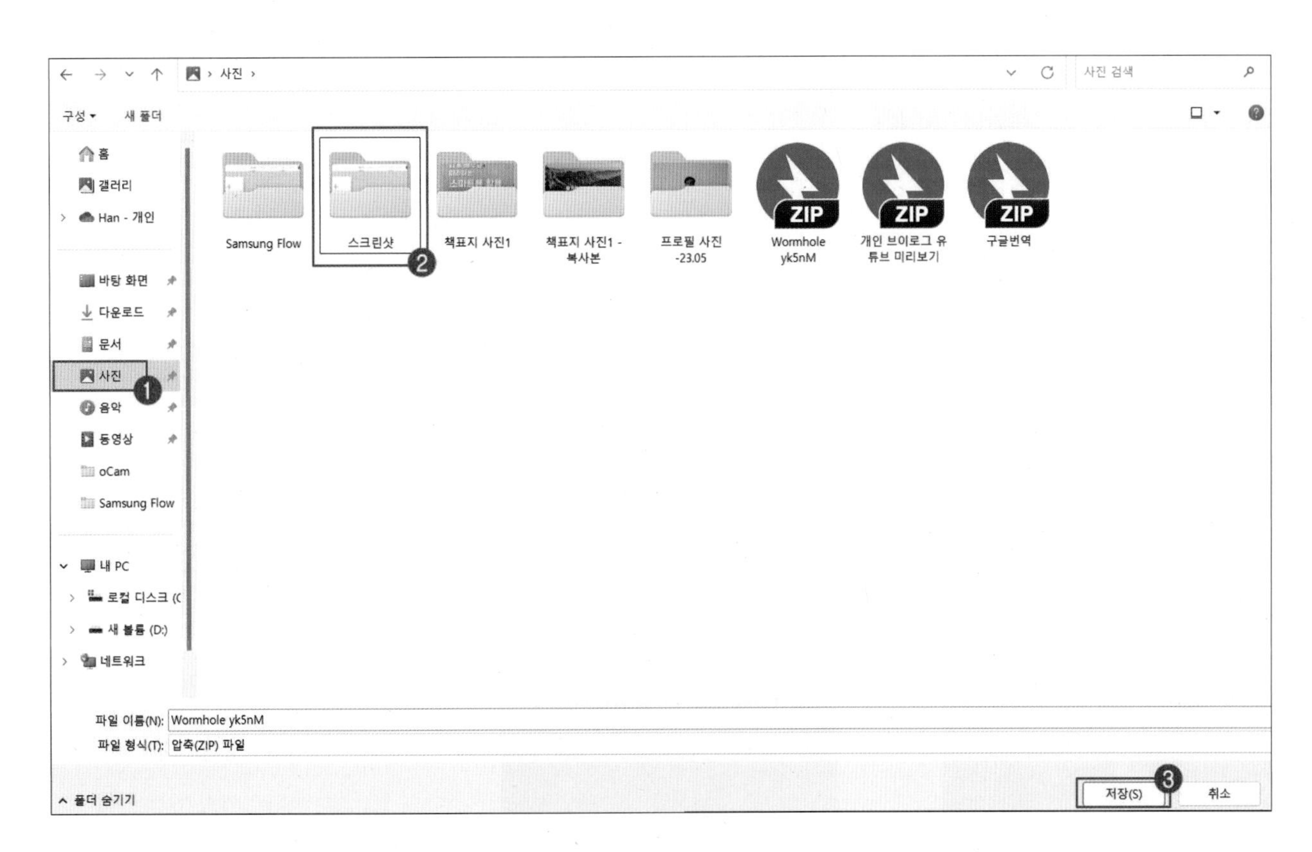

① 저장할 위치를 클릭 후 ② 폴더를 클릭하고 ③ [**저장**]을 클릭하면 저장이 됩니다.

9강 유튜브에서 무료 음악 및 동영상 다운받기

브레이브 브라우저 (브레이브 브라우저 설치는 42페이지를 참고하세요)

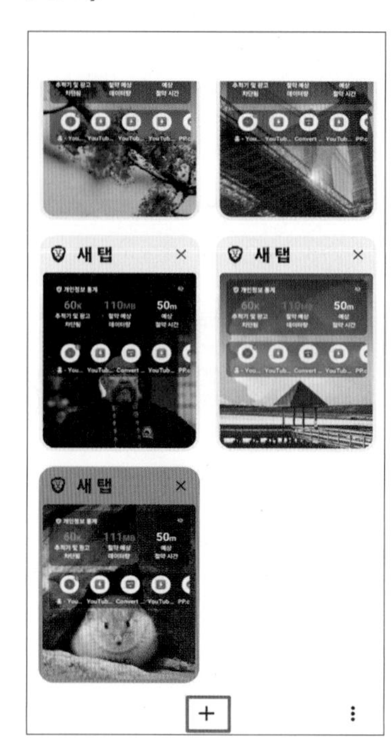

1 [브레이브 브라우저] 앱을 터치합니다.

2 하단의 [탭표시]를 터치합니다.

3 새탭을 만들기 위해 [+]를 터치합니다.

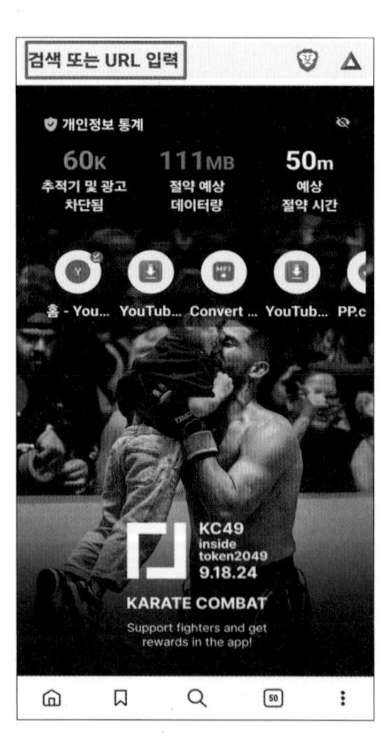

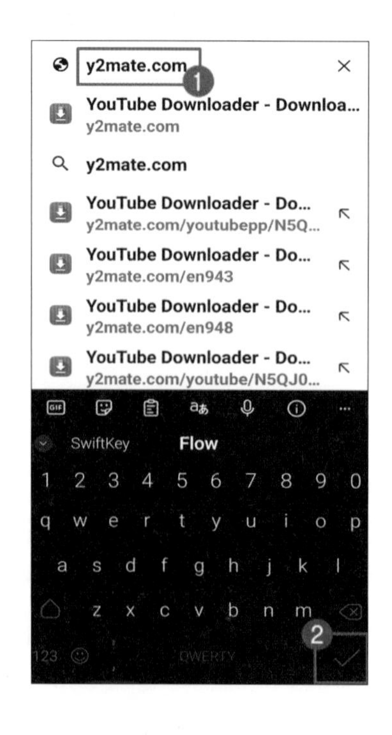

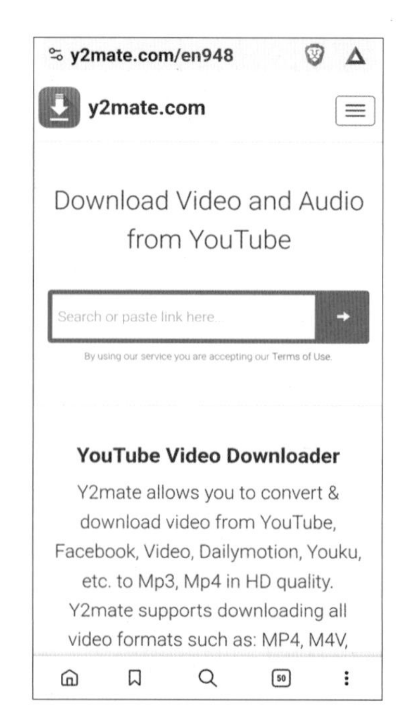

1 검색창을 터치합니다.

2 ① [y2mate.com]을 입력합니다. ② 하단의 [v]를 터치합니다.

3 새 탭에 [y2mate.com]이 생성되었습니다.

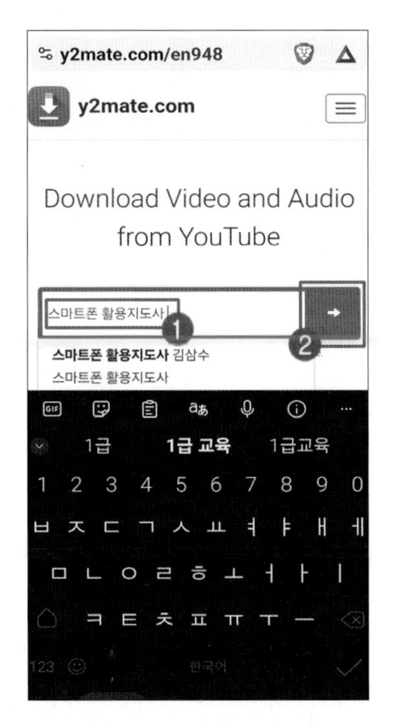
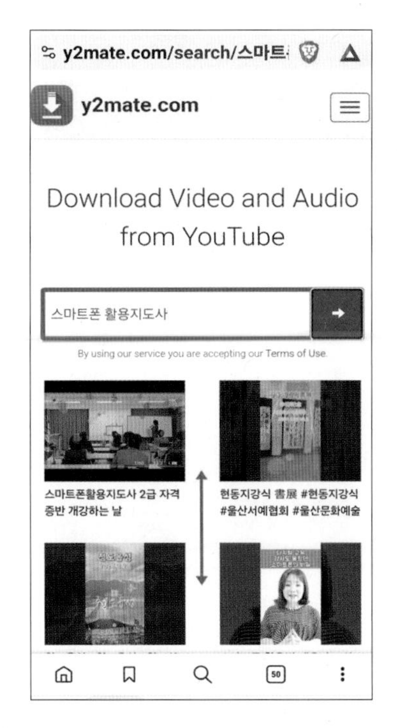

❶ ① 예시로 검색창에 [스마트폰 활용지도사]를 입력하고 ② [→]를 터치합니다.

❷ 검색되어 보여지는 영상을 위아래로 스크롤하여 적정한 영상을 찾습니다.

❸ 영상을 선택하여 터치합니다.

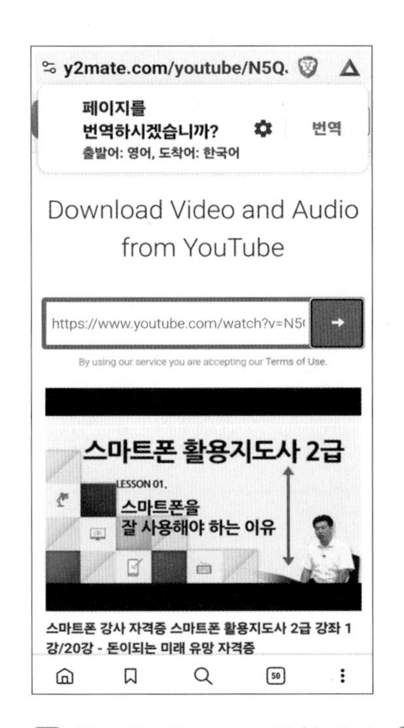
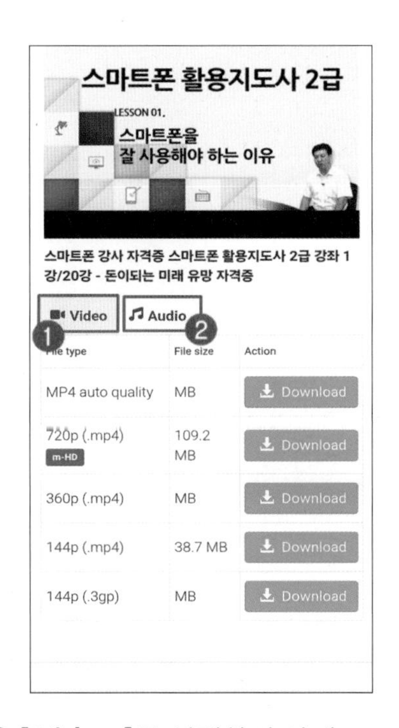
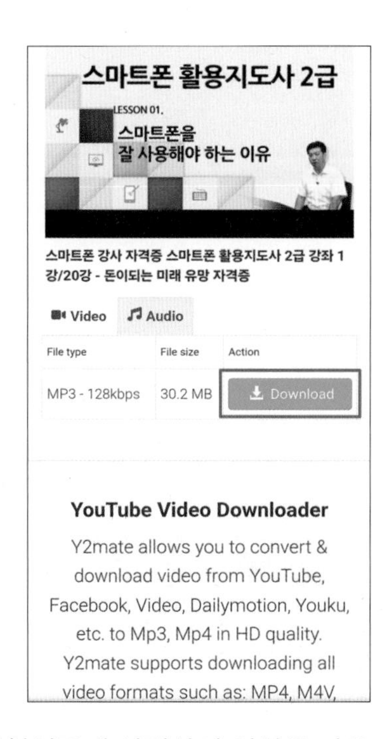

❶ 화면을 위로 스크롤합니다. ❷ ① [Video]를 선택하면 아래 mp4 파일형식중에 선택하여 영상을 다운로드 할 수 있습니다. ② [Audio]를 터치합니다. ❸ [Download]를 터치하면 다운로드됩니다.

1 두번째 방법으로 브레이브 브라우저에서 [**유튜브**] 탭을 터치합니다. 2 유튜브 검색창에 예로 ① [**임영웅 별빛같은 나의 사랑아**]를 입력합니다. ② 검색되어진 영상들을 위아래로 스크롤하여 ③ 적정한 영상을 선택하여 터치합니다. 3 ① 재생버튼을 터치하여 영상을 중지한 후 ② [**공유**]를 터치합니다.

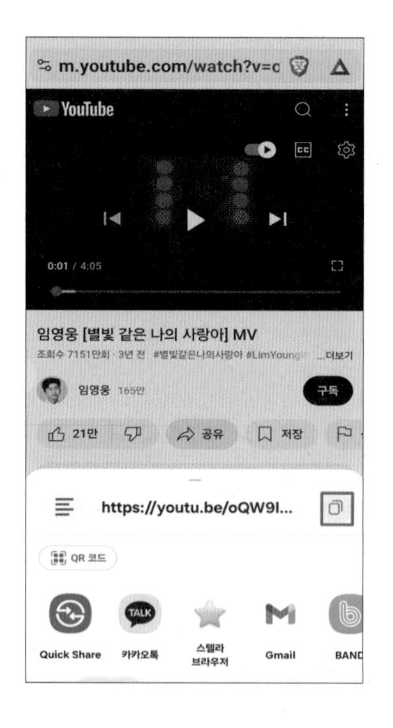

1 이 영상의 링크주소를 복사하기 위해 [⧉]를 터치하고 하단의 [17] 탭표시를 터치합니다.

2 [**새 탭**] 을 터치합니다.

3 화살표시가 보이는 [**y2mate.com**]의 아이콘을 터치합니다.

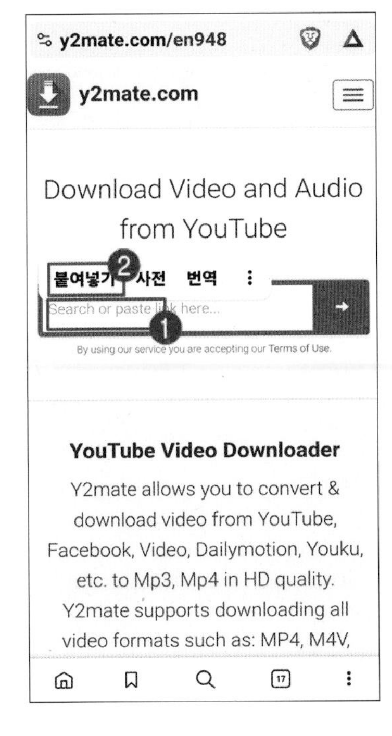

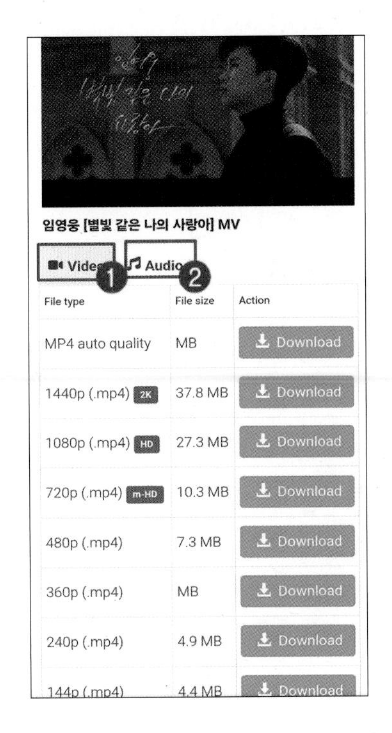

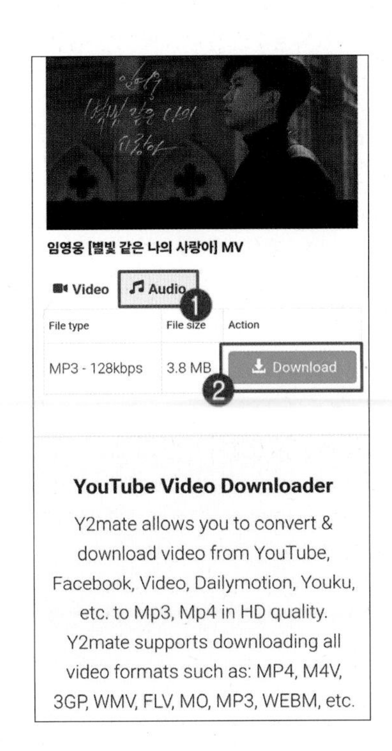

1 ① 주소창을 길게 터치후에 손을 떼면 메뉴가 보입니다. ② [붙여넣기]를 터치합니다.

2 ① [Video]를 선택해서 아래 mp4 파일 형식중에서 크기를 선택하여 다운로드 할 수 있습니다. ② [Audio]를 터치합니다. 3 ① [Audio]에서 [Download]를 터치하면 mp3 파일로 다운로드 됩니다.

PC에서도 무료음악 및 동영상 받기

● 광고 없이 유튜브 시청하기

[구글]에서 상단 우측의 ① [점 9개] 앱 아이콘을 클릭하고, ② [Chrome Web store]를 클릭합니다.

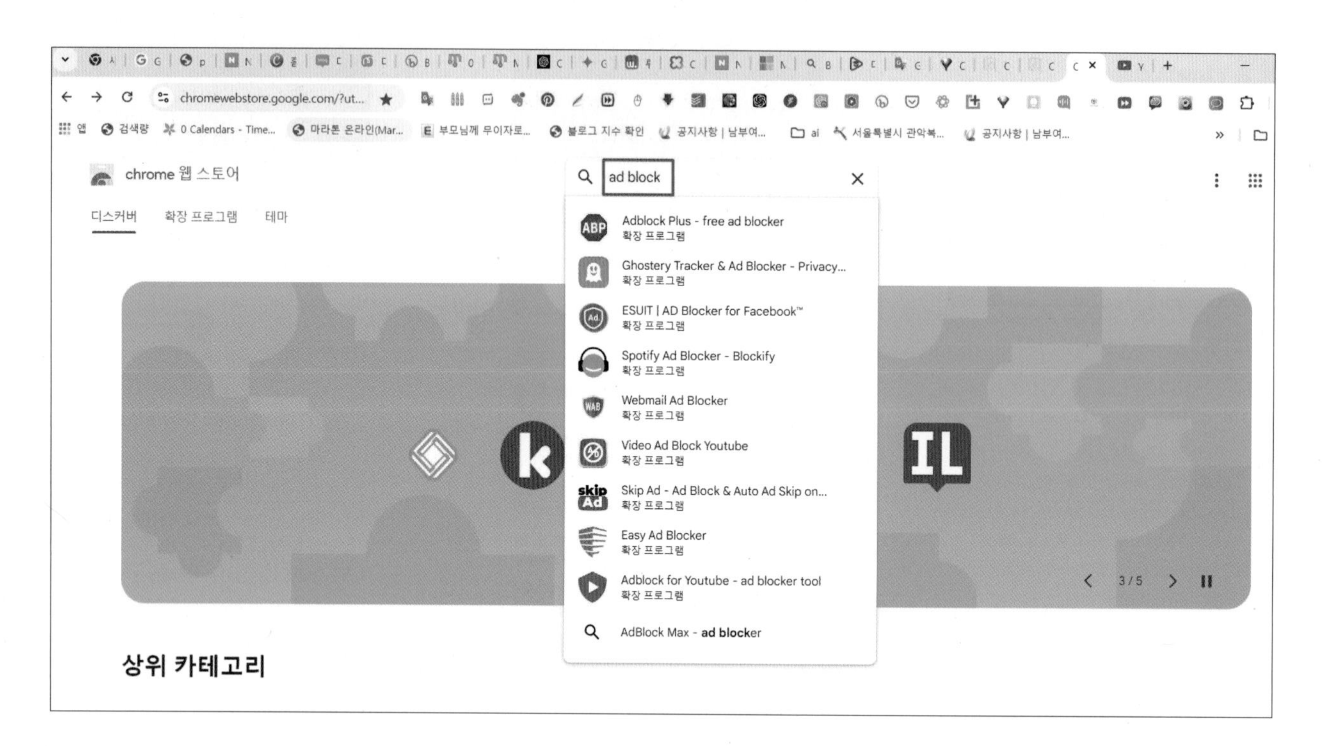

검색창에 [adblock]를 입력합니다.

[AdBlock]을 클릭합니다.

[Chrome에 추가]버튼을 클릭합니다.

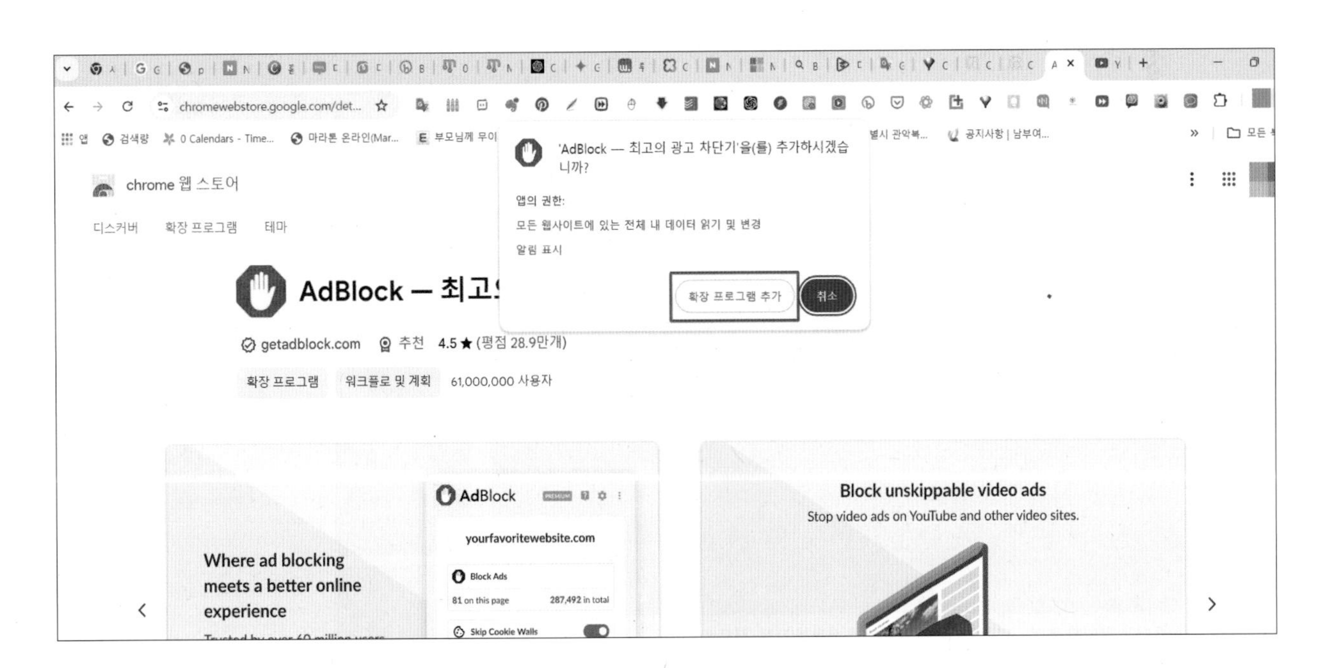

[확장 프로그램 추가]버튼을 클릭합니다.

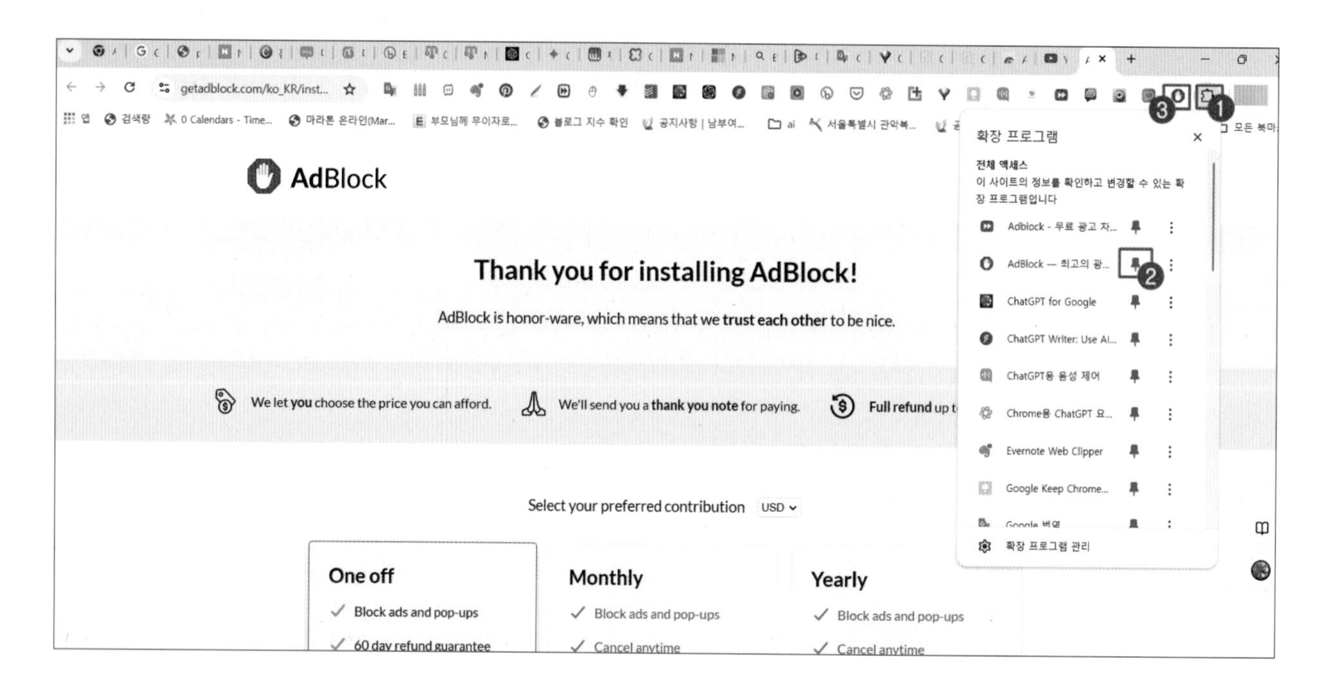

① [확장 프로그램] 아이콘을 클릭하고, ② 설치된 [Adblock]의 핀모양을 클릭해서 활성화합니다. ③ 주소 표시창에 [Adblock] 아이콘이 생성되었습니다.

이제 유튜브에서 영상을 검색하여 선택하면 시작광고 없이 바로 영상을 시청할 수 있으며 상단 [Adblock] 아이콘에 차단된 광고 숫자가 보입니다.

● 무료 음악 및 영상 다운받기

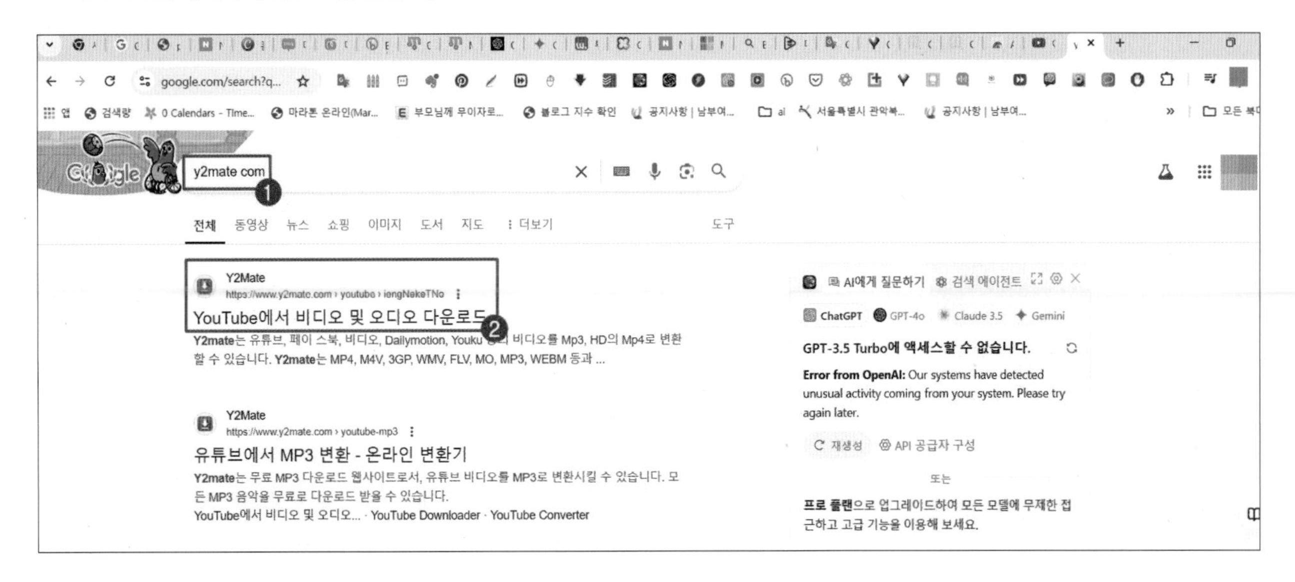

새 창에서 [구글]을 열고 ① 검색창에 [y2mate.com]을 입력한 후, ② 아래의 [y2mate.com] 주소를 클릭합니다.

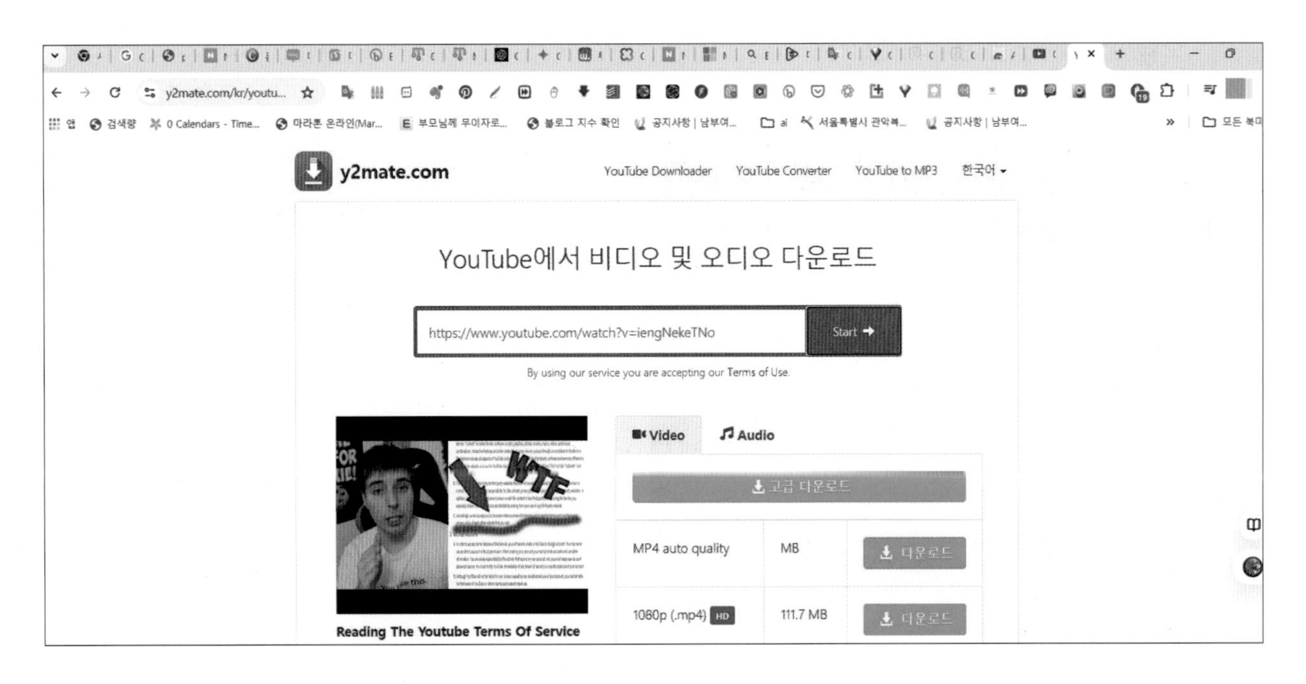

새 창에 [y2mate.com]이 열렸습니다.

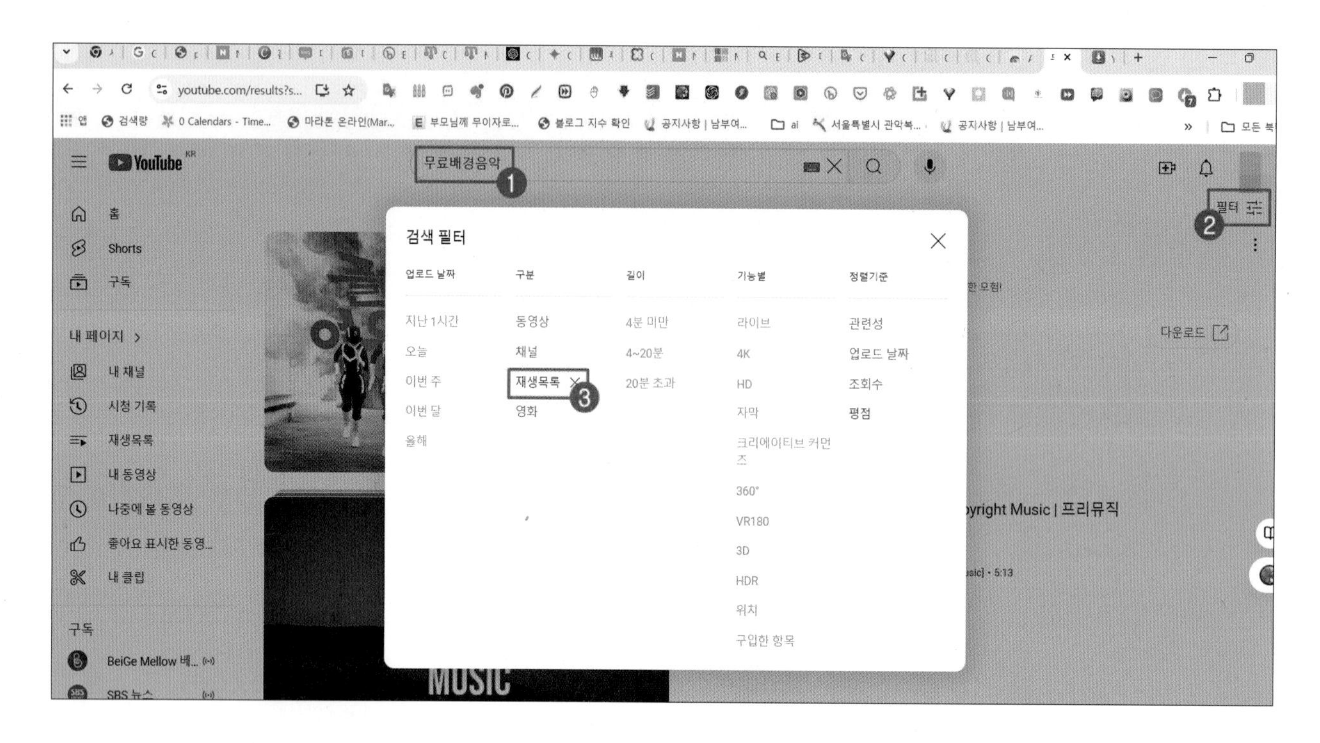

다른 창에서 [유튜브]를 열고 검색창에 예로 ① [무료 배경 음악]을 입력하고,검색을 용이하게 하기위해 우측 상단의 ② [필터]를 클릭해서 [구분]을 ③ [재생목록]으로 하고 엔터키를 누릅니다.

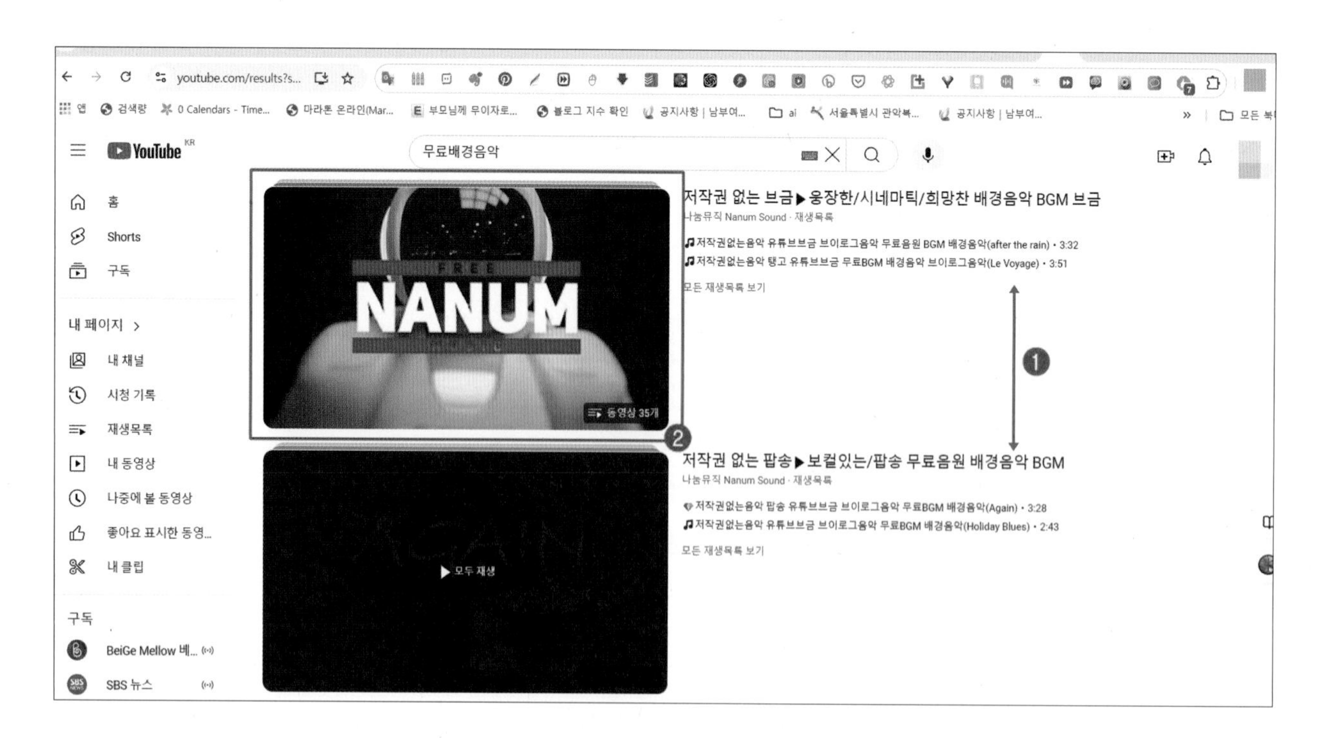

검색 된 영상 목록에서 ① 위아래로 영상을 찾아 ② 적정한 영상을 클릭합니다.

좌측의 재생목록에서 ① 적정한 영상을 클릭해서 재생해보고 중지합니다. ② [공유]를 클릭합니다.

① 링크주소를 복사하기 위해 [복사]를 클릭하고 ② 상단의 열려진 [y2mate.com]을 클릭합니다.

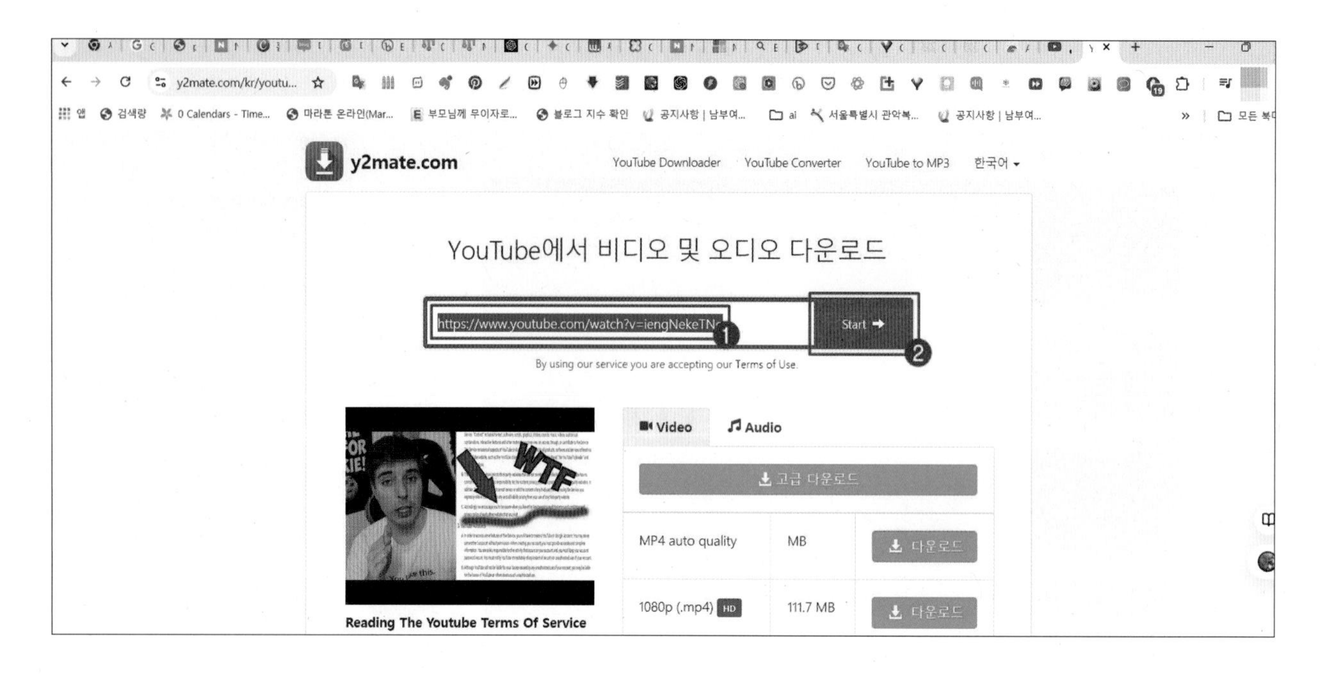

① 입력창을 클릭하면 복사한 주소가 입력됩니다. ② [Start]를 클릭합니다.

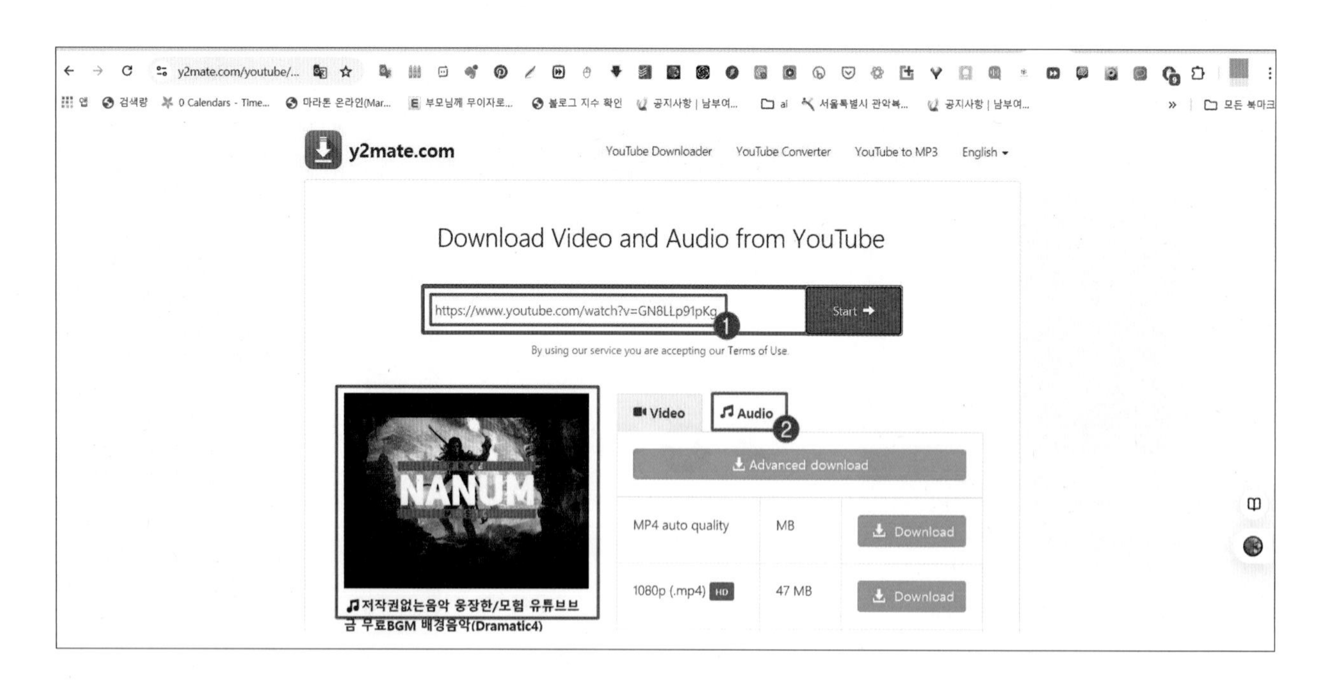

① 입력한 주소의 영상이 변환됩니다. ② [Audio]를 클릭해서 mp3 파일로 다운 받을 수 있습니다.

이제 간단한 두 번째 방법으로 해보겠습니다. 상단의 유튜브 주소 [youtube]의 [e]뒤에 [pp]를 입력합니다. [www.youtubepp.com~]를 확인하고 엔터키를 터치합니다.

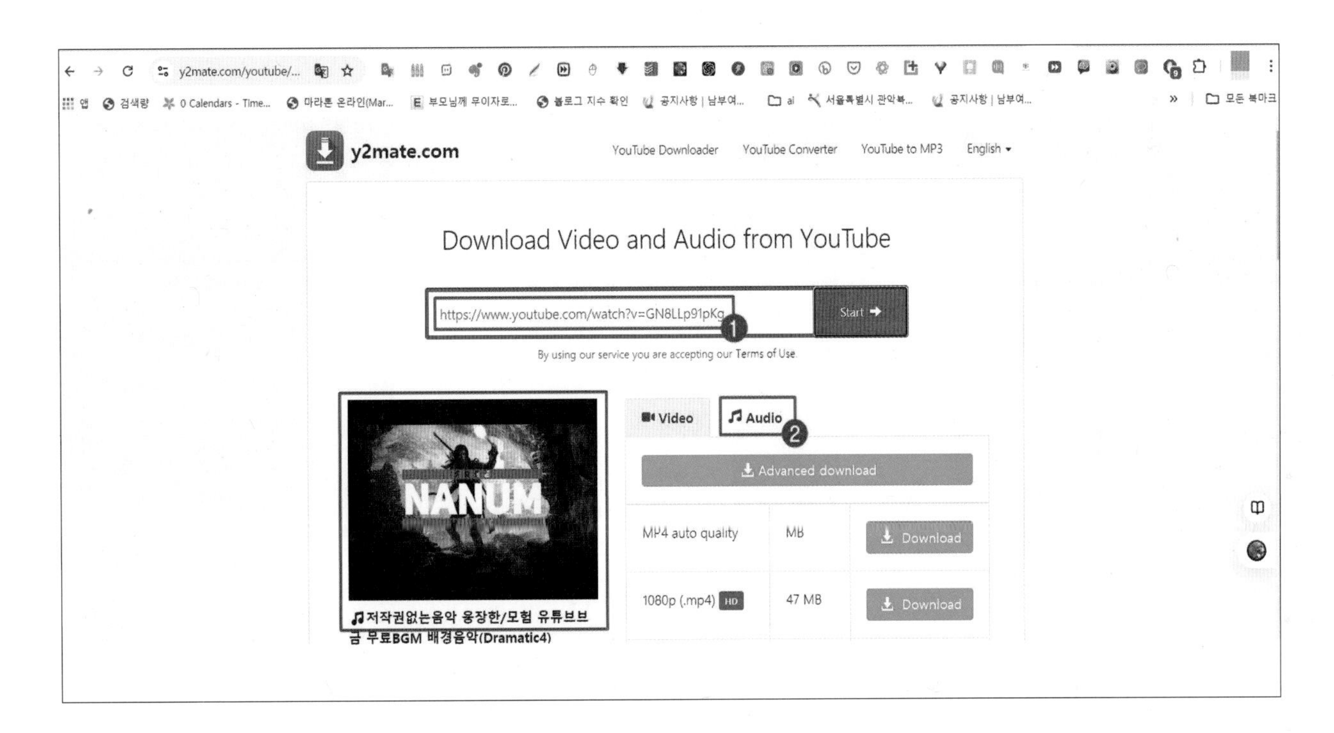

① 유튜브 링크주소가 입력되며, 바로 영상이 변환됩니다. ② [Audio]를 클릭하면 음악을 mp3 파일로 다운 받을 수 있습니다.

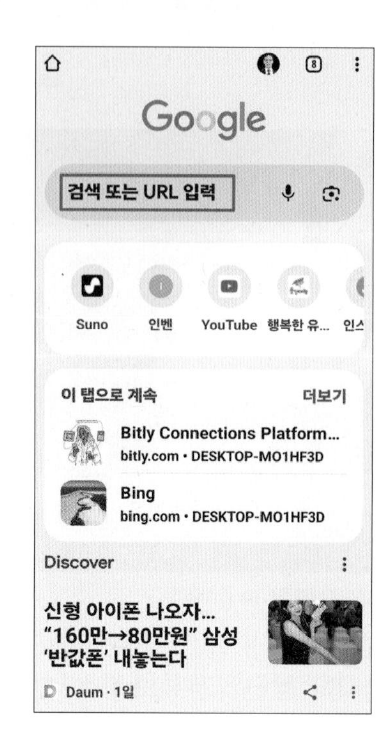

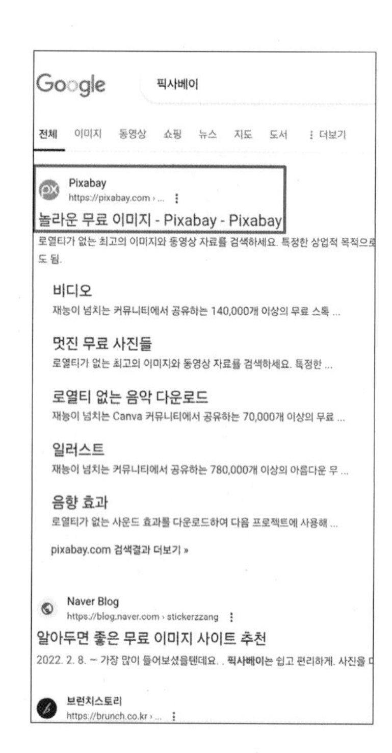

1 [Chrome] 앱을 열기위해 아이콘을 터치합니다. 2 검색창을 터치해서 [**픽사베이**]를 입력합니다.

3 [pixabay.com] 링크주소를 터치합니다.

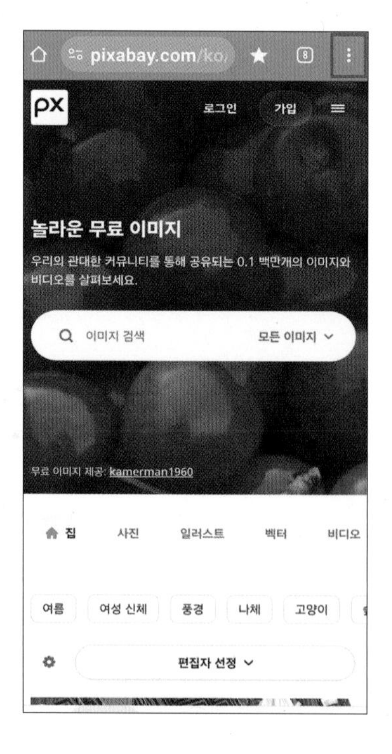

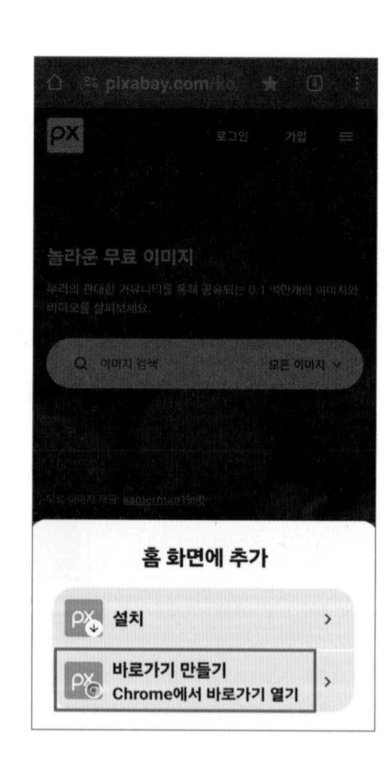

1 상단의 [점 3개]를 터치합니다.

2 [홈 화면에 추가]를 터치합니다.

3 [바로가기 만들기]를 터치합니다.

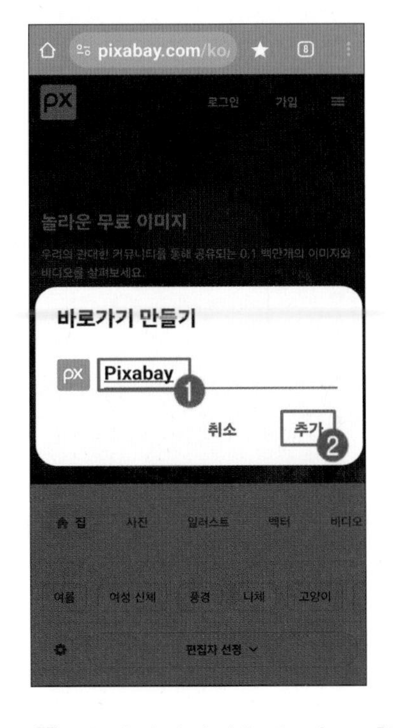

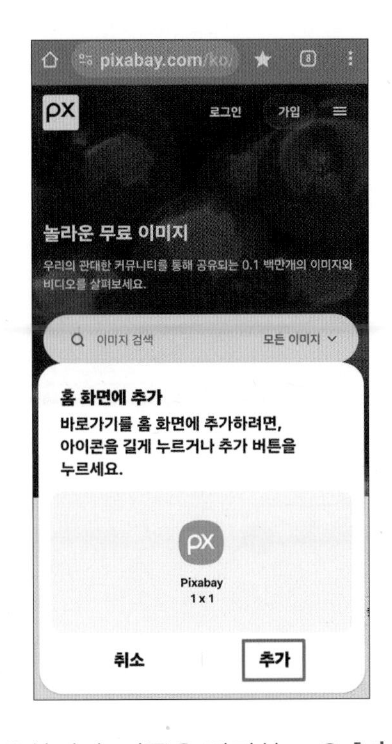

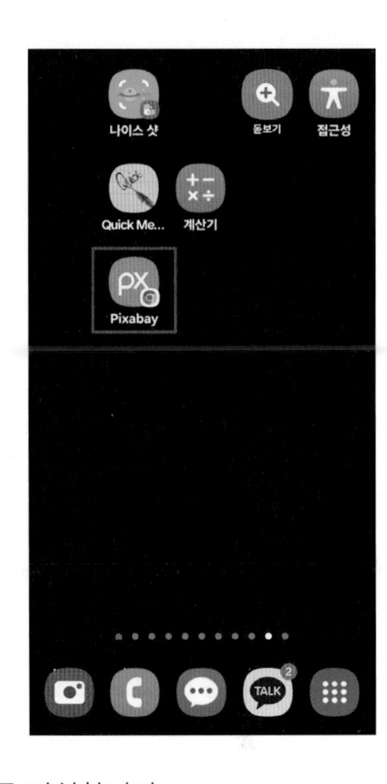

1 ① 입력되어진 [**Pixabay**]를 사용하거나, 이름을 변경하고 ② [**추가**]를 터치합니다.

2 홈화면에 추가하기 위해 [**추가**]를 터치합니다.

3 홈화면에 [**Pixabay**] 바로가기 앱이 설치되었습니다. 실행하기 위해 앱을 터치합니다.

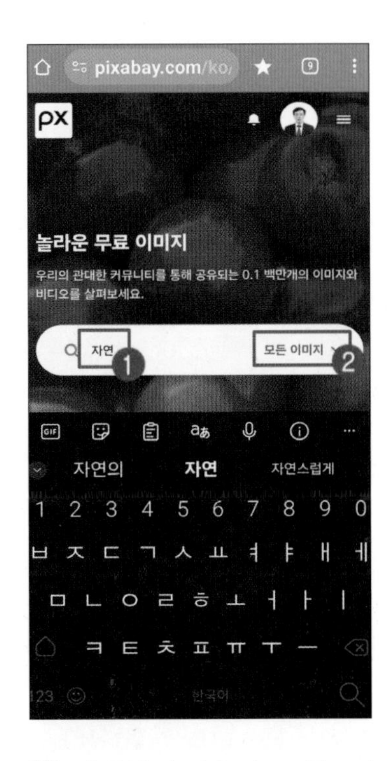

1 검색하여 다운받으려는 이미지 이름을 입력합니다. 예로 ① [**자연**]을 입력하고, ② 이미지 유형을 선택하기 위해 [**모든 이미지**]를 터치합니다. 2 미디어 유형중 예로 [**사진**]을 터치합니다.

3 ① 위의 [**istock**] 이미지는 유료입니다. ② 아래 이미지들을 위아래로 검색하여 적정한 이미지를 찾아 터치합니다.

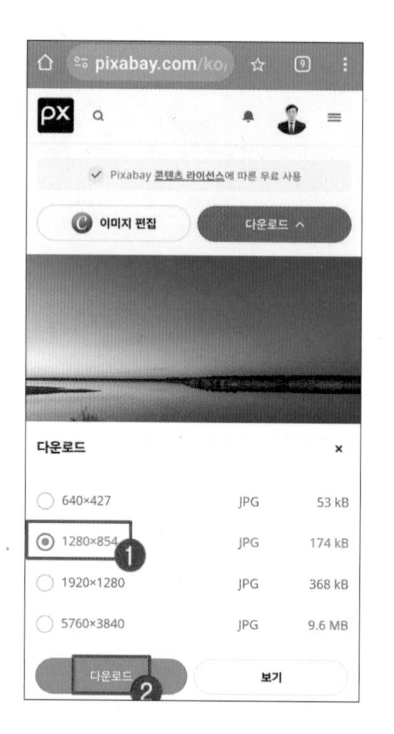

1 이미지를 다운받기위해 [**다운로드**]를 터치합니다.

2 ① 해상도를 선택하고, ② [**다운로드**]를 터치하면 갤러리에 저장됩니다.

3 이번에는 미디어 유형중에서 영상을 다운받기 위해 [**비디오**]를 터치합니다. 적정한 영상을 선택하여 터치합니다.

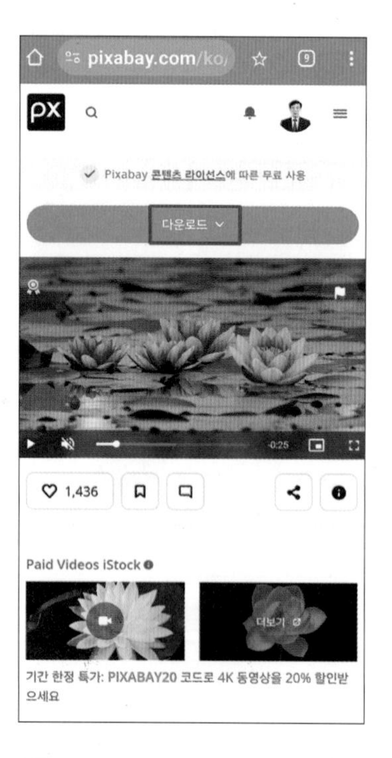

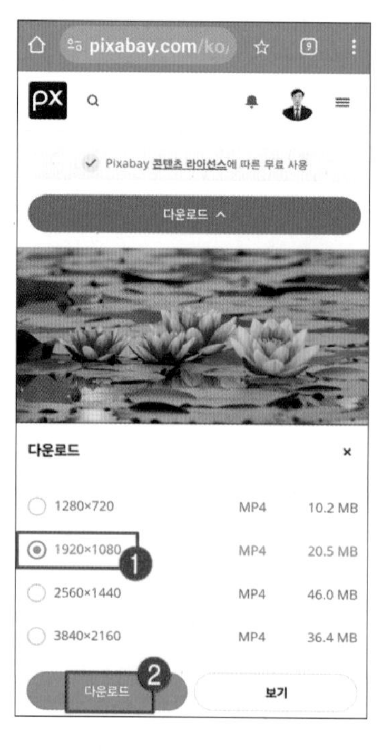

1 영상을 다운 받기 위해 [**다운로드**]를 터치합니다.

2 ① 해상도를 선택하고 ② [**다운로드**]를 터치합니다.

3 ① 다운받은 사진은 [**갤러리**]에 저장이 되고, ② 영상은 [**내파일**]의 [**다운로드**]에 저장이 됩니다.

Freepik(프리픽)

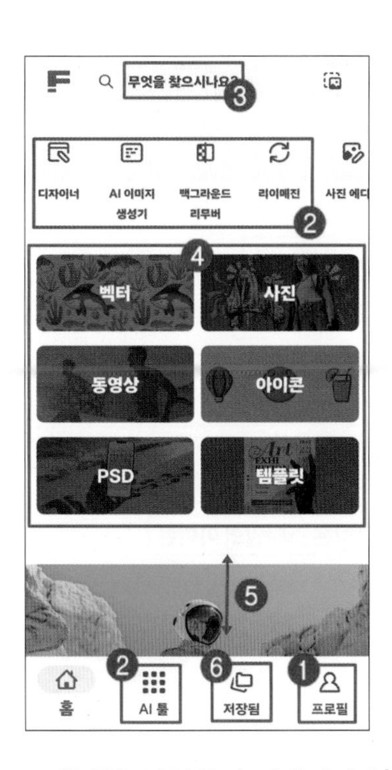

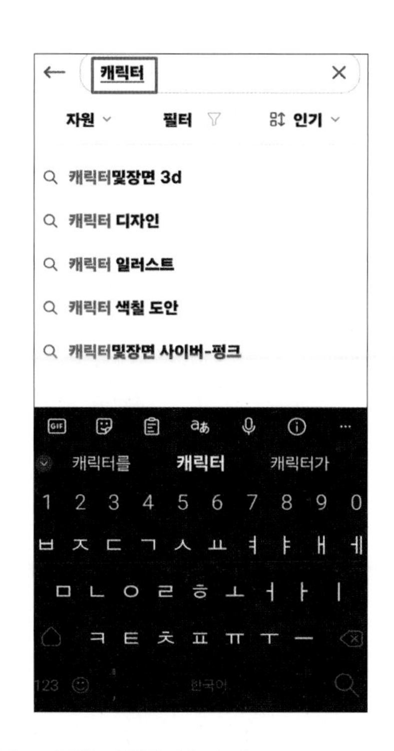

1 [Play 스토어]에서 검색창에 [freepik]를 입력하여 검색 후 [설치]하고 [열기]를 합니다.
2 ① 터치하여 [구글 계정]으로 로그인합니다. ② [AI 툴]을 사용할수 있습니다. [AI 이미지 생성기]를 터치하여 한글로 이미지를 설명하는 프롬프트를 입력하면 이미지를 생성합니다. ③ 단어를 입력하여 이미지를 검색할 수 있습니다. ④ 테마별로 선택하여 이미지를 검색할 수 있습니다. ⑤ 화면을 움직여 메뉴를 선택할 수 있습니다. ⑥ 생성한 이미지들이 저장되어 있습니다. 3 예로 [캐릭터]를 입력합니다.

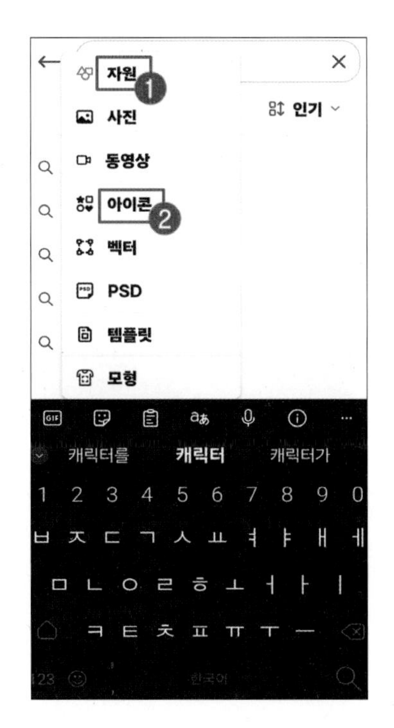

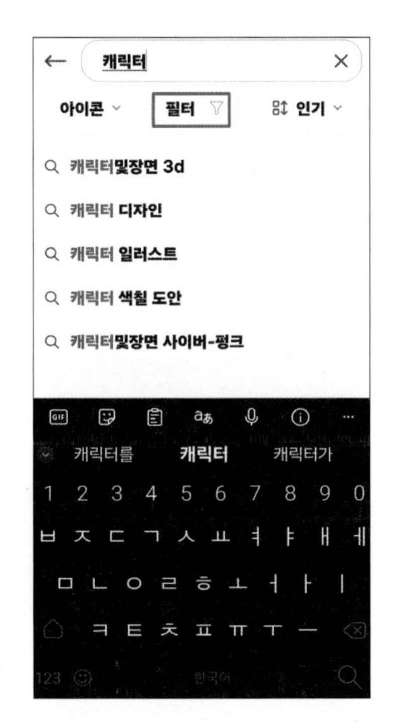

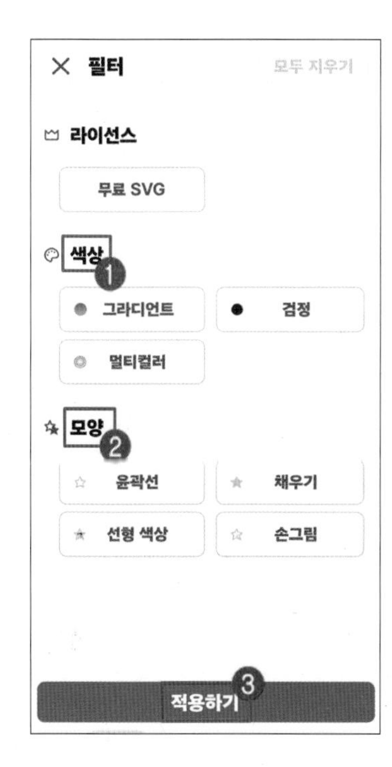

1 ① [자원]을 터치합니다. 이미지 유형별로 선택할 수 있습니다. 예로 [아이콘]을 선택합니다.
2 [필터]를 터치합니다. 3 ① [색상]을 선택하고, ② [모양]을 선택한 후 ③ [적용하기]를 터치합니다.

1 ① 화면을 위아래로 스크롤하여 ② 적정한 아이콘을 선택하여 터치합니다. **2** ① [**자산 세부정보**]를 터치하면 형식, 파일형식, 라이선스를 볼 수 있습니다. ② [**연관 태그**]를 보여주며 ③ 같은 스타일의 아이콘을 보여줍니다. ④ [**다운로드 하기**]를 터치합니다. **3** 이미지 크기를 선택하여 터치하면 갤러리에 저장됩니다.

1 이번에는 검색창에 [**자연**]을 입력합니다.

2 ① [**자원**]을 터치합니다. 이미지 유형들 중에 ② [**사진**]을 터치합니다.

3 [**필터**]를 터치합니다.

1 ① 화면을 위아래로 스크롤하여, 이미지의 [**파일 유형**], [**방향 설정**], [**색상**] 그리고 이미지에 포함될 [**사람**]의 ② [**나이**]를 선택하고, ③ [**성별**]을 선택하고 ④ [**민족**]을 선택하고 ⑤ [**적용하기**]를 터치합니다.

2 ① 생성된 이미지들을 위아래로 검색합니다. ② [**AI**] 표시가 있는 것은 [**AI 생성 이미지**]가 적용된것입니다. ③ 적정한 이미지를 터치합니다. AI가 적용된 이미지는 보안 정책상 화면 캡처가 안되어서 설명으로 대체합니다.

- 이미지를 위로 올리면 [**프롬프트 세부 정보**]가 있으며 터치하면 해당 이미지의 프롬프트가 보이며 다시 [**AI 이미지 생성기**]에서 재생성 가능하고 [**복사**]하여 저장할 수 있습니다.
- [**편집하기**]를 터치하면 이미지를 다양하게 편집할 수 있습니다.
- 무료 사용시에는 일일 10매까지 생성가능합니다.
- 이미지에 왕관 표시가 있는 이미지는 프리미엄 사용자만 사용할 수 있습니다.
- [**다운로드 하기**]를 터치합니다.

3 [**갤러리**]에 이미지가 저장되었습니다.

11강 스마트폰에서 인트로 및 클로징 영상 만들기

채널아트 만들기 - 미리캔버스

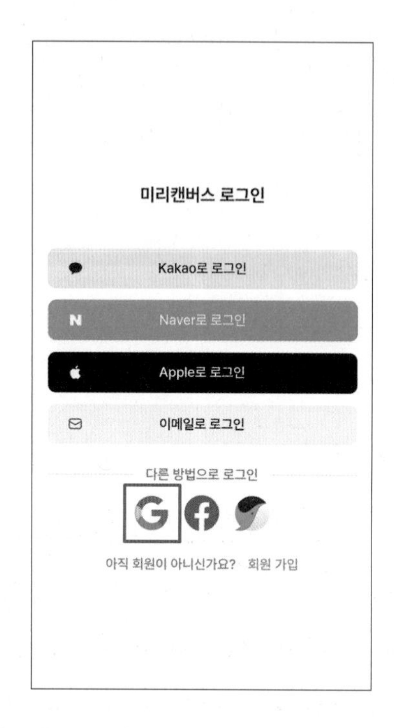

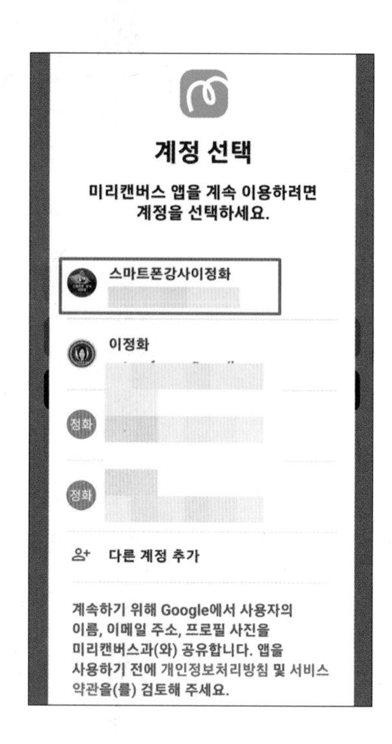

1 Play 스토어 검색창에 [**미리캔버스**]를 검색하여 설치 후 [**열기**]를 터치합니다.

2 사용자가 편리한 계정을 터치합니다.

3 계정을 터치하여 로그인합니다.

1 미리캔버스 첫 화면입니다. 상단의 [**검색**] 아이콘을 터치합니다. 2 ① 검색창에 [**유튜브 채널아트**]를 검색합니다. ② 원하는 템플릿을 터치합니다. 3 [**이 템플릿 사용하기**]를 터치합니다.

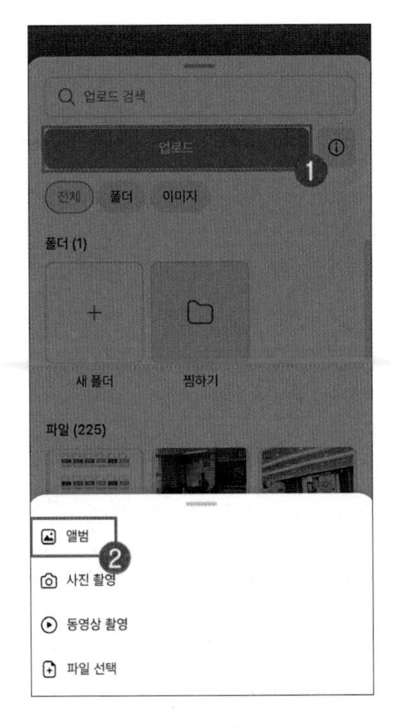

1 템플릿을 기준으로 사용자에게 맞게 편집하기 위해 미리캔버스에 필요한 자료를 업로드하는 과정입니다. 화면 하단에 [**업로드**]를 터치합니다. 2 ① [**업로드**]를 터치하여 ② [**앨범**]으로 이동합니다.
3 ① 사진은 미리 배경 지우기 앱을 통해 PNG 파일로 준비합니다. 준비한 사진을 터치하고 ② [**추가**]를 터치합니다.

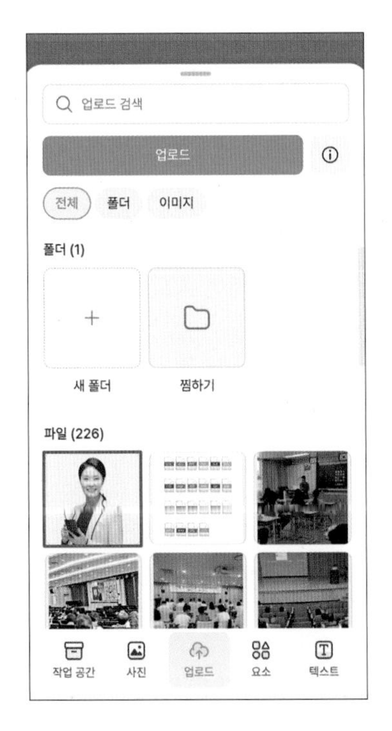

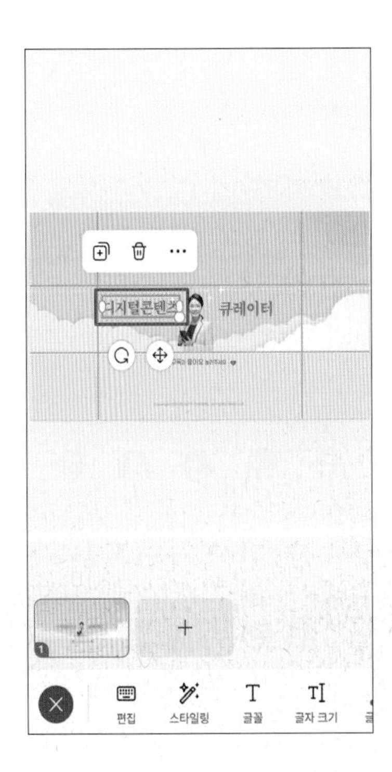

1 미리캔버스에 업로드된 사진을 터치합니다. 2 ① 이미지를 터치하여 선택 후 [**삭제**] 아이콘을 터치하여 기존 사진을 지우고 ② 내 사진으로 교체합니다. 3 글씨 편집을 위해 기존 글씨를 더블터치하여 글 내용을 수정하거나 글꼴, 글자 크기, 글자색 등을 편집할 수 있습니다.
※참고로 템플릿 이미지처럼 청색 가이드라인 중앙 부분을 기준으로 편집해야 합니다. (뒷페이지 이미지 참고)

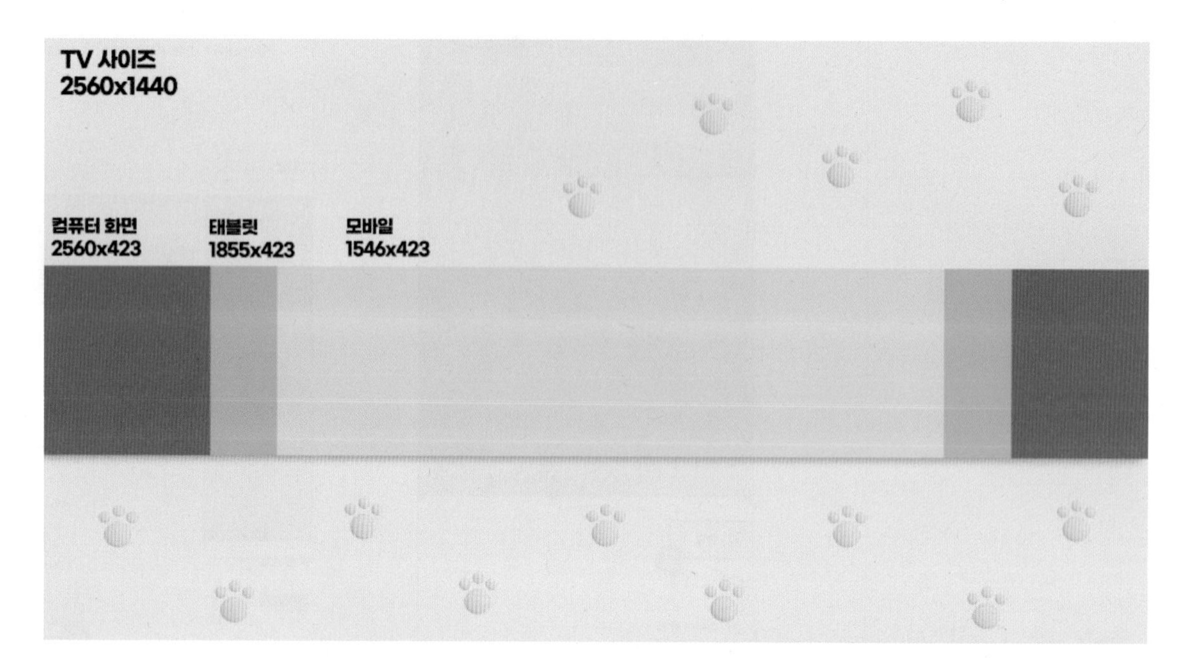

유튜브 채널 아트는 TV, 컴퓨터, 태블릿, 모바일 등 디지털 매체마다 다르게 보이기 때문에 각 매체마다 사이즈를 고려하여 이미지를 만든다면 좀 더 퀄리티 있는 유튜브 채널 아트를 만들 수 있습니다.

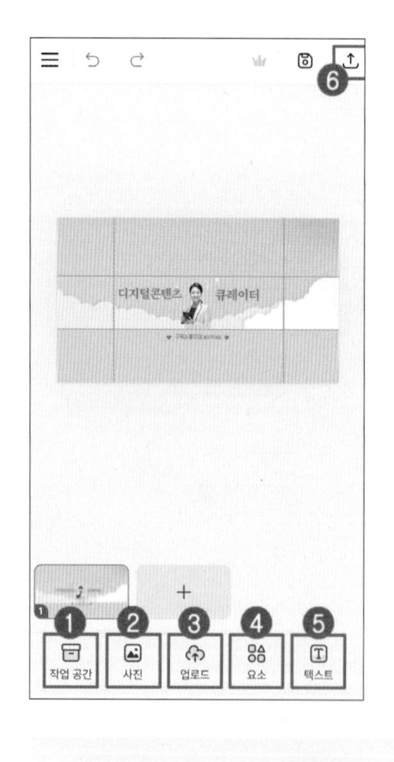

1 ❶ [작업 공간]은 사용자가 작업하던 모든 기록을 확인할 수 있습니다.
❷ [사진]은 미리캔버스에서 제공하는 이미지로 배경으로 활용할 수 있습니다.
❸ [업로드]는 사용자 갤러리에 이미지를 가져다 사용할 수 있습니다.
❹ [요소]는 스티커 및 GIF 파일을 추가할 수 있습니다.
❺ [텍스트]는 템플릿에 있는 글 외에 더 추가할 수 있습니다.
❻ [내보내기] 아이콘을 터치합니다.

2 [다운로드]를 터치하여 완성된 채널 아트 이미지를 저장합니다.

스마트폰에서 인트로 및 클로징 영상 만들기 - 캔바(Canva)

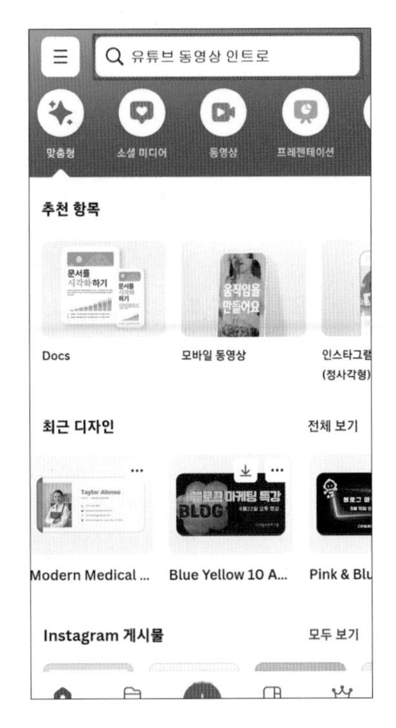

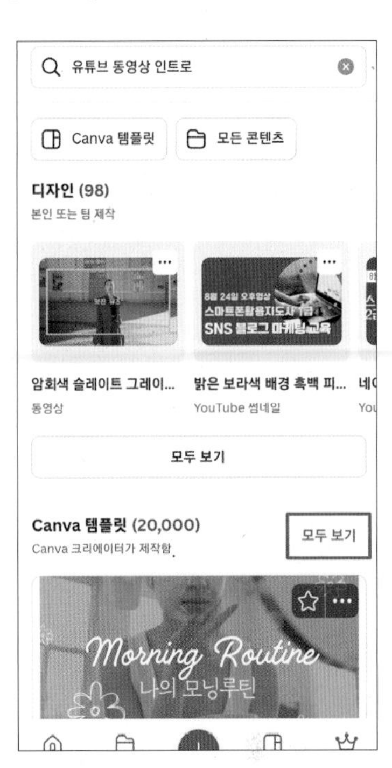

1 ① [Play 스토어] 검색창에 [캔바]를 검색하여 설치 후 ② [열기]를 터치합니다. [Canva 이용약관]에 동의합니다. [무료로 가입하기]에서 Google로 계속하기를 터치하여 사용자 계정으로 연결합니다. 2 캔바 홈 화면 상단 검색창에 [유튜브 동영상 인트로]를 검색 후 3 [모두 보기]를 터치합니다.

1 인트로 영상 템플릿만 모아볼 수 있으며 ① [왕관] 아이콘이 있는 템플릿은 유료가 포함되어 있다는 표시입니다. ② 편집할 템플릿을 터치하여 선택합니다. 2 액세스 허용을 2번 터치합니다. 3 ① 사용자 갤러리 화면입니다. ② 인트로 제작에 필요한 사진 및 영상 개수를 나타내며 갤러리에서 영상을 선택하면 하단에 위치합니다. ③ 갤러리 전체 파일을 확인할 수 있습니다. ④ [완료]를 터치합니다.

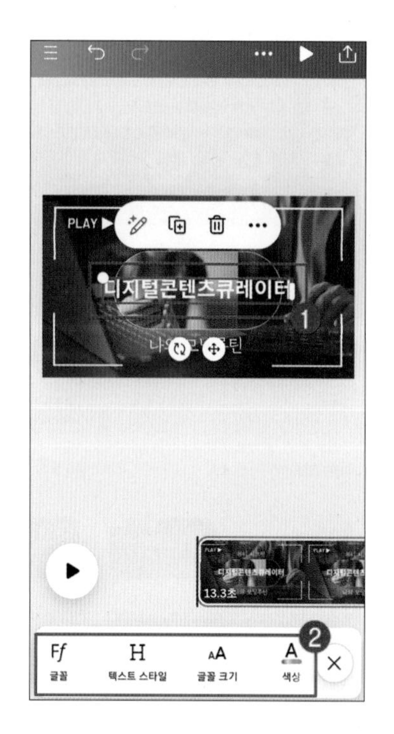

1 기존 텍스트를 더블터치하여 텍스트를 수정할 수 있습니다. 2 ① 텍스트를 터치하여 ② 글꼴, 텍스트 스타일, 글꼴 크기, 색상 등을 편집할 수 있습니다. 3 ① [**디자인**]은 현재 편집하는 템플릿을 다른 템플릿으로 교체할 수 있고 ② [**요소**]는 현재 편집 중인 영상에 도형이나 스티커 등을 추가할 수 있으며 ③ [**텍스트**]를 추가할 수 있습니다. ④ [**갤러리**]에서 배경을 교체할 수 있습니다. ⑤ 영상 미리 보기 버튼입니다. ⑥ 터치하여 화면을 추가할 수 있습니다. 영상 편집이 완료되었다면 ⑦ [**내보내기**] 아이콘을 터치합니다.

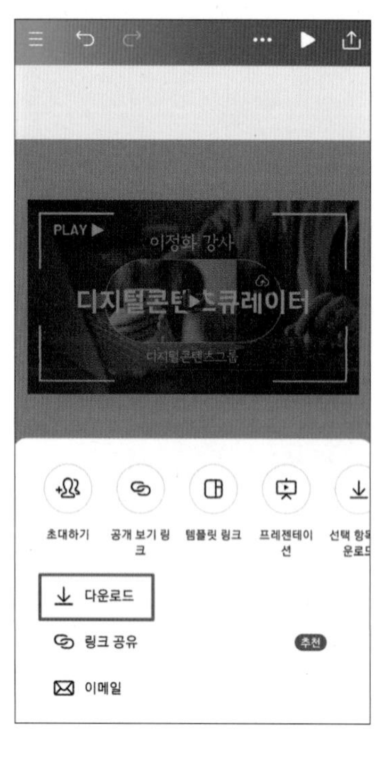

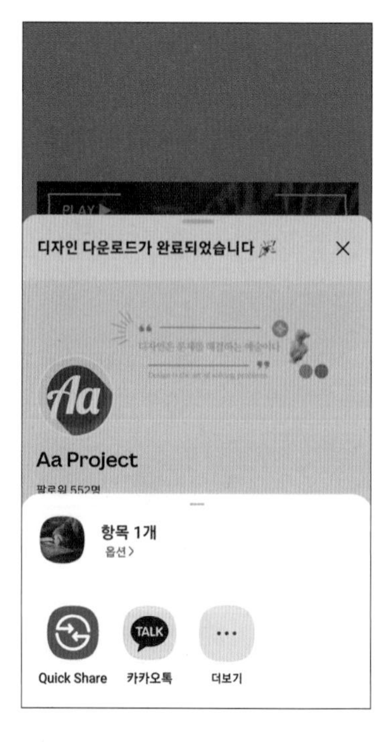

1 [**다운로드**]를 터치합니다. 2 다운로드하는 동안 앱을 닫지 않도록 합니다.
3 다운로드 완료 후 다른 사이트로 공유할 수 있습니다.

1 클로징 영상을 만들기 위해 ① 캔바 홈 화면 상단 검색창에 [**유튜브 동영상 클로징**]을 검색합니다. ② 원하는 템플릿을 터치하여 선택합니다. **2** ① 기존 템플릿 영상 배경을 터치합니다. ② 하단 메뉴 중 [**바꾸기**]를 터치합니다. **3** ① [**갤러리**]에서 교체할 ② 사진을 선택합니다.

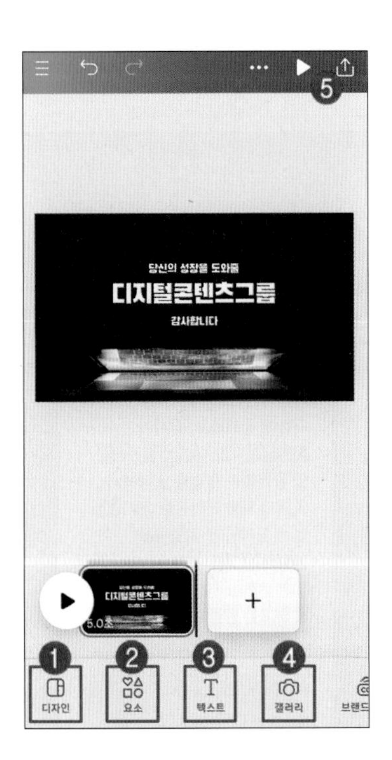

1 ① 기존 텍스트를 더블터치하여 텍스트를 수정할 수 있으며 ② 글꼴, 텍스트 스타일, 글꼴 크기, 색상 등을 편집할 수 있습니다. **2** ① [**디자인**]은 현재 편집하는 템플릿을 다른 템플릿으로 교체할 수 있고 ② [**요소**]는 현재 편집 중인 영상에 도형이나 스티커 등을 추가할 수 있으며 ③ [**텍스트**]를 추가할 수 있습니다. ④ [**갤러리**]에서 배경을 교체할 수 있습니다. 영상 편집이 완료되었다면 ⑤ [**내보내기**] 아이콘을 터치합니다. **3** [**다운로드**]를 터치하여 저장을 완료합니다.

12강 나만의 인생 영화 만들기

쉽게 따라 할 수 있는 영상편집 앱 CapCut

● [캡컷(CapCut)] 앱의 특징

캡컷(CapCut)은 틱톡에서 만든 영상 편집앱으로 언제 어디서나 누구든지 쉽게 모바일과 PC환경에서 프로그램 설치 없이 웹에서도 사용 가능하고, 또 PC캡컷(CapCut) 프로그램을 설치해서 사용 가능하며 호환 및 연동(유료 버전)도 가능합니다.

장점

① 사용하기 쉽고 간단한 시스템으로 높은 품질의 영상 제작 가능
② AI 기능의 탑재로 다양한 이미지나 텍스트를 직접 만드는 것이 가능
③ 다양한 템플릿을 통해 간편한 동영상 제작 가능
④ 다양한 필터와 효과 추가로 짧은 시간에 작품 완성
⑤ 캡컷에서 제공하는 다양한 음악 및 독점 음원을 동영상에 추가 가능
⑥ 사진과 사진 사이의 다양한 장면 전환 효과 적용 가능

● 설치 및 로그인

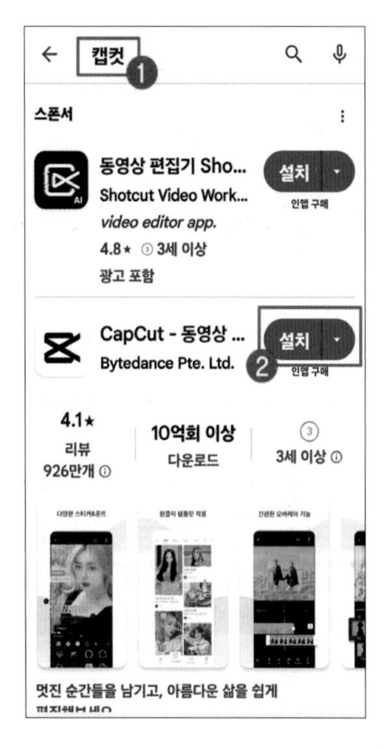

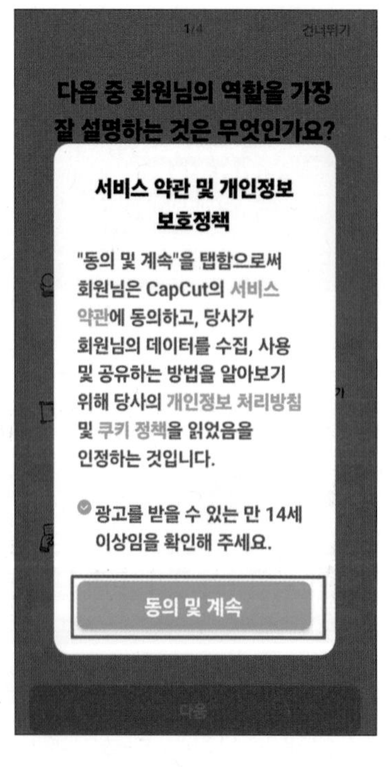

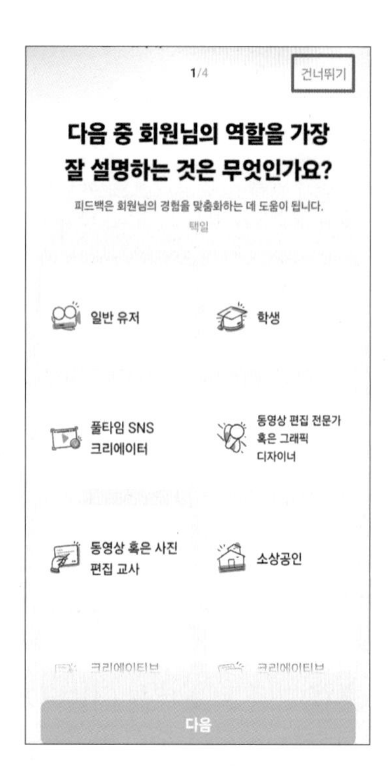

1 Play 스토어 상단 [**검색창**]을 터치합니다. 검색창에 ①[**캡컷**]을 입력한 후 ② [**설치**]한 다음, 열기를 터치합니다.
2 [**동의 및 계속**]을 터치합니다. **3** [**건너뛰기**]를 터치합니다.

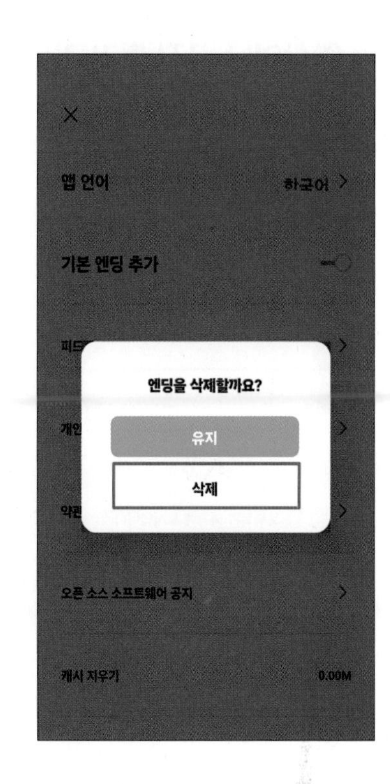

❶ 오른쪽 위의 [**설정**]을 터치합니다.

❷ [**기본 엔딩 추가**]를 터치해서 활성화를 꺼줍니다. ❸ [**삭제**]를 터치합니다.

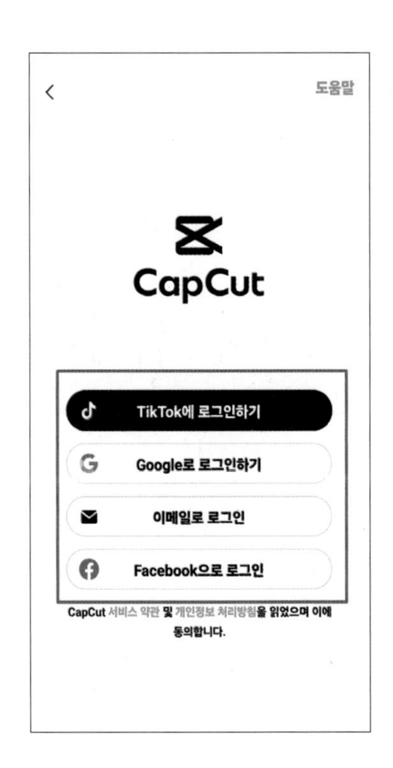

❶ [**나**]를 터치합니다. ❷ 로그인을 하지 않아도 동영상을 제작 할 수 있으나 로그인 하면 더 편리하게 사용할 수 있습니다. 구글로 로그인하기를 추천드립니다. ❸ [**프로필 보기**]를 터치하여 프로필을 수정할 수 있습니다.

● 영상이나 사진 불러오기

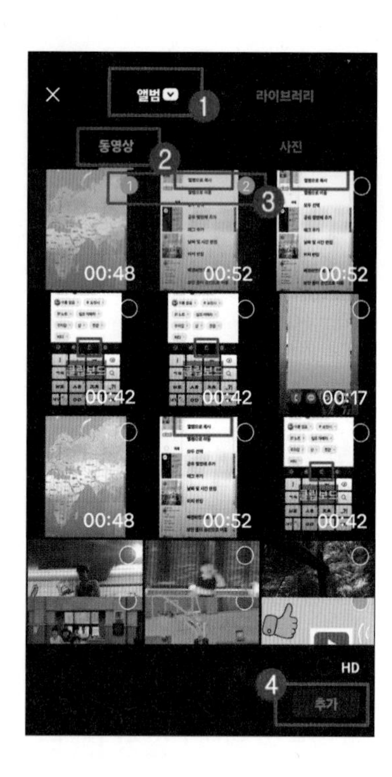

❶ [**편집**]을 터치하고 새 프로젝트를 터치합니다. ❷ [**허용**]을 터치합니다. ❸ 기본적으로 ① [**앨범**], ② [**동영상**]으로 되어 있습니다. ③ 내가 원하는 동영상을 선택하고, ④ [**추가**]를 터치합니다. 그러면 영상이 불러와집니다.

❶ ①[**앨범**]에서 ②[**사진**]을 터치하면 스마트폰의 사진들이 나옵니다. ③원하는 사진들을 터치합니다. ④[**추가**]를 터치합니다.

❷ [**라이브러리**]를 터치하고 검색창에 검색어를 넣어 찾으면 원하는 무료 영상과 이미지를 쉽게 찾을 수 있습니다.

[주의사항]

Pro라고 쓰인 것들은 모두 유료 프로그램이어서 사용하면 나중에 영상을 [내보내기] 할 때 유료 결제를 하거나 영상에서 유료 기능을 모두 삭제해야 영상 내보내기가 됩니다. 무료로 사용하실 분들은 유의하세요!!

● CapCut 편집 화면 구성

① 자주 쓰는 편집 효과들을 쉽고 빠르게 찾을 수 있는 [**편집효과 퀵패널**] 입니다.

② 새로운 영상 편집을 할 때 [**새 프로젝트**]를 터치합니다.

③ 완성했거나 진행 중인 영상 편집들이 자동으로 프로젝트에 저장됩니다. 오른쪽 점세 개를 터치하시면 프로젝트 이름을 변경하거나 삭제할 수 있습니다.

④ [**편집**]을 터치하면 항상 이 화면으로 옵니다.

⑤ [**템플릿**]은 수천 개에 달하는 무료 인기 템플릿을 이용해 멋진 동영상과 이미지를 제작할 수 있습니다.

⑥ [**알림**]은 캡컷의 새로운 기능을 알려주거나, 상호작용에 필요한 답변들을 줍니다.

⑦ [**나**]는 내 프로필 편집과 설정을 관리할 수 있습니다.

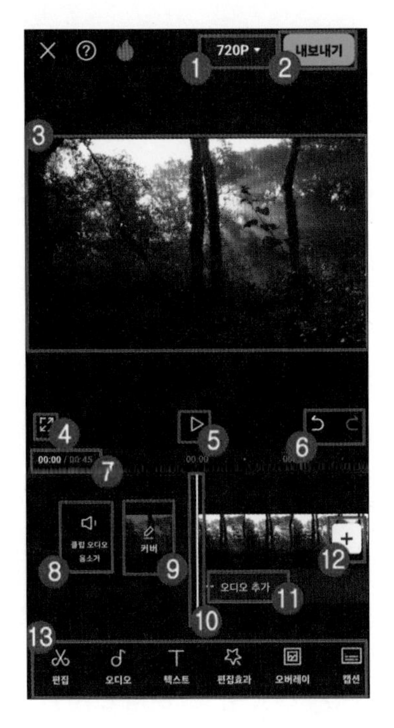

① [**동영상 해상도**] 동영상 해상도와 프레임 / 코드 속도를 조절합니다.

② [**내보내기**] 프로젝트 편집 끝난 후 장치에 저장 및 공유합니다.

③ [**미리보기 창**] 편집할 영상이 보입니다.

④ [**확대**] 영상을 크게 확대시켜 줍니다.

⑤ [**플레이 버튼**] 영상을 재생합니다.

⑥ [**실행 취소, 다시 실행**]

⑦ [**영상시간**] 영상 시간의 전체 길이를 알려줍니다.

⑧ [**영상 음소거**] 동영상 사운드 켜기 / 끄기

⑨ [**커버**] 영상 앞에 붙일 커버 이미지를 편집할 수 있습니다.

⑩ [**플레이헤드**] 영상편집 작업 시 기준선이 됩니다.

⑪ [**오디오 추가**] 스마트폰에 저장된 음악이나 무료로 제공하는 음악을 추가합니다.

⑫ [**추가**] 동영상, 사진을 추가합니다.

⑬ [**편집 도구**] 다양한 편집 메뉴가 나옵니다

● 인터페이스 이해

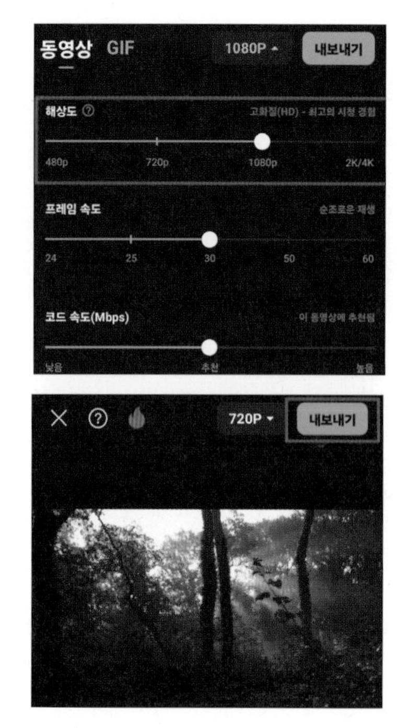

1 720P는 [**해상도**]를 말합니다. [**해상도**]를 터치합니다.

2 [**해상도**]는 기본으로 1080P로 되어 있으나 여기서 수정 가능 합니다. 나머지 프레임 속도와 코드 속도는 설정대로 두는 것이 좋습니다. 3 [**내보내기**]를 터치하면 동영상을 내보내기 하여 갤러리에 저장됩니다. 4 대각선으로 화살표 표시가 되어있는 버튼은 [**확대**] 버튼입니다. 터치하면 화면이 커집니다. 5 ①[**플레이 버튼**]을 터치하면 동영상을 볼 수 있습니다. ②[**축소**] 버튼을 터치하면 다시 화면이 원래대로 돌아갑니다.

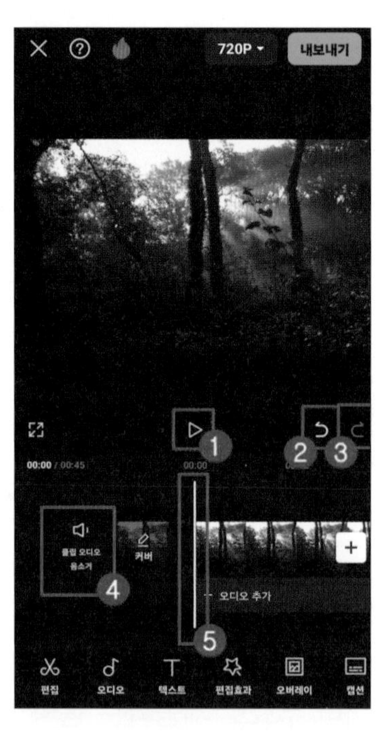

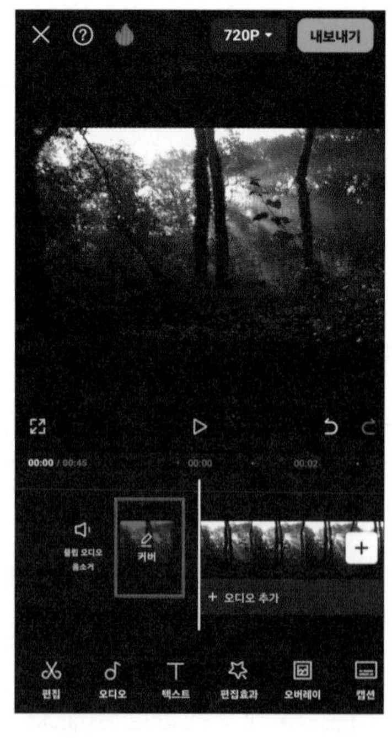

1 ①[**플레이 버튼**]은 영상을 편집하면서 확인할 때 사용합니다. ②[**실행 취소**] 버튼과 ③[**다시 실행**] 버튼은 편집 실수를 했을 때나 편집 전과 후를 비교할 때 사용합니다. ④[**클립 오디오 음소거**]는 원본 동영상의 모든 사운드를 끕니다. ⑤[**플레이 헤드**]는 편집 시 중요한 기준점이 됩니다. 편집 효과를 넣는 곳에 정확하게 [**플레이 헤드**]를 놓고 편집을 해야 합니다.

2 [**커버**]는 영상의 커버 이미지를 만들어줍니다. 3 ①동영상의 일부분에서 선택을 하거나 ②미리 만들어 놓고 앨범에서 선택할 수 있습니다. ③템플릿을 사용할 수 있고 ④텍스트를 추가 할 수 있습니다.

편집 (분할)

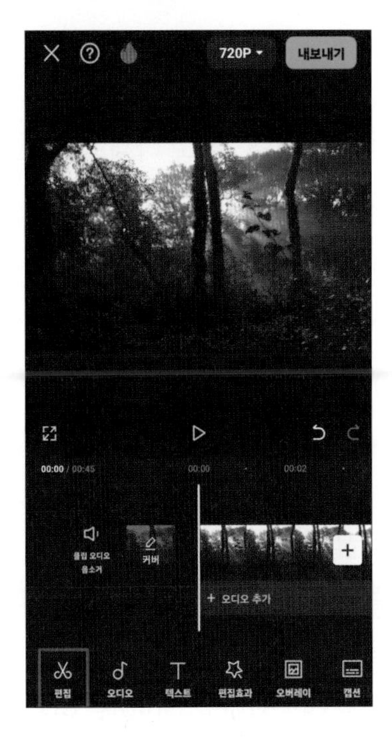
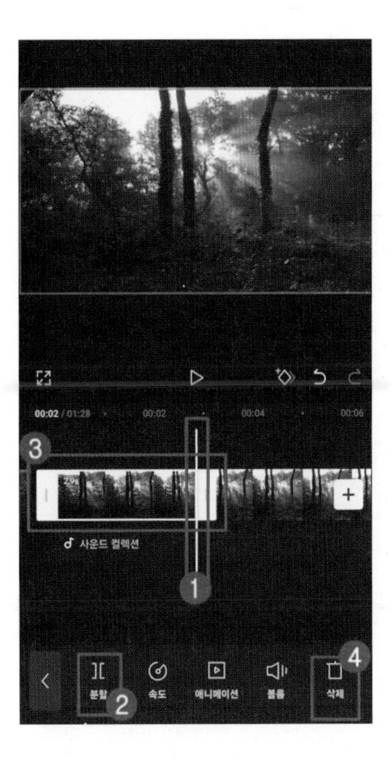

1 [**편집**]을 터치하면 불러온 영상을 편집할 수 있습니다.

2 편집 기법중 [**분할**]은 영상을 자르는 기능입니다. ①[**플레이헤드**]를 영상의 자르고 싶은 위치에 놓고 ②[**분할**]버튼을 터치합니다. 그러면 잘린 영상의 클립이 두 개가 생깁니다. 삭제를 해야 한다면 삭제할 영상 클립을 한번 터치하여 ③하얗게 활성화 시켜준 후 ④ [**삭제**] 버튼을 터치합니다. 그러면 영상이 삭제됩니다. 이런 것을 컷편집이라고 합니다.

편집 (속도)

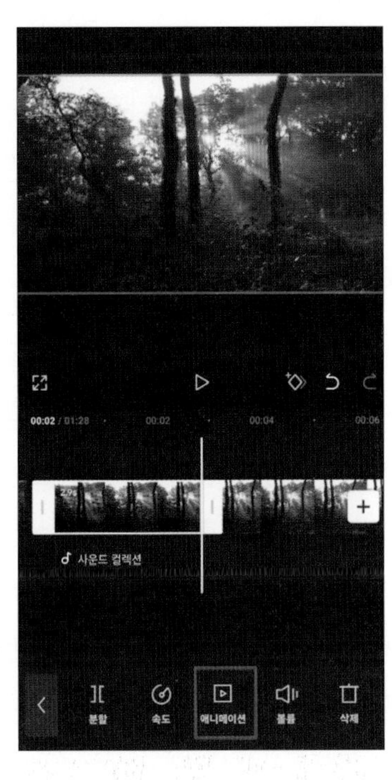
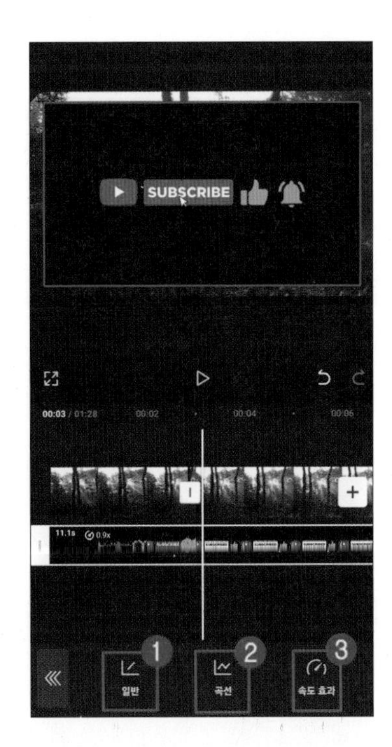
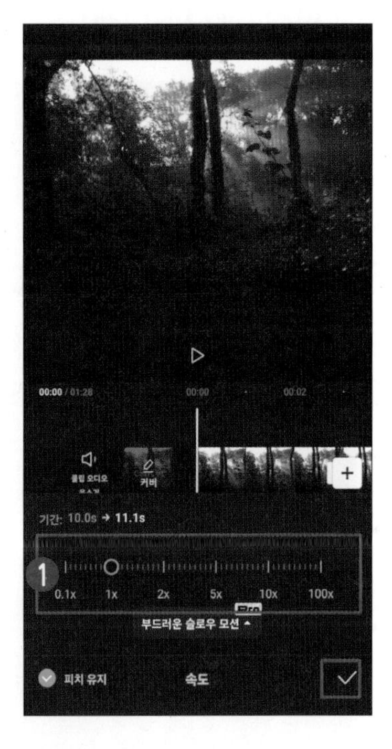

1 [**속도**]는 영상의 재생 속도를 빠르게 또는 느리게 조절하여 다양한 연출 효과를 내는 기능입니다.
2 ①[**일반**], ②[**곡선**], [**속도효과**] 세 가지 기능이 나옵니다. 3 ①[**일반**]은 그냥 일반적으로 속도를 일정하게 올리거나 내리는 기능입니다. 속도 조절을 한 후 오른쪽 아래 [v] 버튼을 터치해 줍니다.

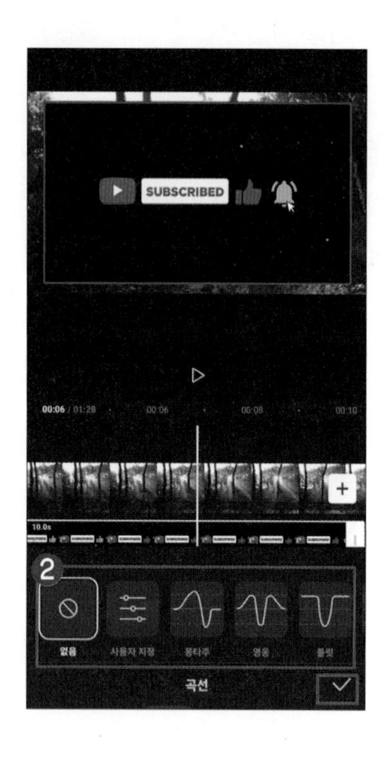

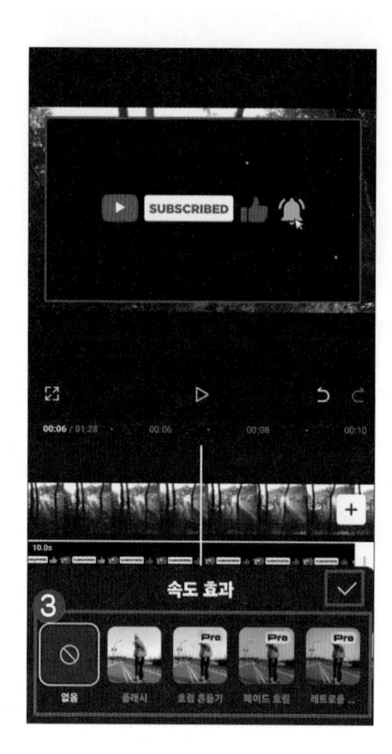

1 ②[**곡선**]은 속도를 자유롭게 조절하여 더욱 자연스럽고 다채로운 연출을 가능하게 하는 기능입니다. 선택하신후 오르쪽 아래의 [v] 버튼을 터치합니다.

2 ③[**속도효과**]는 영상의 재생 속도를 빠르게 또는 느리게 조절하여 다양한 연출 효과를 내는 기능으로 마치 영화에서 슬로우 모션이나 빠른 동작을 연출하는 것처럼, 영상의 특정 부분을 빠르게 또는 느리게 재생하여 더욱 역동적이고 재미있는 영상을 만들 수 있습니다.

● 편집 (애니메이션)

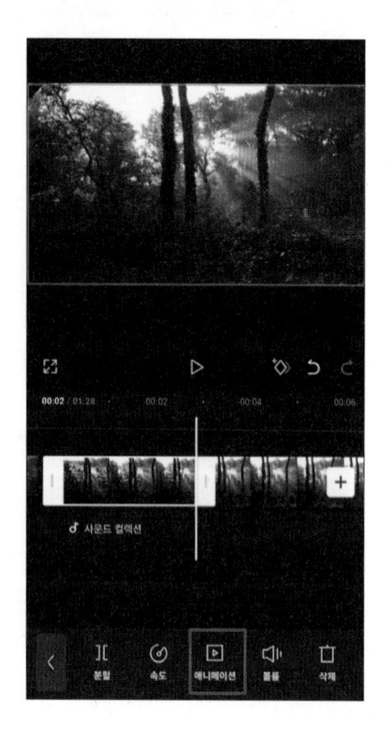

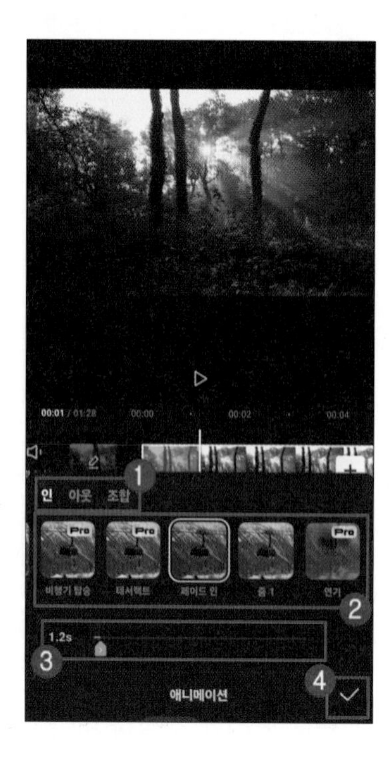

1 애니메이션은 사진이나 특정 부분을 움직이게 만들어 생동감 있는 영상을 제작하는 것을 의미합니다. [**애니메이션**]을 터치합니다.

2 영상의 ①[**인, 아웃 또는 조합**]을 선택하고 ② [**애니메이션 효과**]를 선택합니다. ③애니메이션이 나오는 부분의 시간을 지정하고 ④ [v] 버튼을 터치하면 시작하거나 끝날 때 영상에 선택한 애니메이션 효과로 인한 변화가 나타납니다.

● 편집 (볼륨)

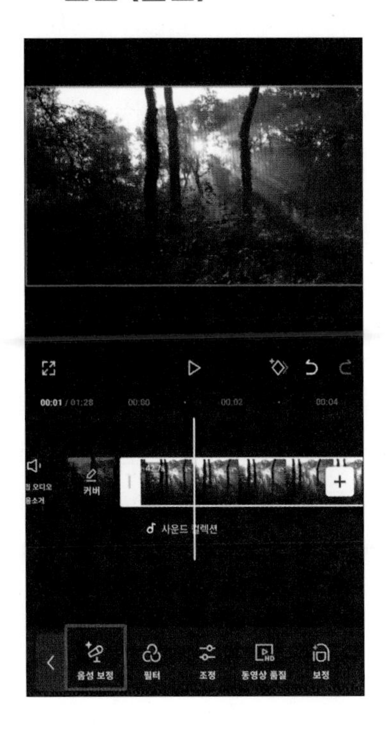

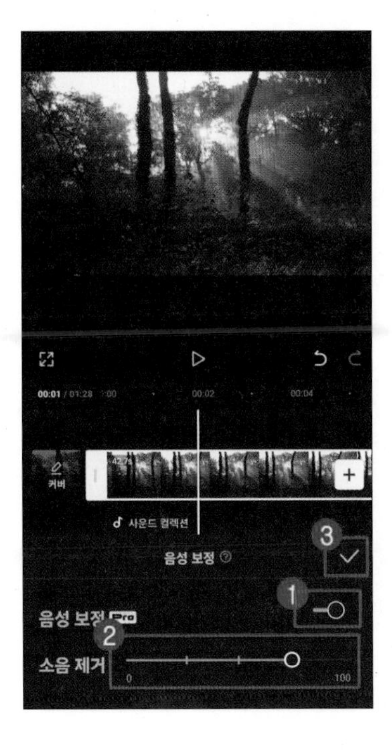

1 [**음성보정**]은 영상에 담긴 음성의 품질을 개선하거나 특정 효과를 부여하여 더욱 선명하고 매력적인 소리를 만드는 작업을 말합니다. [**음성보정**]을 터치합니다. Pro기능이기 때문에 유료 가입자가 아닌 경우 사용하지 않습니다.

2 ①을 활성화 시키면 ②[**소음제거**]도 자동으로 설정됩니다. ③설정을 마친 후 [v] 버튼을 터치합니다.

● 편집 (음성보정)

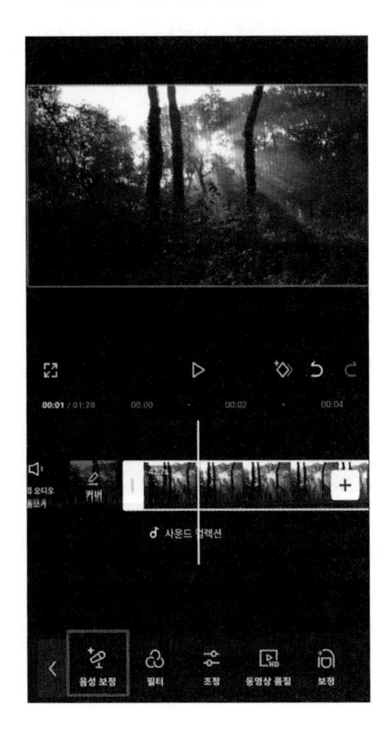

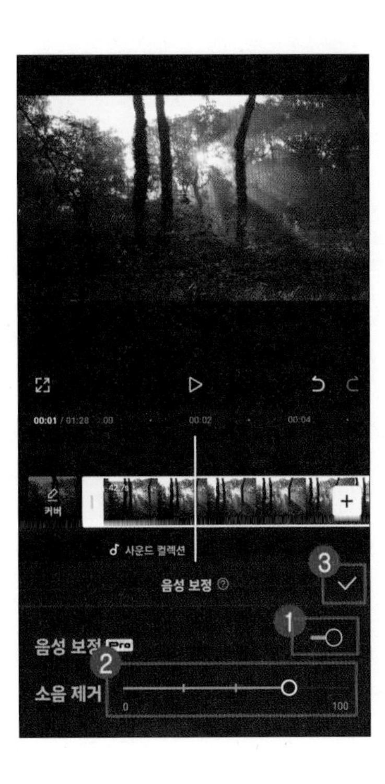

1 [**음성보정**]은 영상에 담긴 음성의 품질을 개선하거나 특정 효과를 부여하여 더욱 선명하고 매력적인 소리를 만드는 작업을 말합니다. [**음성보정**]을 터치합니다. Pro기능이기 때문에 유료 가입자가 아닌 경우 사용하지 않습니다.

2 ①을 활성화 시키면 ②[**소음제거**]도 자동으로 설정됩니다. ③설정을 마친 [v] 버튼을 터치합니다.

● 편집 (필터)

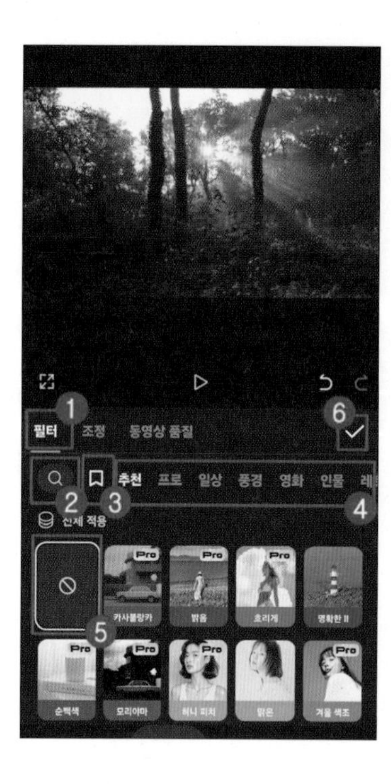

1 [**필터**]는 사진이나 영상에 다양한 분위기와 느낌을 입히는 도구입니다. [**필터**]를 터치합니다.

2 [**필터**]가 많아서 찾기 힘든 경우 ②[**검색**]을 이용하여 찾을 수 있습니다. ③[**즐겨찾기**]를 해놓으면 쉽게 찾을 수 있습니다. ④카테고리별로 검색할 수 있습니다. 선택한 효과가 마음에 들지 않을 경우 ⑤를 터치하면 효과가 지워집니다.

● 편집 (동영상 품질)

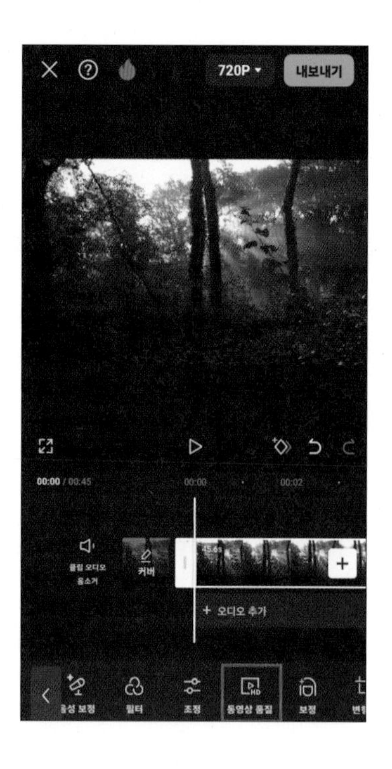

1 [**동영상 품질**]이란 영상의 선명도, 해상도, 색감 등 전체적인 시각적인 질을 의미합니다. [**동영상 품질**]을 터치합니다.

2 ②[**깜박임 제거**], [**이미지 노이즈 감소**], [**이미지 품질**] 등을 터치하시고 ③정도를 조절한 후 ④[**v**] 버튼을 터치합니다. 이 기능도 모두 유료이므로 무료 이용자분들은 연습 후 기능을 모두 끄고 다음으로 넘어가시길 바랍니다.

● 편집 (조정)

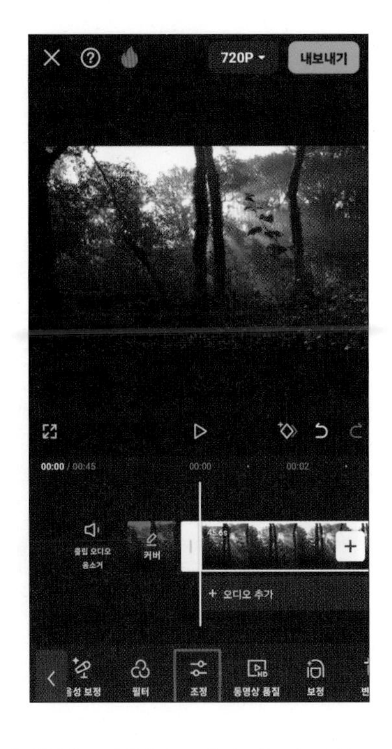

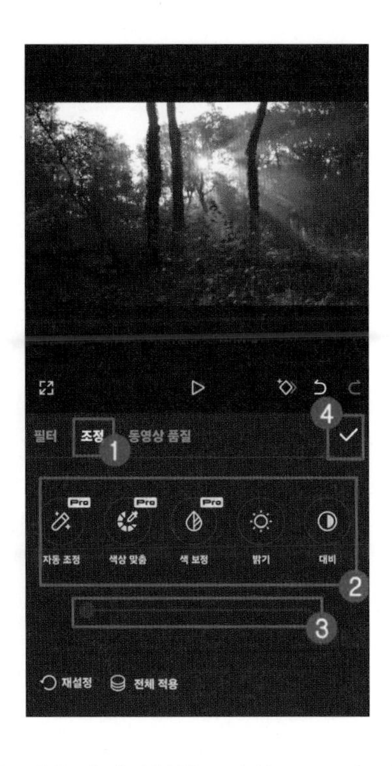

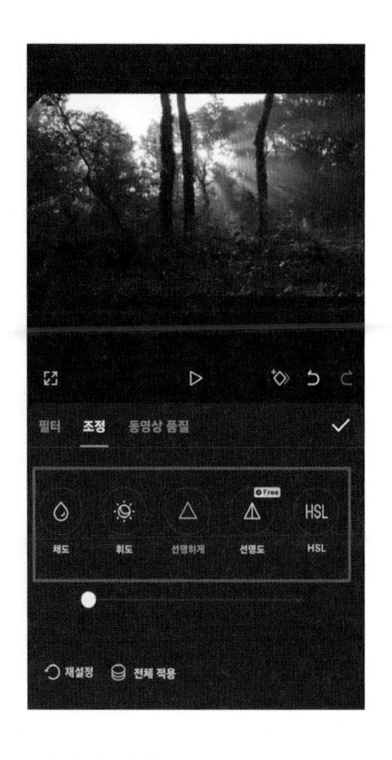

1 [조정]은 영상의 다양한 요소들을 사용자가 원하는 방향으로 바꾸는 것을 의미합니다.

2 [자동조정], [색상맞춤], [색보정], [밝기], [대비] 등을 선택하여 ③조정한 후 ④ [v]를 터치합니다.

3 [채도], [휘도], [선명하게], [선명도], [HSL] 등을 선택하여 조정한 후 [v]를 터치합니다.

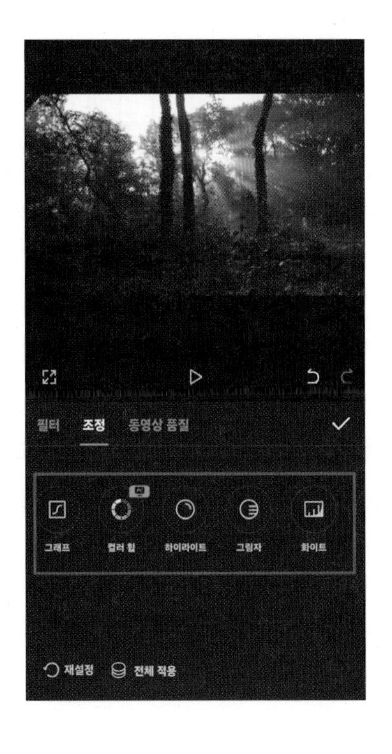

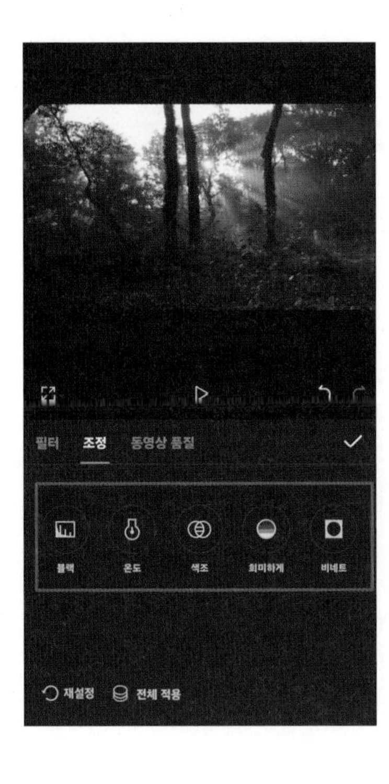

1 [그래프], [컬러휠], [하이라이트], [그림자], [화이트] 등을 선택하여 조정한 후 V를 터치합니다.

2 [블랙], [온도], [색조], [희미하게], [비네트] 등을 선택하여 조정한 후 [v]를 터치합니다.

● 편집 (보정1)

1 [**보정**]이란 촬영한 영상이나 사진의 색감, 밝기, 명암 등을 조절하여 더욱 보기 좋고 전문적인 느낌을 내는 작업을 말합니다. 마치 사진을 보정 프로그램으로 수정하여 더욱 예쁘게 만드는 것과 같다고 생각하면 됩니다. 2 [**얼굴**]을 터치합니다. 3 ①[**얼굴**]에서 ②[**고르게**], [**통통함**], [**부드럽게**], [**피부색**], [**팔자주름**]등을 선택하여 ③보정합니다. 마음에 들면 ④전체 적용을 합니다. ⑤[v] 버튼을 터치합니다.

1 [**얼굴**]에서 [**팔자주름**], [**밝은 눈**], [**다크서클 제거**], [**밝게**], [**하얀치아**]등을 선택하여 보정합니다. 마음에 들면 전체적용을 선택한 후 [v] 버튼을 터치합니다.

2 [**모양변경**]에서 [**얼굴**]을 터치하고 [**작은얼굴**], [**슬림한**], [**너비**], [**V라인**], [**하관**] 등을 선택하여 보정합니다. 마음에 들면 전체적용을 선택한 후 [v] 버튼을 터치합니다.

● 편집 (보정2)

1 [모양변경]에서 [눈]을 터치하고 [크기], [거리], [내부], [위치], [올라간 눈꼬리] 등을 선택하여 보정합니다. 옆으로 밀면 더 많은 효과가 나옵니다. 2 [모양변경]에서 [코]를 터치하고 기능들 중 골라서 보정합니다. 3 [모양변경]에서 을 터치하고 기능들 중 골라서 보정합니다.

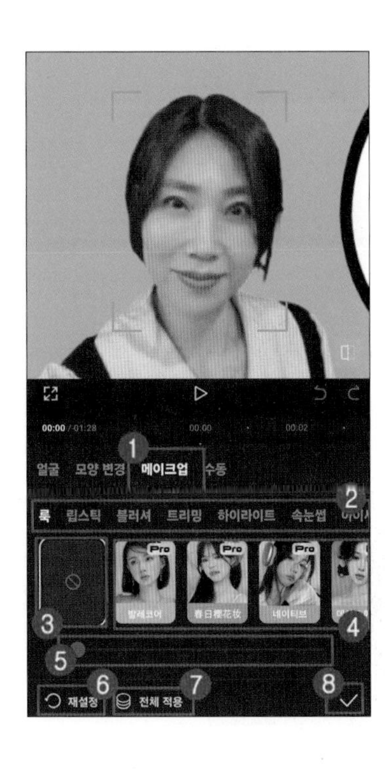

1 [모양 변경]에서 [눈썹]을 터치하고 기능들중 골라서 보정합니다.

2 ①[메이크업]을 터치합니다. ② 화장품의 종류별로 선택합니다. ③선택한 효과를 되돌릴 때 사용합니다. ④마음에 드는 효과를 선택합니다. ⑤메이크업의 농도 조절을 할 수 있습니다. ⑥[재설정]을 터치하면 원래대로 돌아갑니다. ⑦예쁘면 전체 적용을 터치합니다. ⑧[v] 버튼을 터치합니다.

● 편집 (변형)

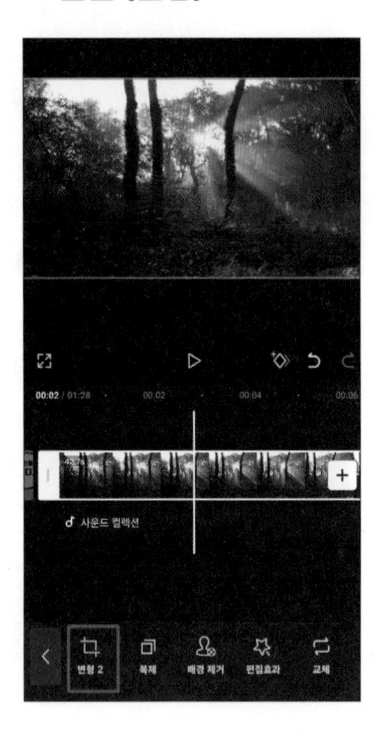

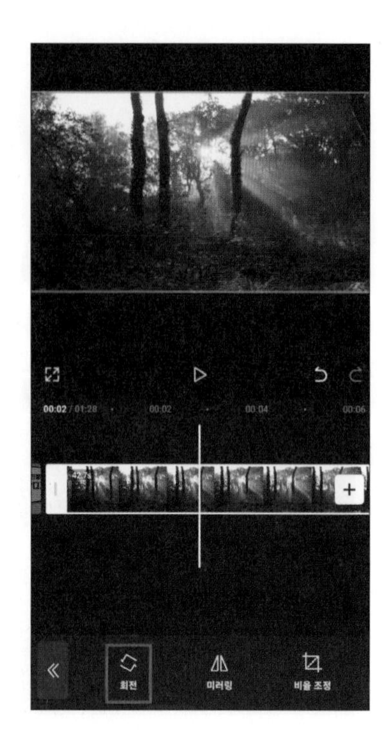

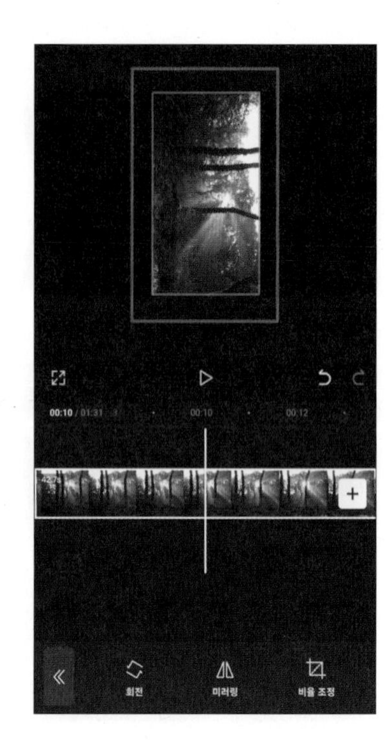

❶ [**변형**]이란 영상이 원래의 모습이나 상태에서 다른 모습이나 상태로 바뀌는 것을 의미합니다. [**변형2**]를 터치합니다. ❷ [**회전**]을 터치합니다.

❸ [**회전**]을 한번 터치할 때마다 왼쪽으로 90도씩 회전합니다.

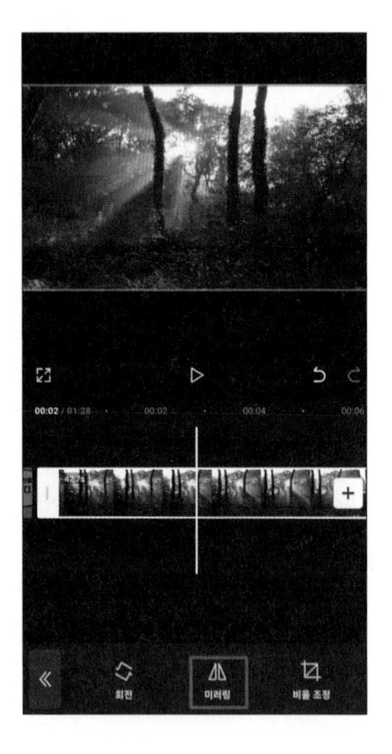

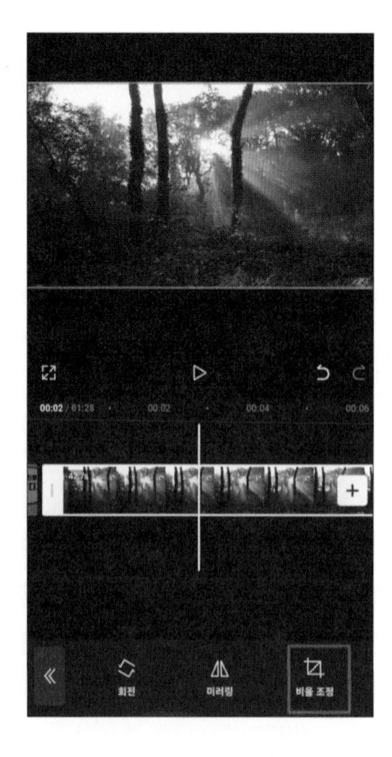

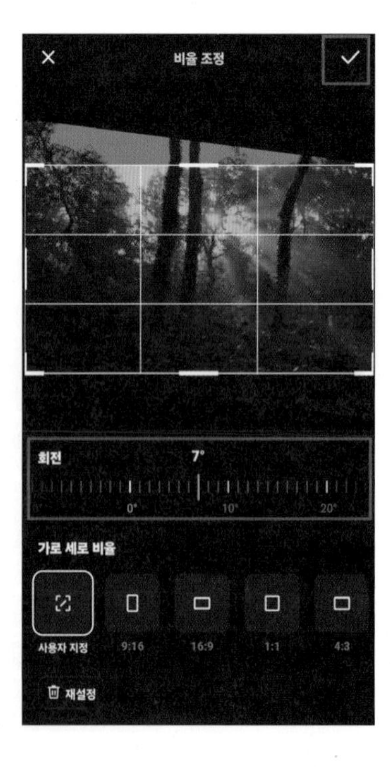

❶ [**미러링**]을 터치하면 영상의 좌우가 반전됩니다. ❷ [**비율 조정**]은 영상의 가로와 세로 비율을 변경하여 화면의 모양을 바꾸는 것을 의미합니다. [**비율 조정**]을 터치합니다. ❸ [**회전**]에서 좌우로 조절하여 회전각을 선택하고 위의 [v] 버튼을 터치합니다.

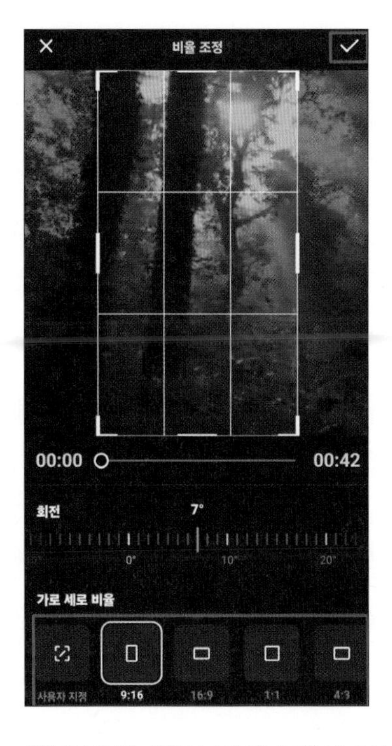

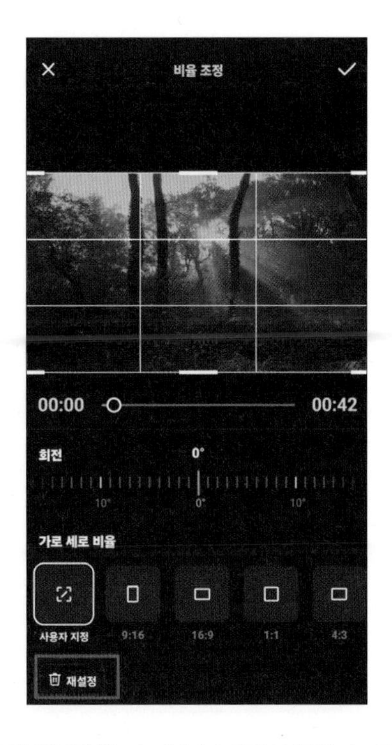

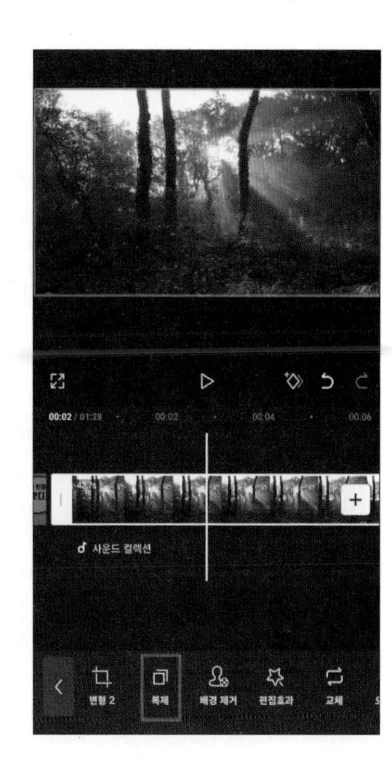

❶ [**가로 세로 비율**]에서 영상의 모양을 바꿀 수 있습니다. 바꾼 후 위의 [v] 버튼을 터치합니다.
❷ [**재설정**]을 터치하면 다시 처음 화면으로 돌아옵니다.
❸ [**복제**]를 터치하면 같은 영상이 하나 더 복제되어 기존 영상 옆에 나란히 붙습니다.

● 편집 (배경 제거)

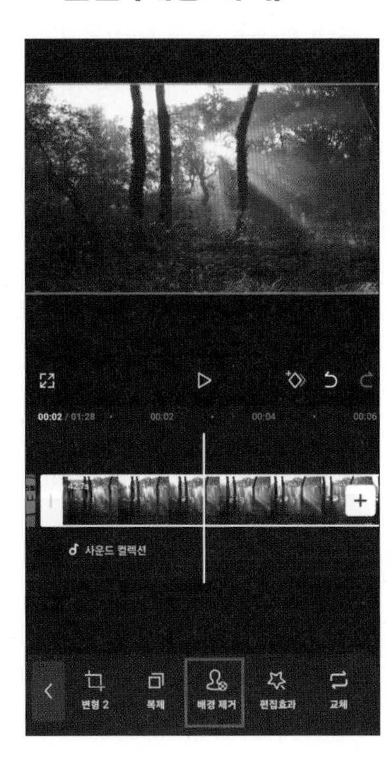

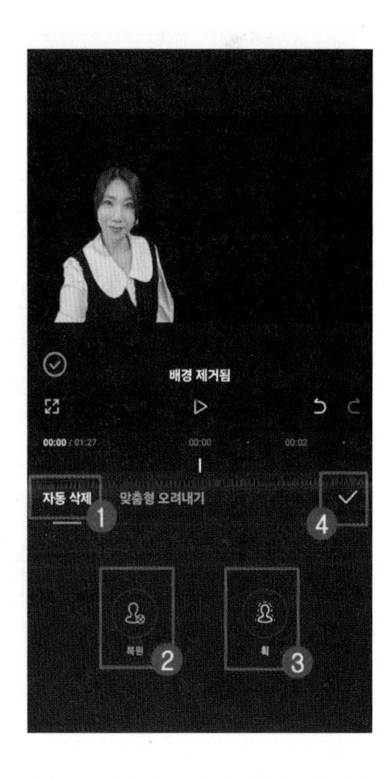

❶ [**배경 제거**]는 영상이나 사진에서 배경 부분을 제거하여 피사체만 남기는 기능을 말합니다. [**배경 제거**]를 터치합니다. ❷ [**자동 삭제**]는 터치하면 자동으로 배경을 제거해 줍니다. ❸ ②[**복원**] 버튼을 터치하면 배경이 다시 복원됩니다. ③[**획**]을 터치하면 피사체의 테두리에 획이 그어집니다.

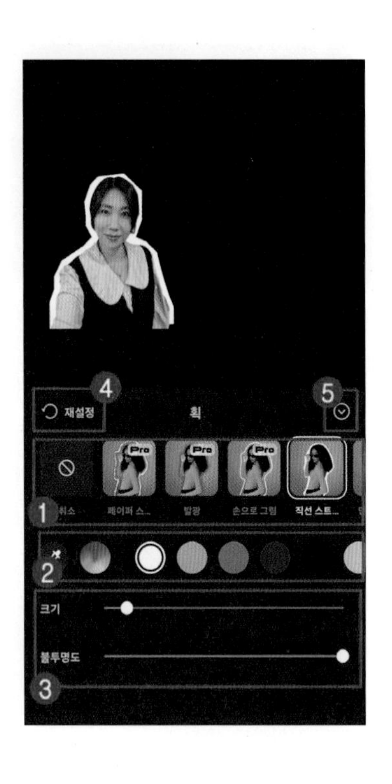

1 ①[**획**]의 스타일을 선택합니다. ②[**획**]의 색상을 선택합니다. ③[**획**]의 크기와 불투명도를 선택합니다. ④마음에 안 들면 [**재설정**]을 터치합니다. 선택 완료 후 ⑤[v] 버튼을 터치합니다.

2 ①[**맞춤형 오려내기**]는 영상에서 원하는 부분만 잘라내는 기능입니다. ②여러 가지 도구를 사용하여 직접 오려내기 합니다. ③브러시의 크기를 선택할 수 있습니다. ④⑤[**재설정**]하거나 [v] 버튼을 터치합니다.

● 크로마키

1 [**크로마키**]는 특정 색상의 배경을 투명하게 만들어 다른 영상이나 이미지를 합성하는 기술을 말합니다. 흔히 그린 스크린이나 블루 스크린이라고 불리는 배경을 사용하여 촬영된 영상에서 특정 색상을 제거하고 다른 배경을 넣어 마치 다른 장소에서 촬영한 것처럼 보이게 하는 효과를 냅니다. [**크로마키**]를 터치합니다.

2 ①[**컬러 피커**]를 활성화 시켜서 ②동그라미를 손가락으로 움직여 그린 스크린에 놓습니다. 그러면 자동으로 배경이 지워집니다. 깨끗하게 지워지지 않았다면 ③이런 기능들을 좌우로 움직여서 지워 줍니다. ④⑤[**재설정**]하거나 [v] 버튼을 터치합니다.

● 편집 (편집효과)

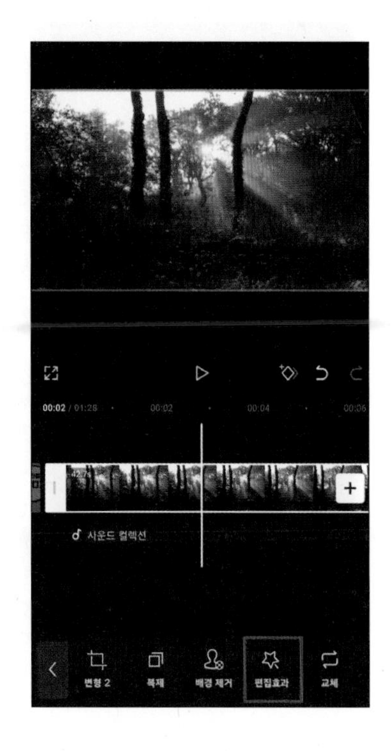

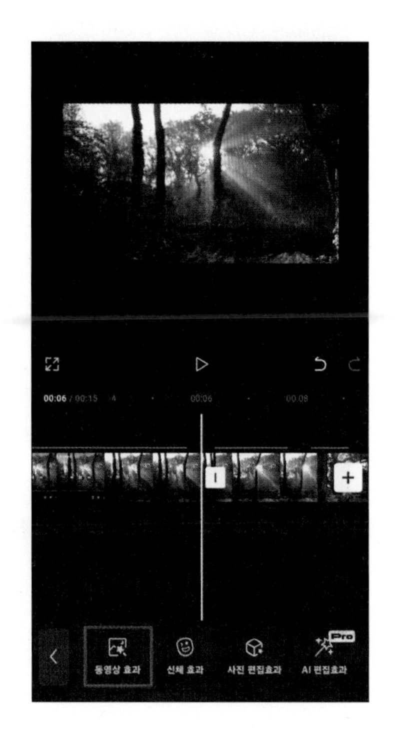

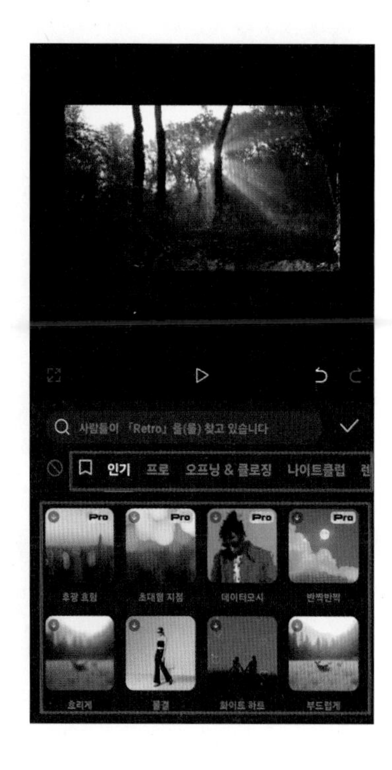

❶ [**편집효과**]는 영상을 더욱 풍부하고 매력적으로 만들기 위해 추가하는 다양한 기술이나 기법을 의미합니다. [**편집효과**]를 터치합니다. ❷ [**동영상 효과**]를 터치합니다. ❸ 카테고리별로 검색할 수 있습니다. [**동영상 효과**]를 적용시켜 보면서 마음에 드는 효과를 찾습니다.

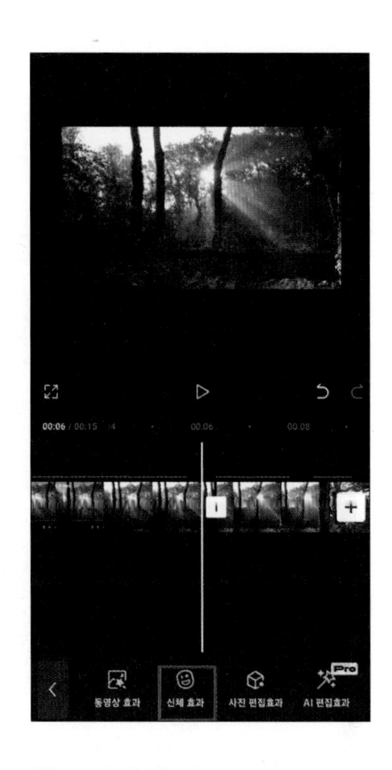

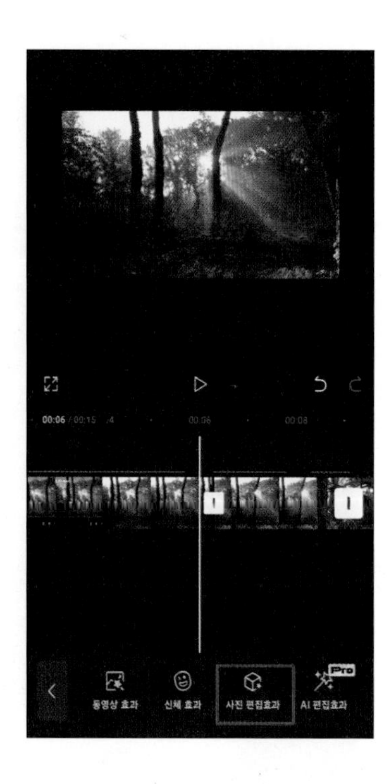

❶ [**신체 효과**]는 영상 속 인물의 신체 부위에 특정한 효과를 주는 기능입니다. [**신체 효과**]를 터치합니다.
❷ 카테고리별로 검색할 수 있습니다. [**신체 효과**]를 적용시켜 보면서 마음에 드는 효과를 찾습니다.
❸ [**사진 편집효과**]를 터치하시면 사진 클립에만 적용됩니다.

● 편집 (AI 편집 효과)

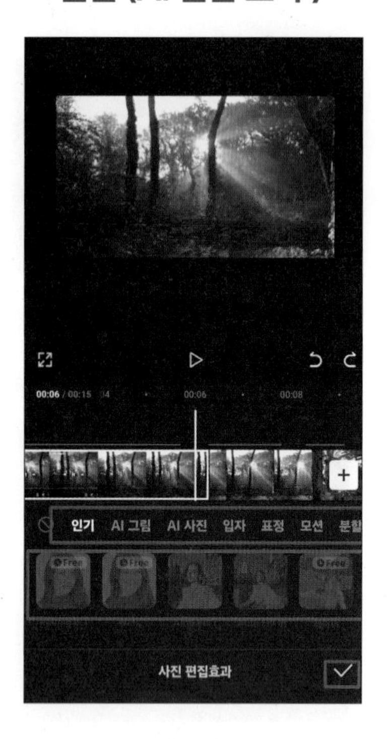

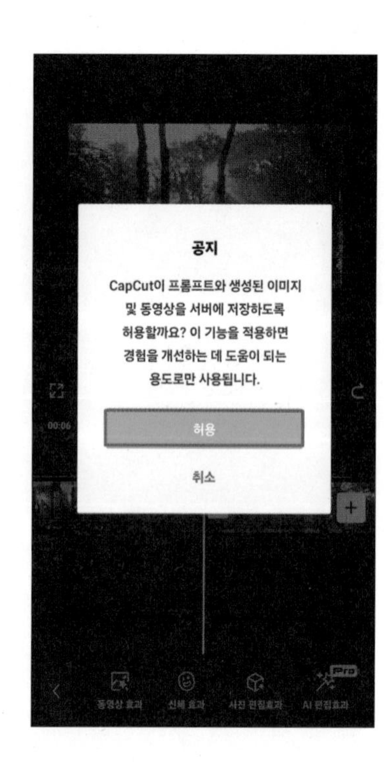

❶ 카테고리별로 검색할 수 있습니다. [**사진 편집효과**]를 적용시켜 보면서 마음에 드는 효과를 찾습니다. ❷ [**AI 편집효과**]는 인공지능 기술을 활용하여 영상의 일부분을 만들거나 변형시는 기능입니다. [**AI 편집효과**]를 터치합니다. ❸ [**허용**]을 터치합니다.

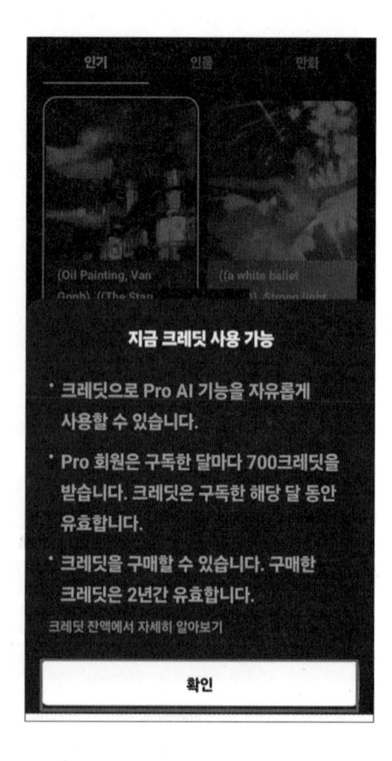

❶ 이미 만들어진 것들 중에 선택하여 ①[**생성**]을 터치하셔도 되고 내가 직접 프롬프트에 작성하기 위해 ②[**편집**]를 터치하셔도 됩니다. ❷ ①[**프롬프트 입력란**]에 원하는 이미지를 입력합니다. ②[**생성**]을 터치합니다. ❸ [**확인**]을 터치합니다.

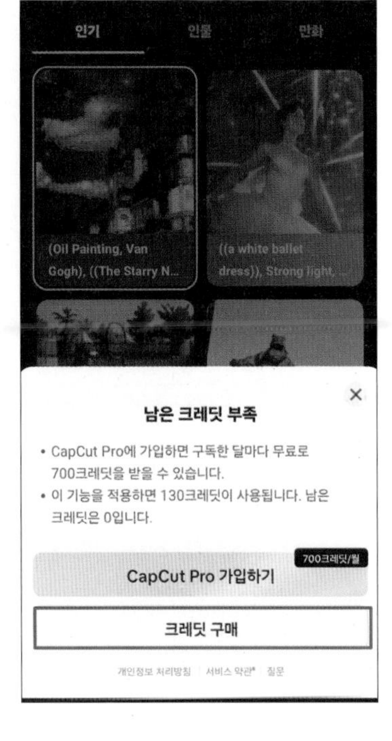

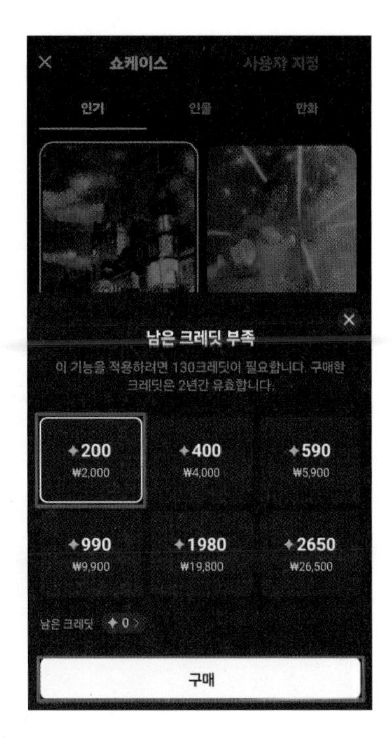

1 이 기능은 Pro 버전을 이용하지 않아도 크레딧으로 이용이 가능합니다. 구매를 원하시는 분들은 [**크레딧 구매**]를 터치합니다. 2 원하는 금액의 크레딧을 선택합니다.

3 [**원클릭 구매**]를 터치하면 구글 플레이 스토어에 연결된 결제 시스템과 연결되어 결제가 이루어집니다. 플레이 스토어에 결제 시스템이 없으시면 결제하실 수 없습니다.

● 편집 (교체)

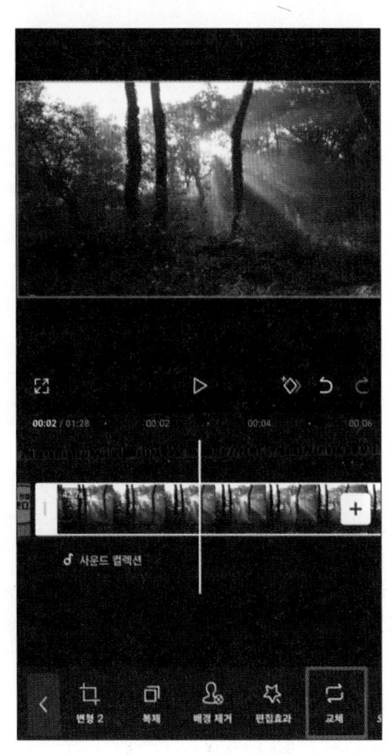

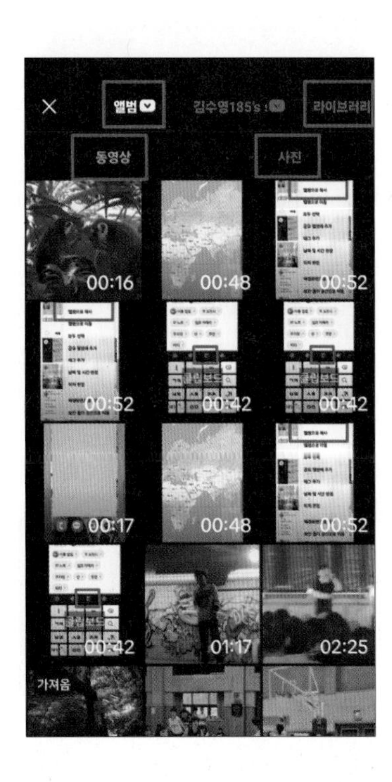

1 [**교체**]는 선택한 영상 대신 다른 영상으로 바꾼다는 뜻입니다. 영상을 바꾸시려면 [**교체**]를 터치합니다.

2 이전에 나왔던 영상 올리는 화면이 나옵니다. 내 앨범에서 영상과 사진을 선택하거나 라이브러리에서 영상과 사진을 선택할 수 있습니다.

● 편집 (오버레이)

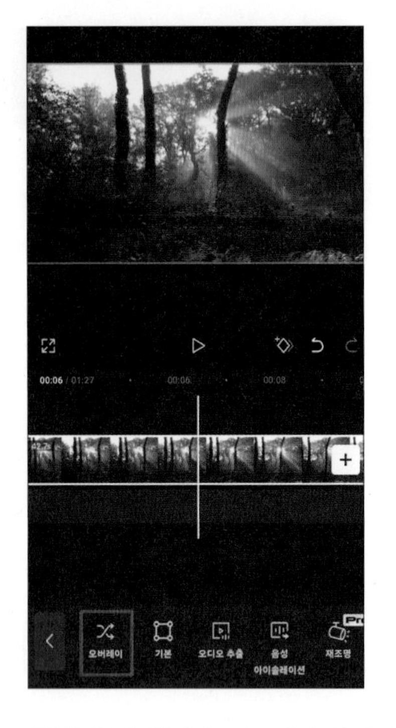

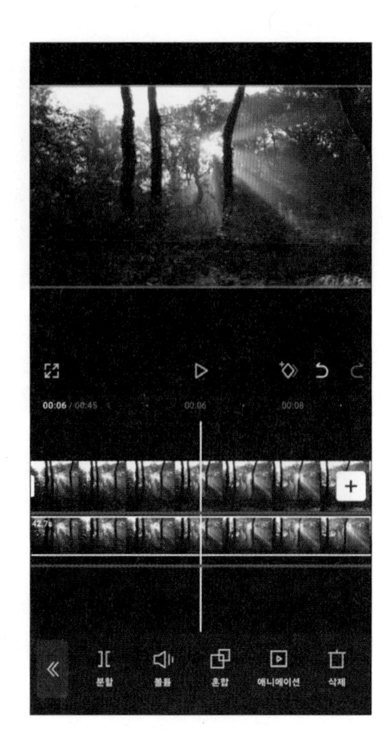

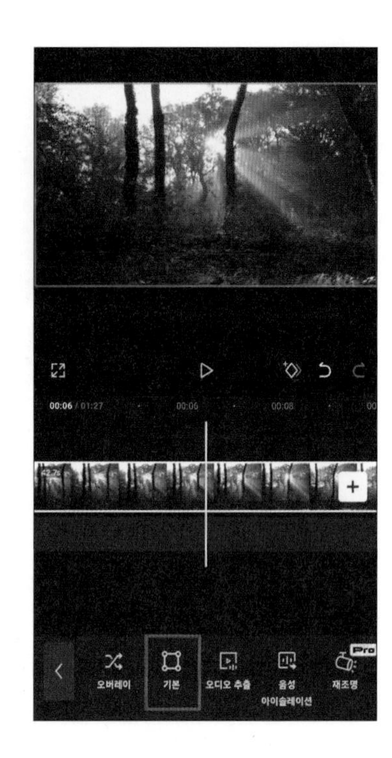

1 [**오버레이**]는 한 영상 위에 다른 영상이나 이미지를 겹쳐 놓는 것을 의미합니다. [**오버레이**]를 터치합니다. 2 같은 영상이 바로 아래에 겹쳐서 나옵니다. 3 [**기본**]을 터치합니다.

● 편집 (기본)

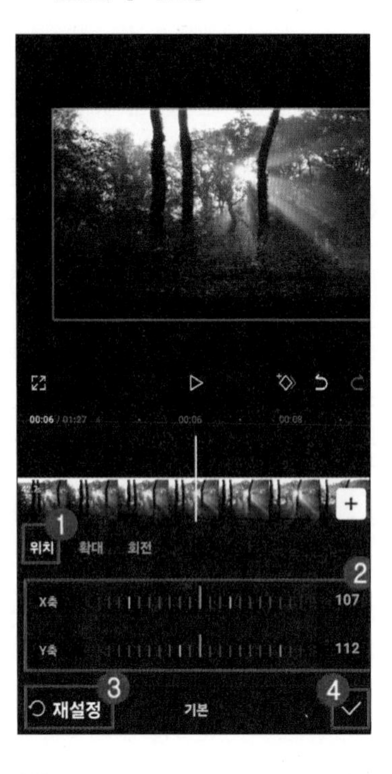

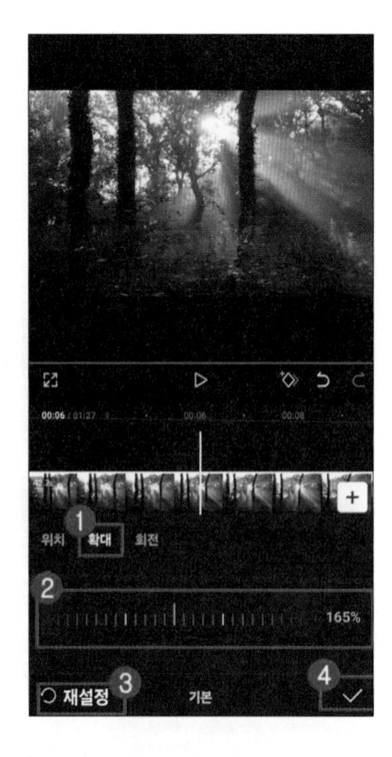

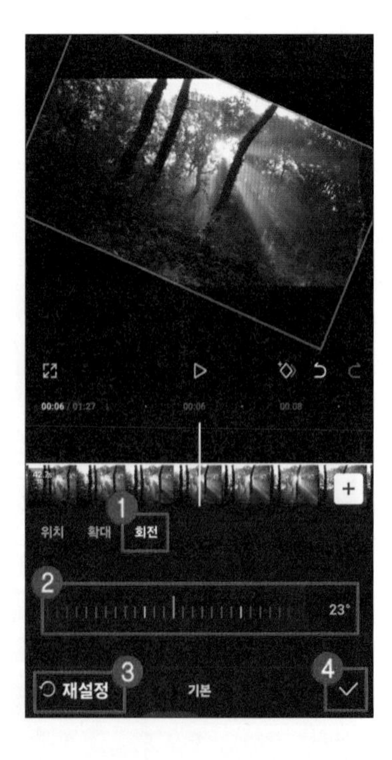

1 ①[**위치**]에서 영상을 좌우(X축), 위아래(Y축)로 움직일 수 있습니다. ③④[재설정]이나 [v] 버튼을 터치합니다. 2 ①[**확대**]를 터치합니다. ②좌우로 움직이며 확대 정도를 선택합니다. ③④[재설정]이나 [v] 버튼을 터치합니다. 3 ①[**회전**]을 터치합니다. ②좌우로 움직이며 회전 정도를 선택합니다. ③④[재설정]이나 [v] 버튼을 터치합니다.

● 편집 (재조명)

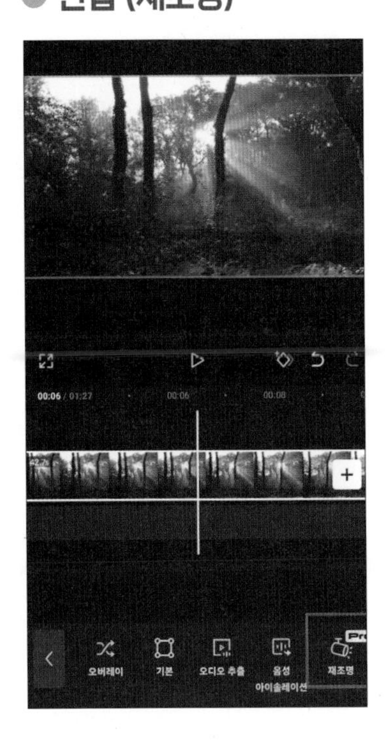

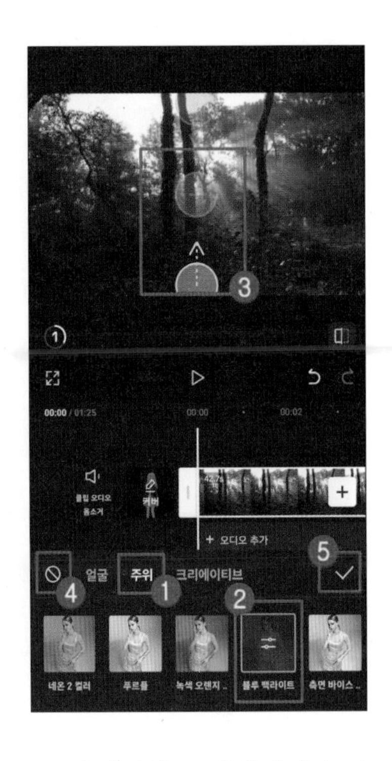

1 [**재조명**]이란 영상 속 특정 부분의 밝기, 색감, 그림자 등을 조절하여 더욱 드라마틱하고 입체적인 효과를 내는 것입니다. [**재조명**]을 터치합니다. 2 ①[**얼굴**]은 자동으로 얼굴 주변의 밝기와 조명을 다르게 하는 기능입니다. 3 [**주위**]는 영상 주변의 밝기와 조명을 다르게 하는 기능입니다.

● 편집 (자동 리프레임)

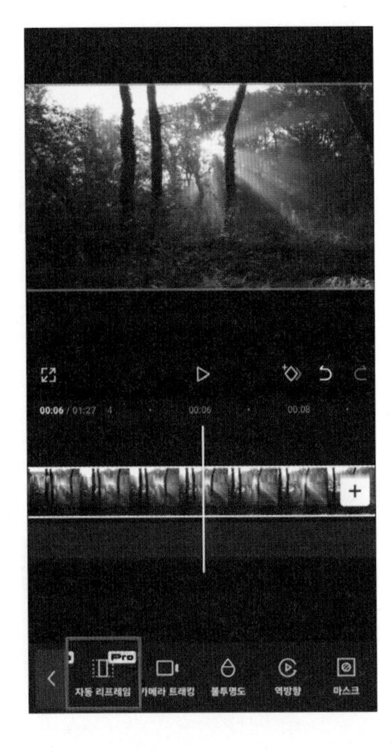

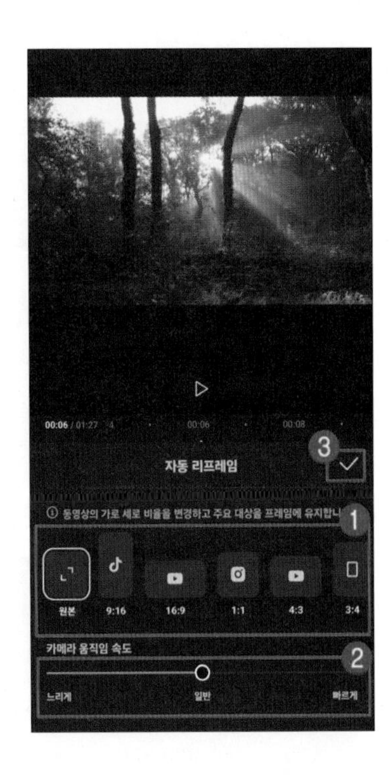

1 [**크리에이티브**]는 영상 전체의 밝기와 조명을 다르게 하는 기능입니다.
2 [**자동 리프레임**]은 영상의 크기나 비율을 자동으로 조절해주는 기능입니다. [**자동 리프레임**]을 터치합니다.
3 ①에서 비율을 조정할 수 있습니다. ②에서 속도를 조정할 수 있습니다. ③조정이 끝나면 [v] 버튼을 터치합니다.

● 편집 (불투명도)

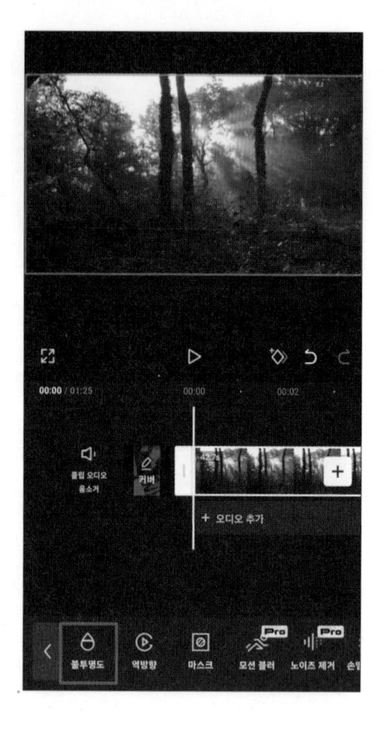

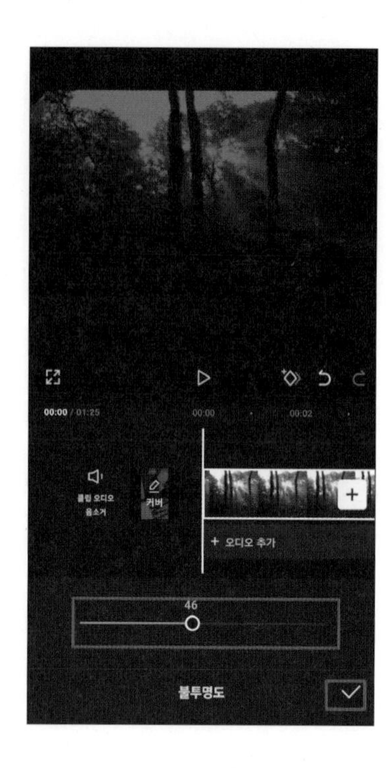

1 [**불투명도**]는 영상의 투명도를 조절하는 기능입니다. [**불투명도**]를 터치합니다.

2 수치를 조절하고 [v] 버튼을 터치합니다.

● 편집 (역방향)

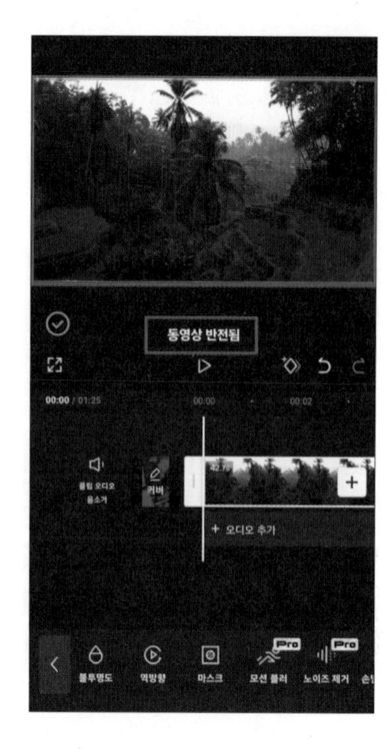

1 [**역방향**]은 영상을 일반적인 재생 방향과 반대로 재생하는 것을 의미합니다. 마치 영화에서 시간을 거꾸로 돌리는 장면처럼, 영상의 끝에서부터 시작하여 처음으로 돌아가는 효과를 말합니다. [**역방향**]을 터치합니다.

2 [**동영상 반전됨**]이라고 나오며 영상이 끝에서부터 나오고 앞으로 걸어가는 사람은 뒤로 걷는 것처럼 나옵니다.

● 편집 (마스크)

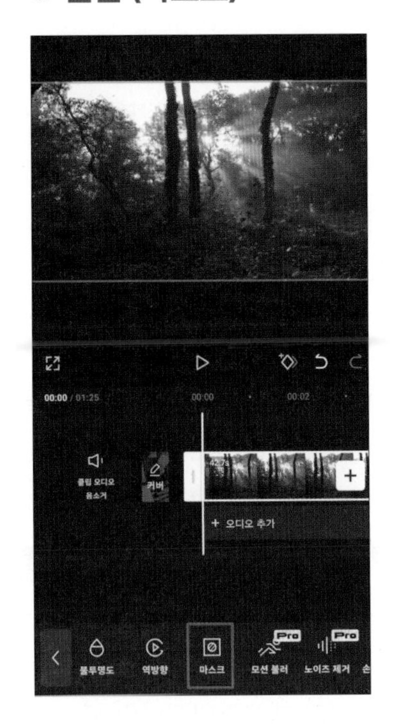

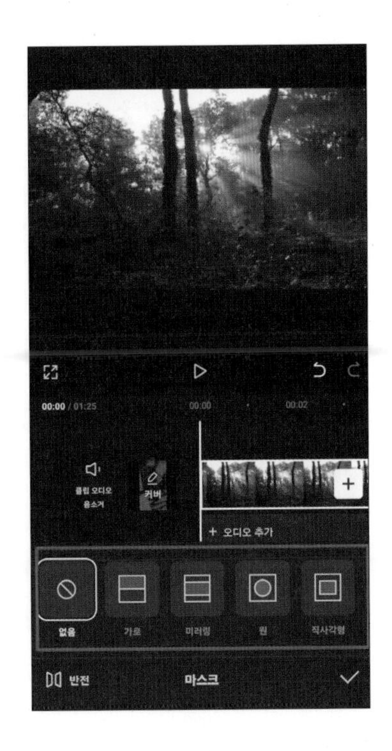

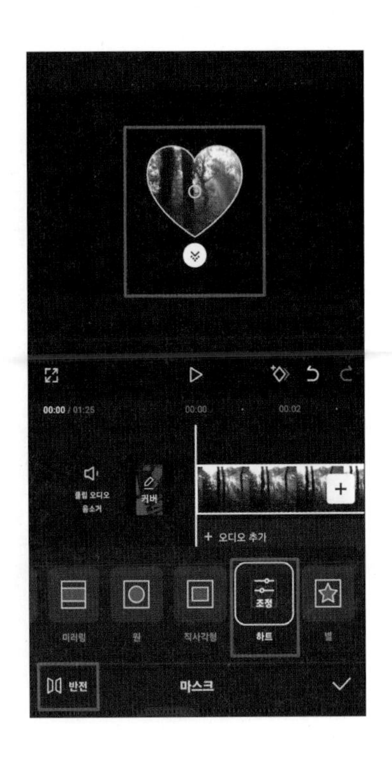

❶ [마스크]는 영상의 특정 부분을 가리고 다른 영상이나 이미지를 덧씌울 수 있도록 해주는 기능입니다. 마치 사진 편집 프로그램에서 얼굴에 스티커를 붙이거나 특정 부분을 흐릿하게 처리하는 것과 비슷하다고 생각하면 쉽습니다. [마스크]를 터치합니다. ❷ 마음에 드는 모양을 터치합니다. ❸ [반전]을 터치하면 마스크를 설정한 영역이 반대의 영역과 바뀝니다.

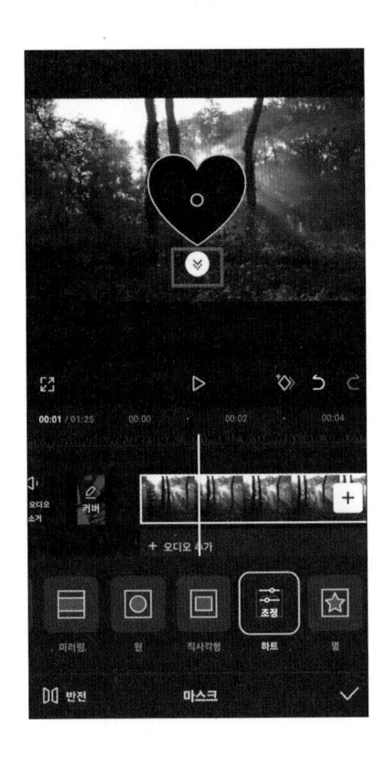

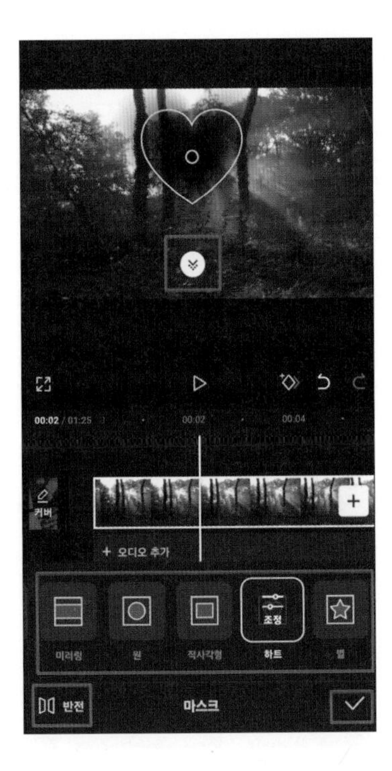

❶ 아래로 화살표 모양을 아래로 드래그해서 내리면 하트가 흐려집니다.

❷ 다시 위로 올리면 하트가 짙은 검정색이 됩니다. 원하는 기능들을 모두 선택한 후 [v] 버튼을 터치합니다.

● 편집 (모션 블러)

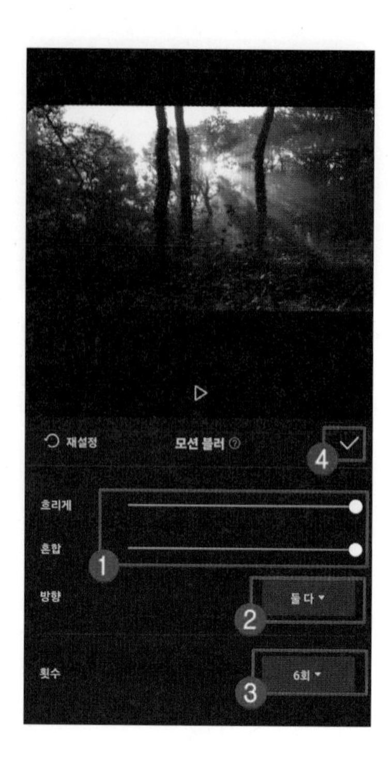

1 [**모션 블러**]는 픽셀 이동을 이용하여 다른 이미지로의 전환을 흐리게 처리하는 기술이며, 이로 인해 모션 블러를 사용하면 이미지 전환이 더 매끄럽게 보입니다.
[**모션 블러**]를 터치합니다.

2 ①[**흐리게**]는 숫자가 클수록 픽셀 이동이 크게 나타나고 이미지 전환도 매끄러워집니다. [**혼합**]도 숫자가 클수록 더 많은 개수의 프레임이 겹쳐집니다. ②방향은 그리 큰 차이가 없습니다. ③횟수를 많이 추가할수록 편집 효과가 매끄러워집니다. ④선택을 마치면 [v] 버튼을 터치합니다.

● 편집 (노이즈 제거)

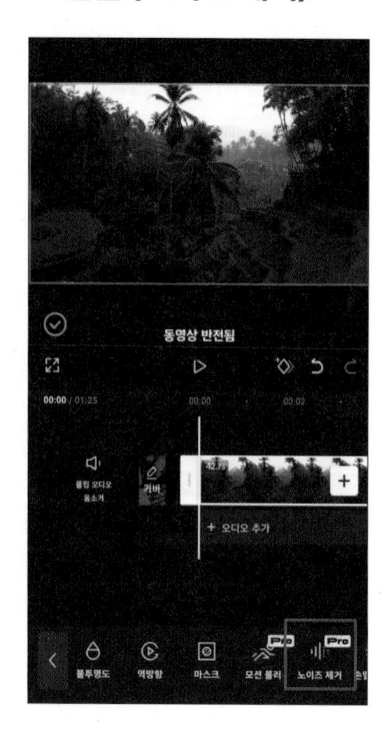

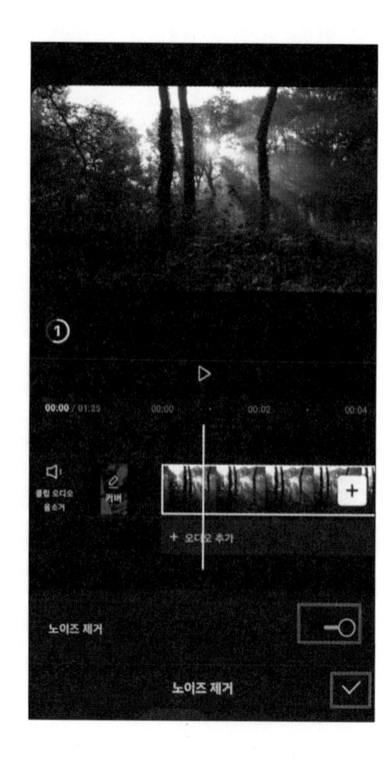

1 [**노이즈 제거**]는 영상이나 음성에 섞여 있는 불필요한 소음이나 잡음을 제거하여 깨끗한 음질을 만들어 주는 기능입니다. [**노이즈 제거**]를 터치합니다.

2 버튼을 활성화 시키고 [v] 버튼을 터치합니다.

● 편집 (프리즈)

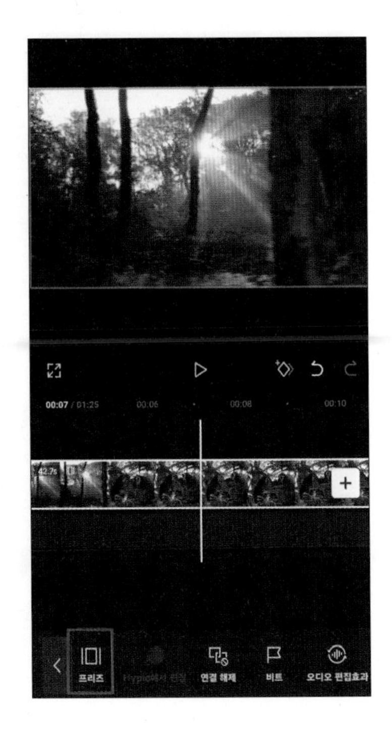

❶ [프리즈]는 영상의 특정 부분을 일시 정지시켜 마치 사진처럼 고정하는 효과를 내는 것을 말합니다. 즉, 움직이는 영상의 한 순간을 멈춰서 강조하거나 특정 장면을 오래 보여주고 싶을 때 사용하는 기능입니다. [**프리즈**]를 터치합니다.

❷ 동영상에서 추출한 사진 클립이 생깁니다.

● 편집 (연결 해제)

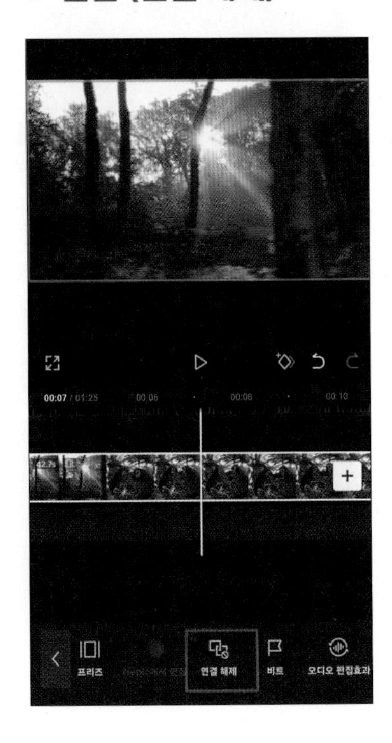

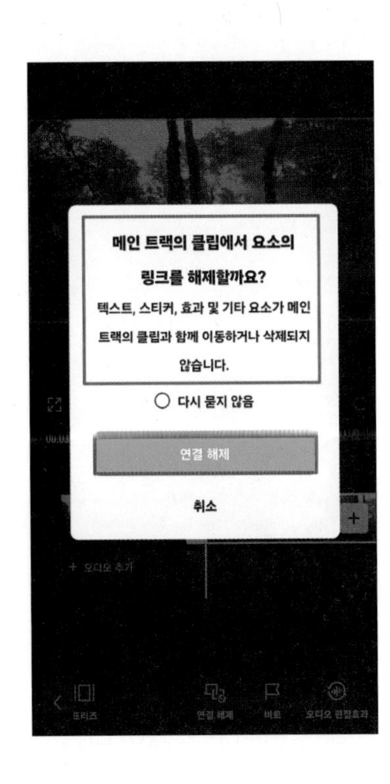

❶ [**연결 해제**]는 메인 트랙에 텍스트, 스티커, 효과 및 기타 요소가 메인 트랙의 클립과 함께 이동하거나 삭제되지 않도록 한번에 연결을 끊어준다는 의미입니다. [**연결 해제**]를 터치합니다.

❷ [**연결 해제**]를 터치합니다.

● 오디오 (사운드) - 배경 음악 넣기

❶ [**오디오**]는 영상에 추가되는 모든 소리를 의미합니다 [**오디오**]를 터치합니다.

❷ [**사운드**]는 음악, 효과음, 녹음된 목소리 등을 통틀어서 일컫는 말입니다. [**사운드**]를 터치합니다.

❸ [**검색창**]을 터치하여 원하는 음악을 찾을 수도 있습니다.

❶ [**검색창**]에 가수나 노래 제목을 입력하면 관련 음악들이 나옵니다.

❷ 카테고리별로 음악을 검색해서 찾을 수도 있습니다. ❸ ①[**추천**]에서 음악을 들어보고 ②다운받아서 좋으면 ③[**즐겨찾기**] 버튼을 터치하여 [**즐겨찾기**]에 저장해 둡니다.

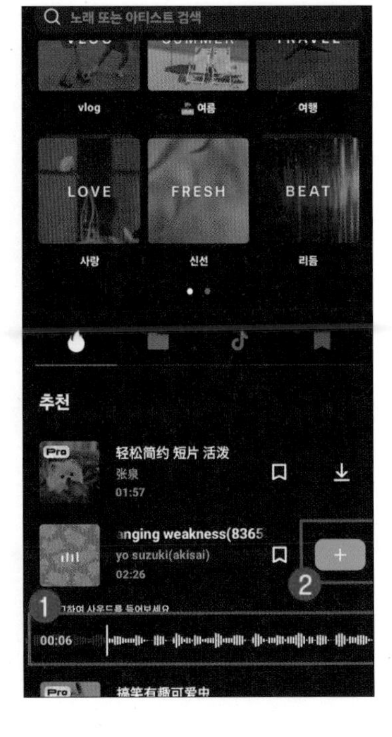

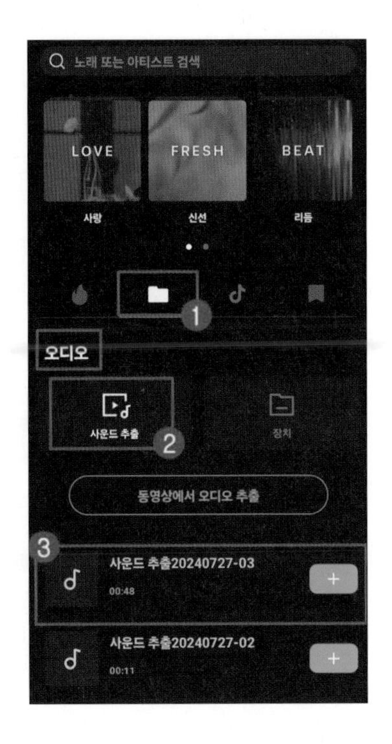

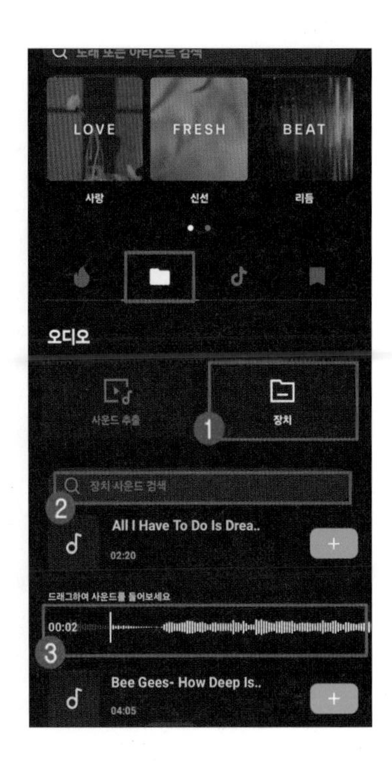

1 아래로 화살표가 되어있는 [**다운로드**] 버튼을 터치하면 노래에 ② [+] 버튼이 생깁니다. 제목을 터치하여 ②[**미리듣기**]를 해보고 마음에 들면 [+] 버튼을 터치하여 음악을 삽입합니다.

2 내 기기에 저장된 동영상의 사운드를 추출하려면 ①②를 순서대로 터치하고 원하는 동영상을 선택합니다.

3 내 기기에 저장된 음악을 넣고 싶으면 ①[**장치**]를 터치하고 ②③검색을 이용하여 음악을 선택합니다.

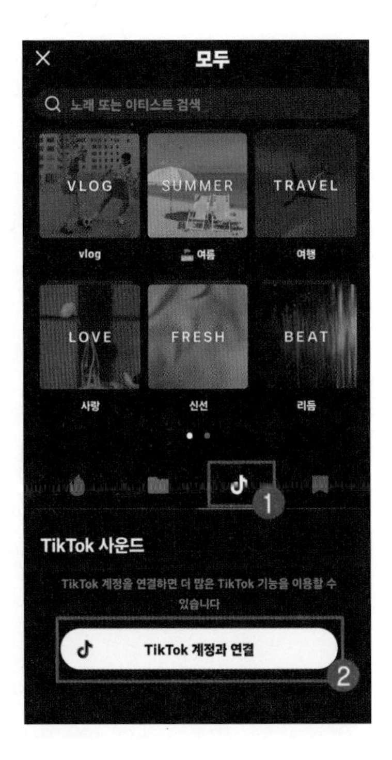

1 ①틱톡 계정이 있는 분들은 [**TikTok 사운드**]를 터치하여 ②[**TikTok 계정과 연결**]하셔서 틱톡 내의 음악을 사용하실 수 있습니다. 2 ①[**즐겨찾기**] 버튼을 터치하면 그동안 즐겨찾기 해 놓았던 음악들이 나와서 원하는 음악을 쉽게 찾을 수 있습니다. 3 처음 음악을 사용할 때 [**허용**]을 해줍니다.

● 오디오 편집하기

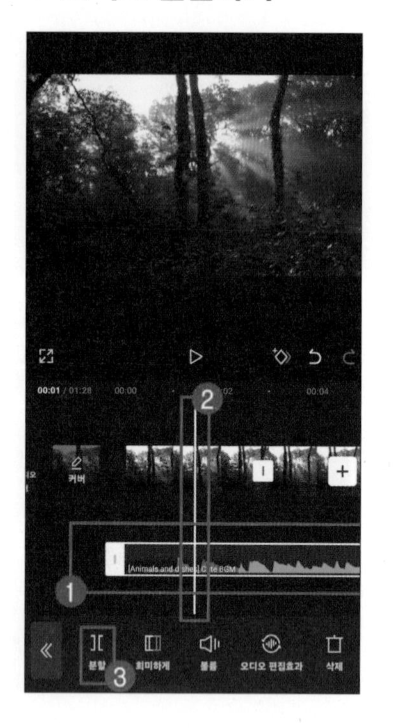

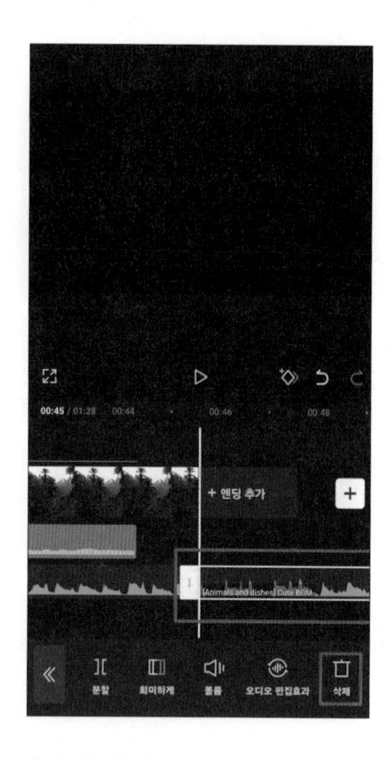

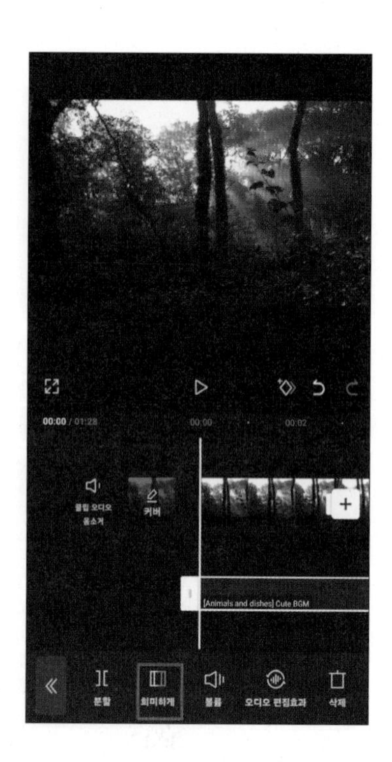

❶ ①[**오디오 클립**]을 터치하면 테두리가 하얗게 변하면서 아래가 [**오디오 편집**] 창으로 바뀝니다. ②[**플레이 헤드**]를 음악 클립의 분할하고 싶은 위치에 놓고 ③[**분할**] 버튼을 터치합니다. ❷ 삭제하고 싶은 클립은 선택하여 [**삭제**]버튼을 눌러주면 삭제됩니다. ❸ [**희미하게**]는 음악의 시작과 끝에 페이드 기능을 주어 음악이 부드럽게 시작하고 끝날 수 있게 하는 기능입니다.

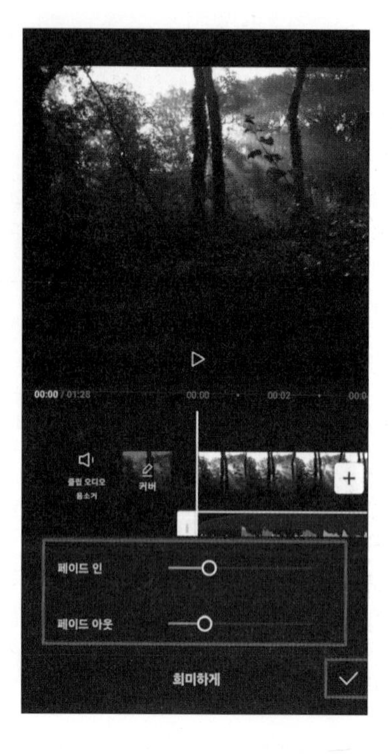

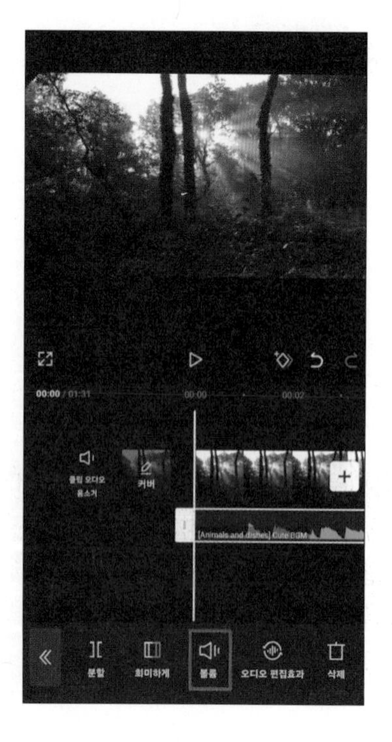

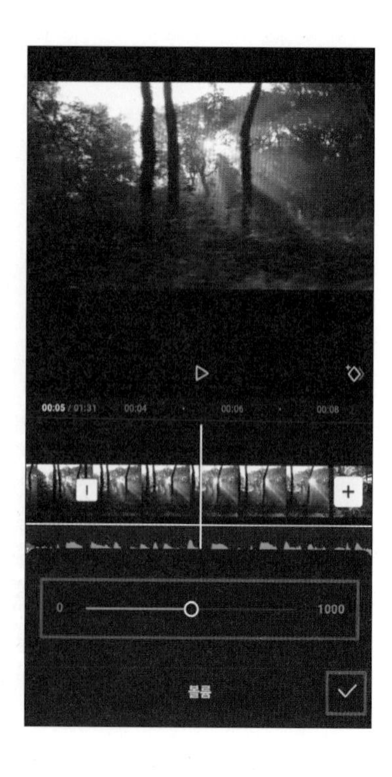

❶ [**페이드 인**]과 [**페이드 아웃**]을 조정하여 V 버튼을 터치합니다.

❷ ①[**볼륨**]조절을 할 수 있습니다. [**볼륨**]을 터치합니다.

❸ 좌우로 볼륨을 조절한 후 [v] 버튼을 터치합니다.

● AI 목소리

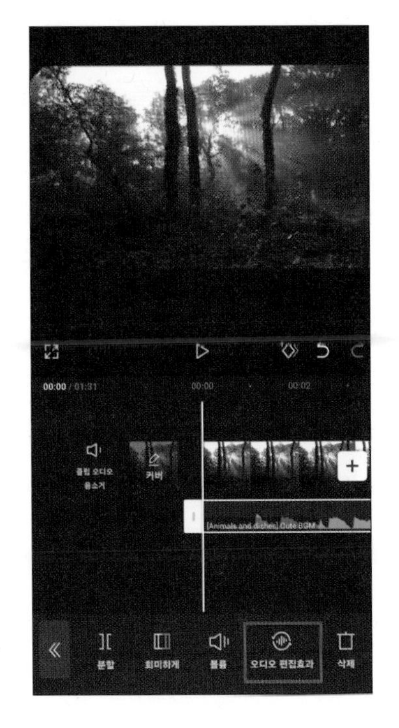

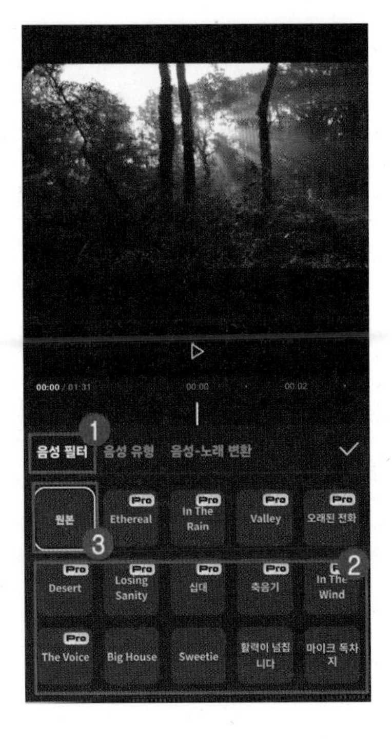

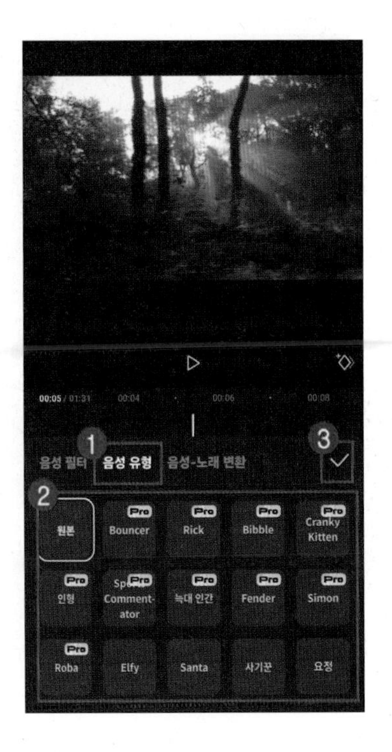

1 [**오디오 편집효과**]는 영상에 추가된 음악이나 효과음의 질감과 분위기를 바꾸어 더욱 풍부하고 다채로운 영상을 만들어 줍니다. [**오디오 편집효과**]를 터치합니다. **2** ①[**음성 필터**]는 음악의 분위기를 바꾸어 줍니다. ②원하는 필터를 선택하여 음악을 들어보고 마음에 안 들면 ③[**원본**]을 터치하여 원래대로 돌아옵니다. **3** ①[**음성 유형**]은 ②사람의 목소리를 AI 목소리로 바꾸어 줍니다. 원하는 목소리를 선택하고 [v] 버튼을 터치합니다.

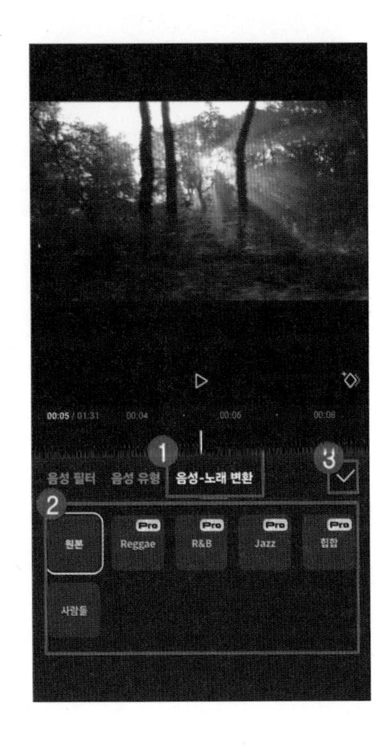

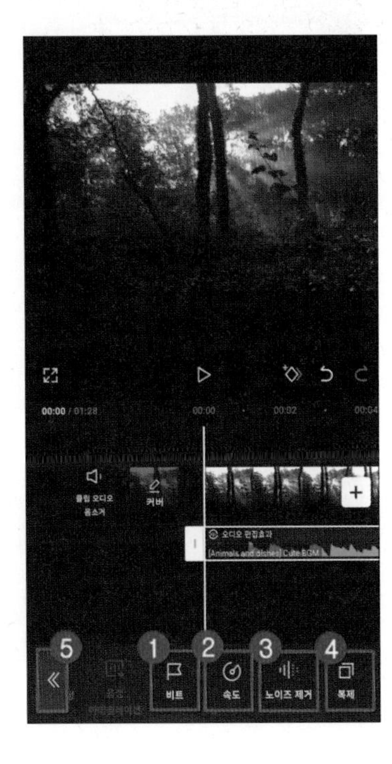

1 ①[**음성-노래 변환**]은 말을 노래로 만들어 줍니다. ②원하는 기능을 선택하고 ③ [v] 버튼을 터치합니다.

2 ①[**비트**]는 음악에 비트를 강약 조절하여 첨부할 수 있는 기능입니다. ②[**속도**]는 음악의 속도를 조절하는 기능입니다. ③[**노이즈 제거**]는 음악의 노이즈가 있다면 노이즈를 제거해 주는 기능입니다. ④[**복제**]는 음악이 짧을 경우 음악을 복사해서 겹치지 않게 옆으로 붙여넣기 해 주는 기능입니다. ⑤는 다시 오디오를 넣을 수 있는 카테고리로 가는 버튼입니다.

● 오디오 (추출)

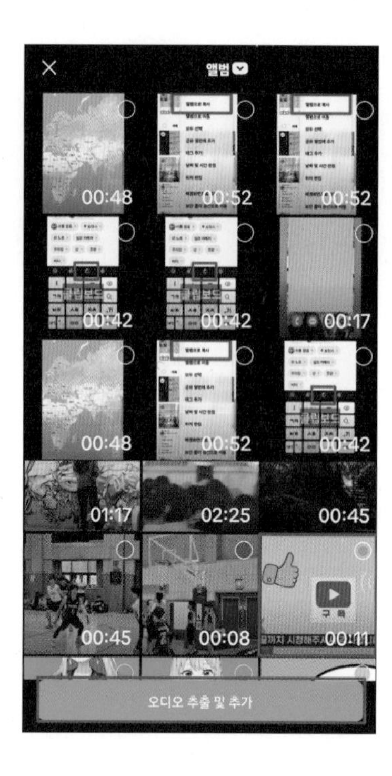

1 [**추출**]은 내 스마트폰에 있는 동영상 중에서 사운드만 추출하는 기능입니다. [**추출**]을 터치합니다.

2 스마트폰에 저장된 동영상들이 나옵니다. 원하는 사운드가 있는 동영상을 선택하고 아래 [**오디오 추출 및 추가**] 버튼을 터치합니다. 그러면 영상 아래에 오디오 클립만 추가가 됩니다.

● 오디오 (녹음)

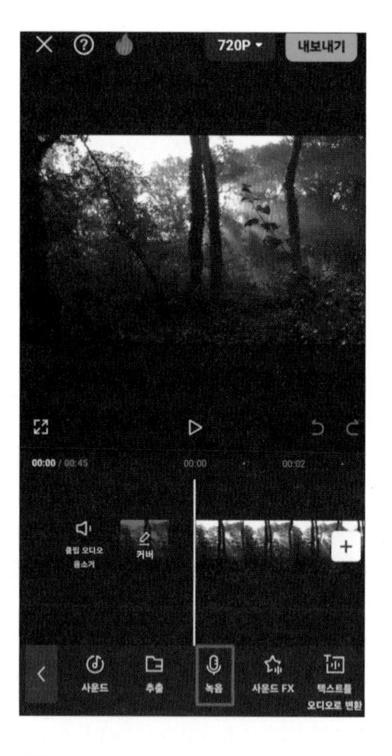

1 [**녹음**]은 직접 영상을 플레이하면서 육성으로 녹음을 하는 기능입니다. [**녹음**]을 터치합니다. 2 [**녹음 버튼**]을 터치하여 녹음을 합니다. 다시 [**녹음 버튼**]을 터치하여 녹음을 끕니다. 3 캡컷에서 처음 녹음을 할 때는 녹음할 수 있도록 [**앱 사용 중에만 허용**]을 터치해 줍니다.

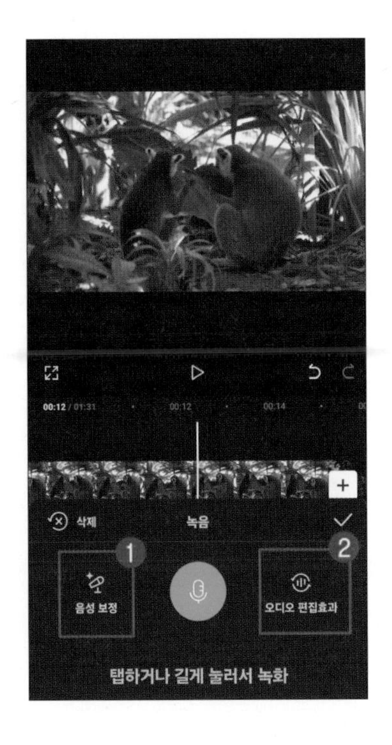

❶ [**녹음**]이 끝나면 [**음성 보정**]버튼이 나옵니다. 이 기능은 녹음한 음성을 스튜디오에서 녹음한 것처럼 음질을 깨끗하게 만들어 줍니다. ①[**음성 보정**]을 터치합니다. ②[**오디오 편집효과**]는 인공지능 목소리와 여러 효과를 사용할 수 있습니다. (앞의 음성 편집에서 자세히 다뤘으므로 여기에서는 생략하도록 하겠습니다.)

❷ [**음성 보정**] 옆의 버튼을 활성화시켜 줍니다. 그러면 [**소음 제거**]도 자동으로 활성화가 되어서 정도를 조절할 수 있습니다.

● 오디오 (사운드 FX - 효과음)

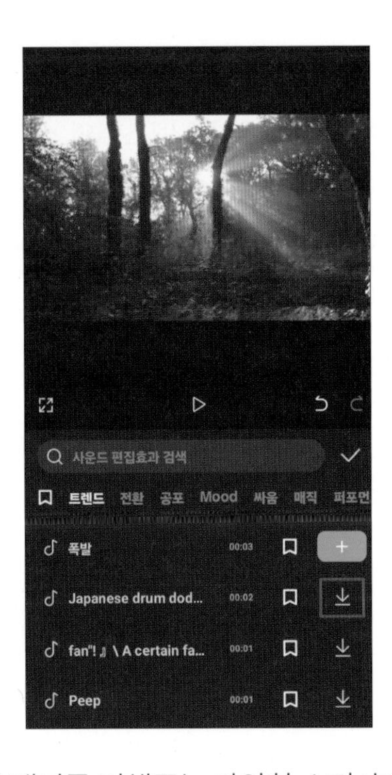

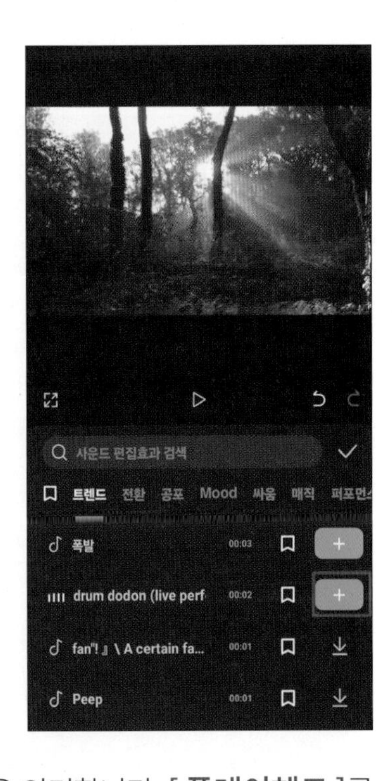

❶ [**사운드 FX**]는 영상에 생동감과 재미를 더해주는 다양한 소리 효과들을 의미합니다. [**플레이헤드**]를 소리 효과를 넣고 싶은 곳에 위치시키고 [**사운드 FX**]를 터치합니다. ❷ [**화살표**]를 터치하면 효과들이 다운로드 됩니다. ❸ 효과음들의 이름을 터치하여 들어본 후 마음에 들면 [+]를 터치하여 효과음을 영상에 삽입합니다.

● 텍스트 넣기 (A+ 텍스트 추가)

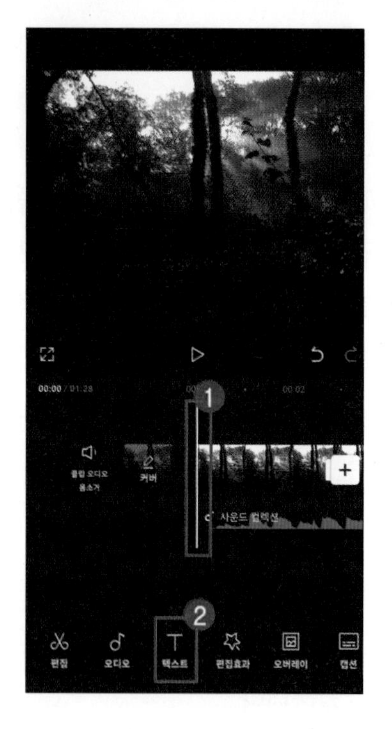
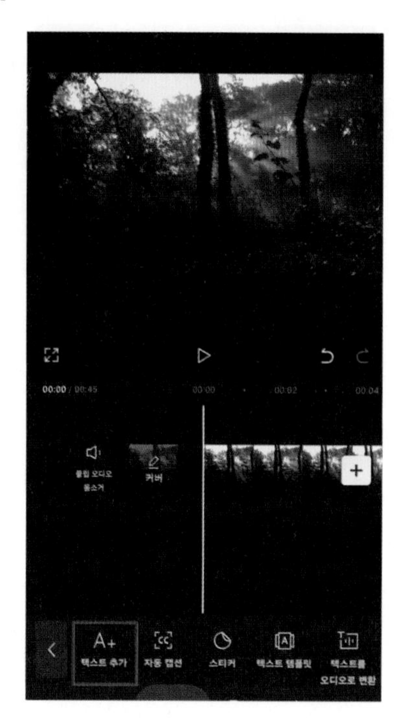
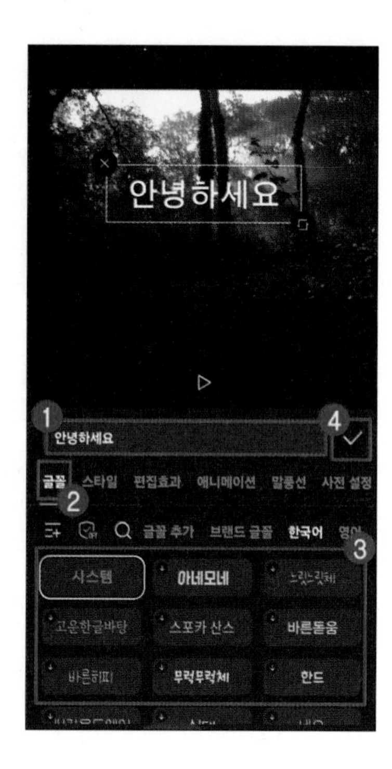

1 자막을 넣을 위치에 ①[**플레이헤드**]를 놓고 ②[**텍스트**]를 터치합니다.
2 [**A+ 텍스트 추가**]를 터치합니다. 3 ① 입력란에 넣고 싶은 문구를 적습니다. ②[**글꼴**]을 터치하면 ③다양한 글꼴중에서 마음에 드는 것을 터치하시고 ④ [v] 버튼을 터치합니다.

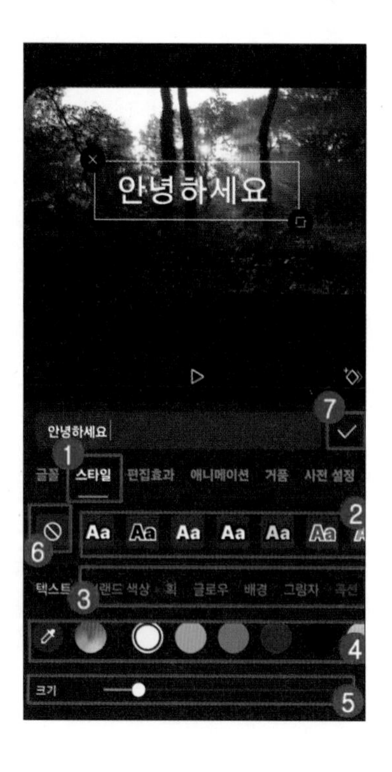

1 ①[**스타일**]은 텍스트의 스타일을 변형시킬 수 있는 공간입니다. ②여기에서 텍스트의 모양을 간편하게 선택할 수 있습니다. ③여기에서는 텍스트에 다양한 효과들을 줄 수 있습니다. ④에서는 텍스트 색상을 바꿀 수 있습니다. ⑤는 텍스트의 크기를 조절할 수 있습니다. ⑥은 효과를 모두 지우는 버튼입니다. 텍스트 선택이 끝나면 ⑦ [v] 버튼을 터치합니다.

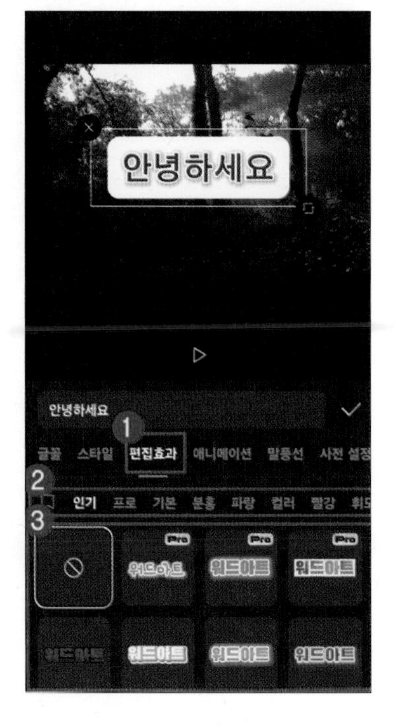

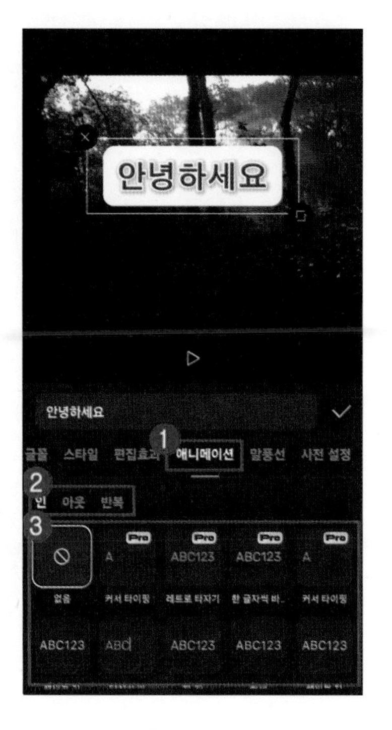

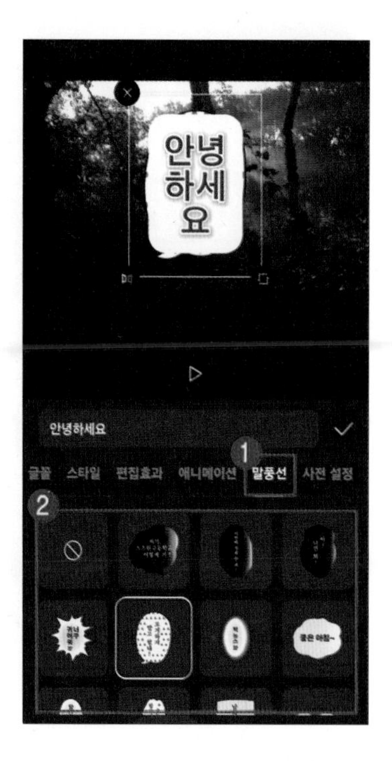

1 ①[**편집효과**]를 터치합니다. ②카테고리별로 다양한 효과의 텍스트를 검색할 수 있습니다. ③마음에 드는 텍스트를 선택합니다. 2 ①[**애니메이션**]은 움직이는 효과를 말합니다. ②③인/아웃/반복을 지정하여 선택합니다. 3 ①②[**말풍선**]은 텍스트를 말풍선에 넣는 효과를 줍니다.

● 텍스트 (자동 캡션)

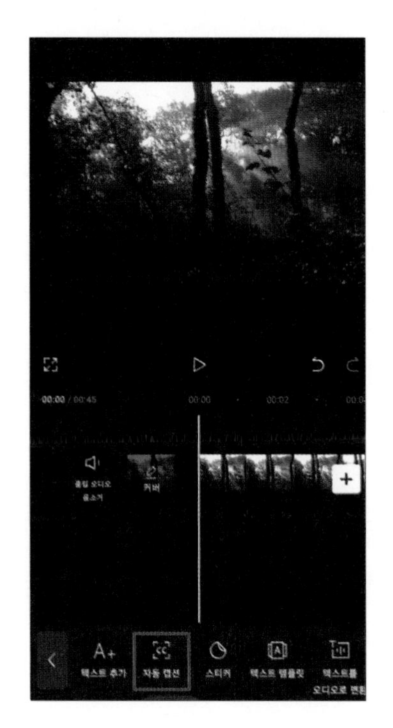

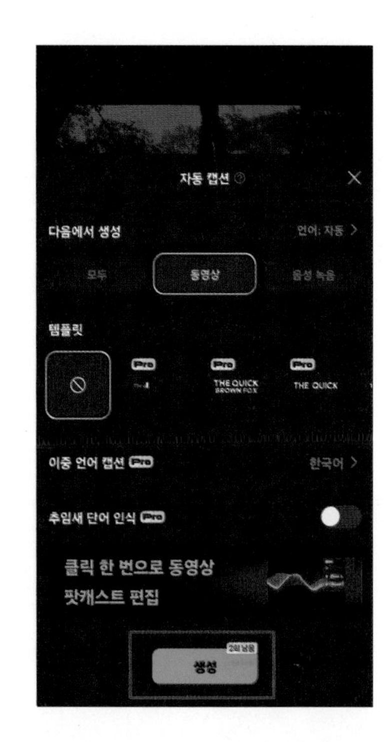

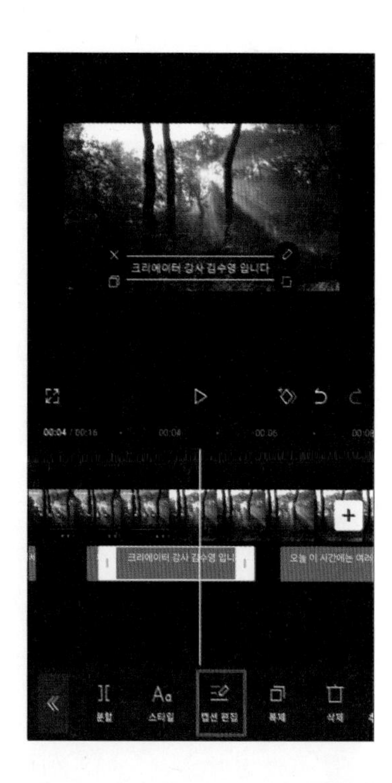

1 [**자동 캡션**]은 영상에 포함된 음성을 인식하여 자동으로 텍스트 자막을 만들어 주는 기능입니다. [**자동 캡션**]을 터치합니다. 2 5회까지 무료로 사용할 수 있습니다. [**생성**]을 터치합니다. 3 [**일괄 편집**]은 자동 생성된 자막 전체를 한 번에 수정하는 것을 의미합니다. [**일괄 편집**]을 터치합니다.

● 텍스트 (자동 캡션 편집)

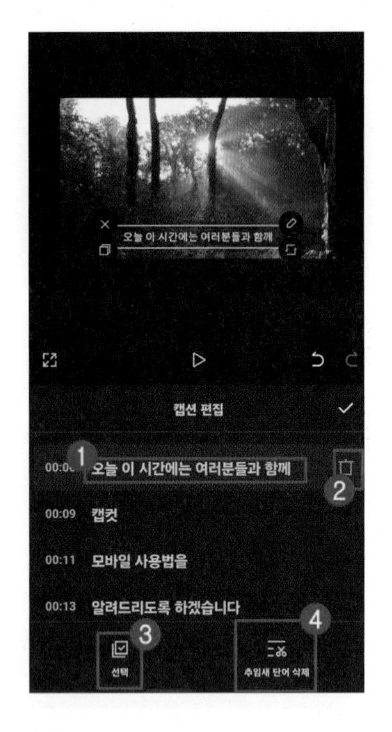

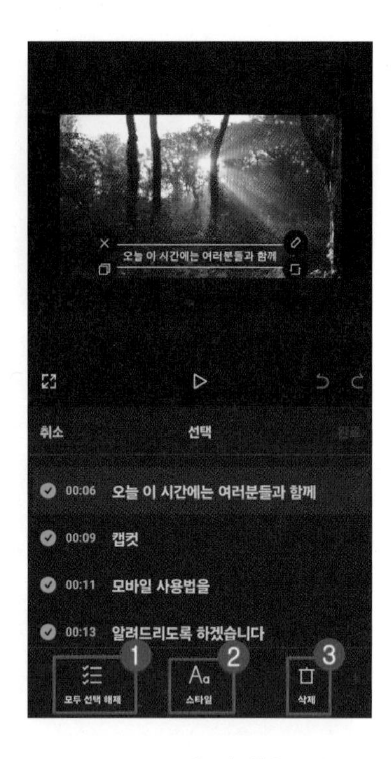

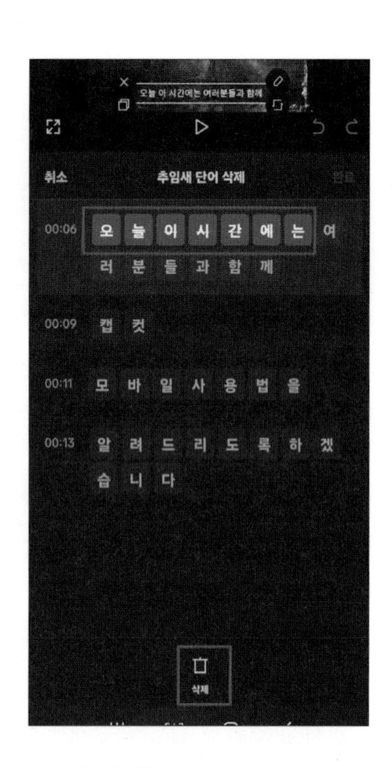

1 ①을 터치하여 틀린 글자를 수정할 수 있습니다. ②[**삭제**]도 할 수 있습니다. ③[**선택**]은 일괄 선택을 말합니다. ④[**추임새 단어 삭제**]는 필요 없는 단어를 사운드와 함께 삭제하는 기능입니다.

2 [**선택**]을 터치하면 ①[**모두 선택**]과 [**모두 해제**]를 할 수 있습니다. ②[**스타일**]로 들어가 텍스트 모양을 바꿀 수도 있습니다. 삭제할 캡션들을 선택하여 ③[**삭제**]를 할 수 있습니다. **3** [**추임새 단어 삭제**]를 터치하면 한 단어씩 터치하여 삭제할 수 있습니다. 이렇게 하면 이 글자가 포함된 영상도 삭제됩니다.

● AI 스티커 만들기

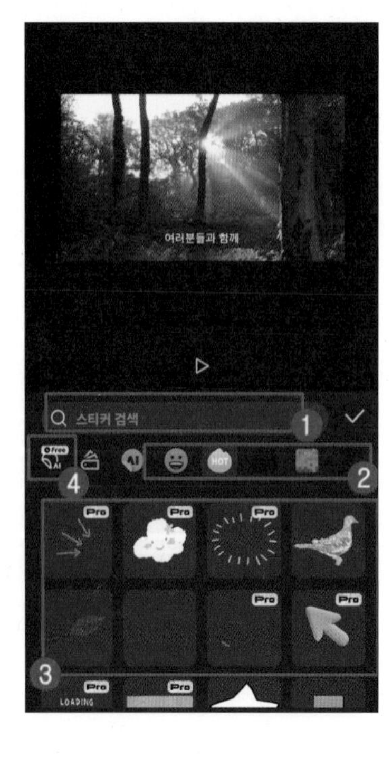

1 [**스티커**]는 영상에 추가하여 더욱 재미있고 다채롭게 만들 수 있는 이미지나 애니메이션 조각들을 말합니다. [**스티커**]를 터치합니다.

2 ①[**스티커**]의 종류가 많아서 [**검색창**]을 이용하면 쉽게 찾을 수 있습니다. ②③[**카테고리**]를 이용해서 찾을 수도 있습니다. ④[**AI 스티커**]를 만들 수 있습니다. [**AI**]를 터치합니다.

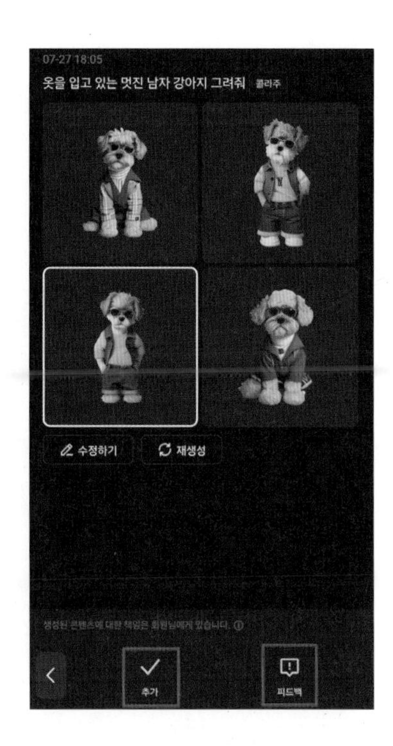

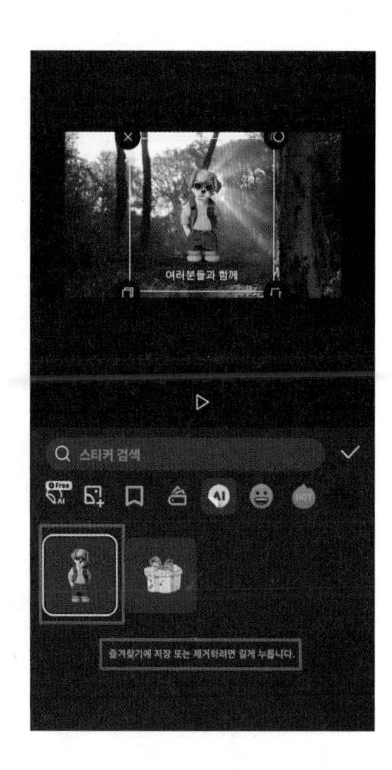

1 원하는 스티커 이미지를 프롬프트에 입력하고 [**생성**] 버튼을 터치합니다. **2** 네가지 모양의 스티커를 만들어 주면 한가지를 선택합니다. [**추가**] 버튼을 누르면 스티커가 생성됩니다. [**추가**]나[**피드백**]을 터치합니다. **3** 만들어진 스티커를 길게 누르면 즐겨찾기에 추가됩니다.

● 장면 전환 효과

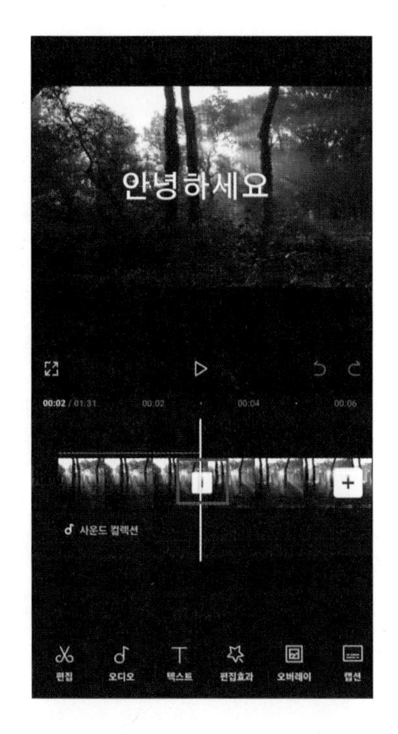

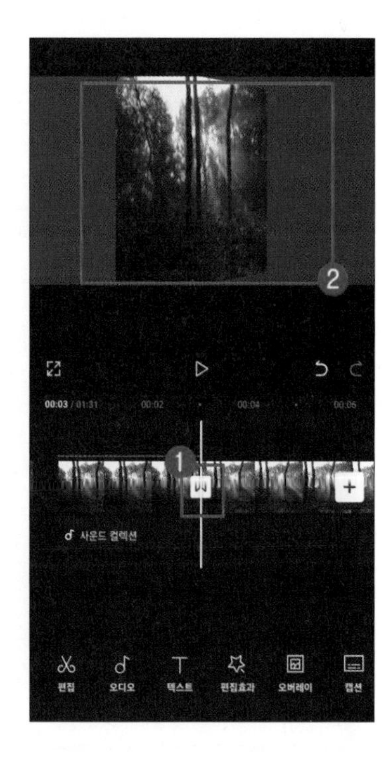

1 영상과 영상이 이어지는 곳을 보면 [**네모 모양**]이 있습니다. 이것을 [**장면 전환**]이라고 하는데 [**장면 전환**]은 장면이 전환할 때 넣는 효과입니다. **2** ①[**카테고리**] 별로 검색할 수 있습니다. ②[**전체 적용**]을 하면 영상 전체에 같은 장면 전환 효과가 들어갑니다. **3** [**장면 전환**]이 들어가면 ①의 모양으로 바뀝니다. [**화면**]도 ②처럼 바뀝니다.

● 나만의 AI 텍스트 템플릿 만들기

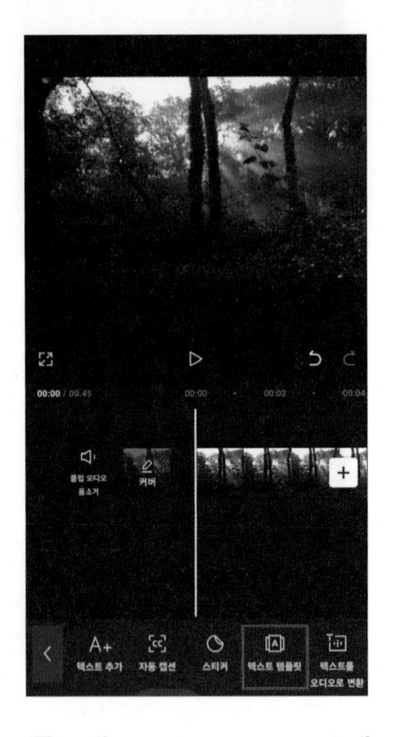
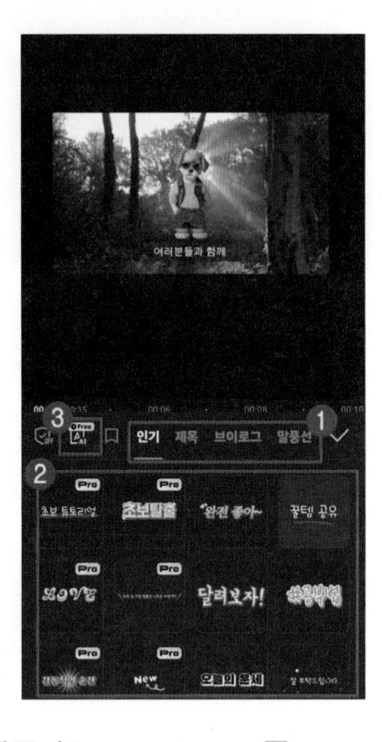
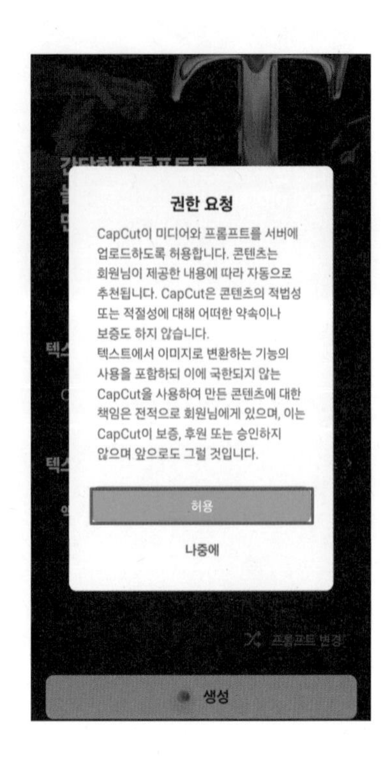

1 [**텍스트**]를 터치하고 [**텍스트 템플릿**]을 터치합니다. 2 ①②카테고리를 이용하여 마음에 드는 텍스트 템플릿을 선택해서 사용합니다. 마음에 드는 것이 없으면 ③AI로 나만의 텍스트 템플릿을 만들어 봅니다. 3 [**권한 요청**]에 [**허용**]을 터치합니다.

● 텍스트 (자동 캡션)

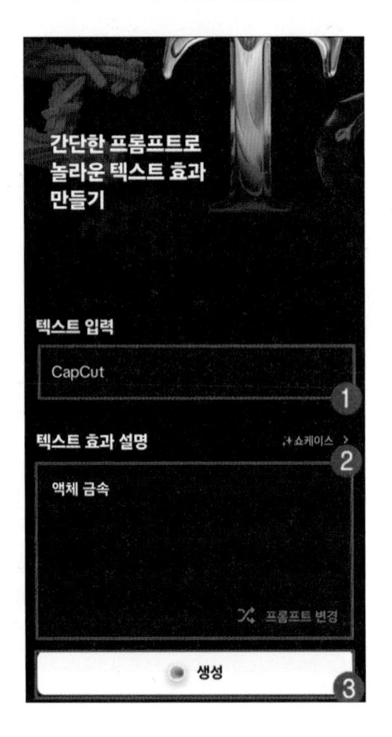

1 텍스트 입력란에 원하는 ①텍스트를 입력하고 [**텍스트 효과 설명**]에 자세한 프롬프트를 작성하여 ③[**생성**]합니다. 2 완성본을 확인하고 마음에 들면 [**추가**]를 터치합니다. 3 편집도구를 이용하여 텍스트 템플릿의 크기와 위치를 조절하여 사용합니다.

템플릿으로 영상 만들기

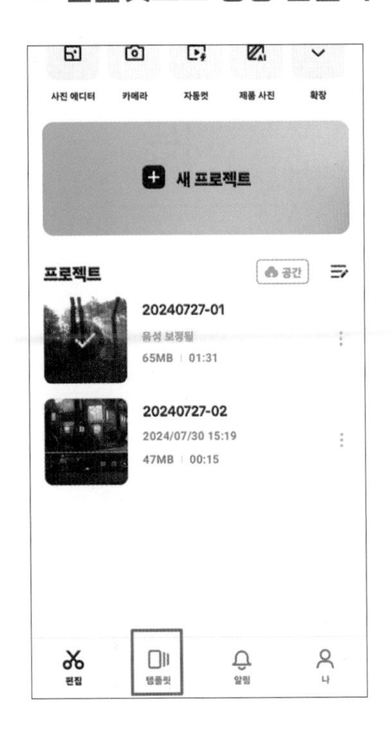

1 [**템플릿**]이란 미리 디자인된 옷을 입는 것처럼, 영상 편집에 필요한 기본적인 구성과 스타일이 미리 설정되어 있는 것을 말합니다. 직접 하나씩 설정해야 하는 부분들을 대신 해주어, 누구나 쉽고 빠르게 고퀄리티의 영상을 만들 수 있도록 도와주는 도구입니다. [**템플릿**]을 터치합니다.

2 ①템플릿을 [**검색창**]과 ②[**카테고리**]별로 검색할 수 있습니다. 원하는 템플릿을 터치합니다.

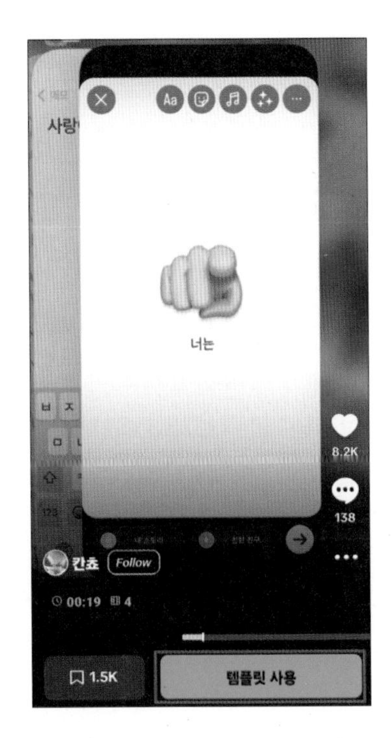

1 [**템플릿 사용**]을 터치합니다. 2 ①[**동영상**]이나 [**사진**]에서 선택하시고 ②사진과 영상이 모두 선택되면 ③[**다음**]을 터치합니다. 3 [**오디오**]를 변경할 수 있습니다.

● AI 목소리

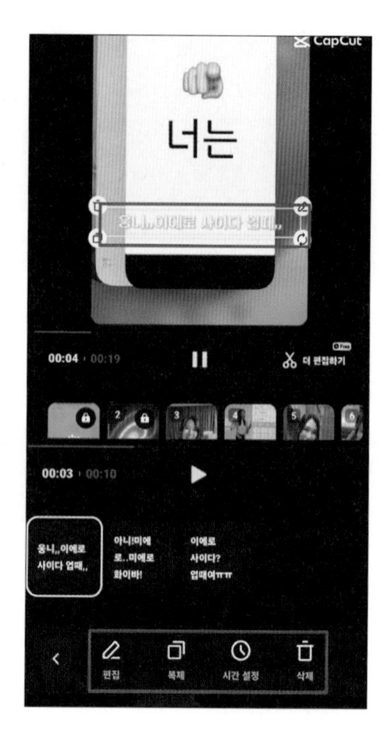

1 [**오디오**]를 터치하면 다른 음악들이 나옵니다. ①[**오디오 추출**]은 내 스마트폰에 있는 동영상에서 오디오를 추출하여 템플릿에서 사용하는 것입니다. ②[**사운드 추가**]는 내 스마트폰에 저장된 음악에서 추가한다는 뜻입니다. ③은 캡컷에서 제공하는 음악들입니다. 원본 음악 대신 이렇게 바꾸어 쓸 수 있습니다.
2 텍스트를 바꿀 수 있는 템플릿은 [**T**]를 터치합니다. **3** [**편집**]을 눌러서 원하는 대로 편집합니다.

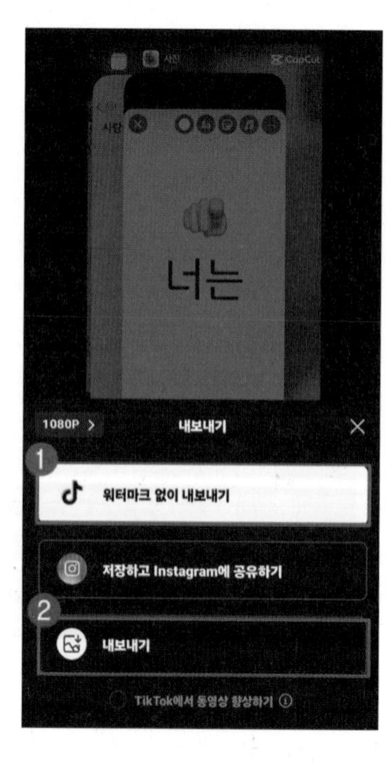

1 모두 완성하면 [**내보내기**] 버튼을 터치합니다.

2 ①[**워터마크 없이 내보내기**]를 터치하면 워터마크 없이 영상이 저장되는데, 대신 틱톡에 업로드하는 페이지로 연결됩니다. 거기서 이전 버튼을 터치하면 됩니다. ②[**워터마크**]가 있어도 된다면 ②[**내보내기**]를 터치하여 쉽게 영상을 만들 수 있습니다.

● CapCut 퀵패널

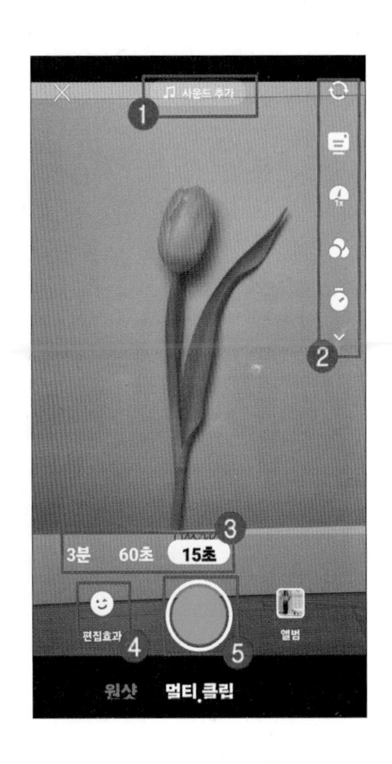

1 퀵패널에는 사람들이 많이 사용하는 기능들을 맨 위로 빼서 사용하기 편리하게 만들었습니다. ❶ [**사진 에디터**]는 사진 편집을 말합니다. 2 사진을 불러와서 여러 가지 편집 도구를 이용하게 편집하고 [**내보내기**] 할 수 있습니다. 3 ❷ [**카메라**]기능은 숏폼을 찍는 기능입니다. 터치하면 ①[**사운드추가**]를 할 수 있고, ②[**화면 전환**], [**프롬프터**], [**속도**], [**필터**], [**타이머**], [**플래시**], [**해상도**] 등을 조절할 수 있습니다. ③영상의 시간을 지정할 수 있으며, ⑤버튼을 터치하면 동영상이 찍힙니다. ④[**편집효과**]에는 숏폼에 어울리는 편집효과들이 있습니다. 터치합니다.

1 ①[**기법**]에는 셀프 동영상을 찍을때 사용되는 효과들이 나옵니다. ②하나를 선택하면 ③화면에 바로 적용됩니다. ④되돌리고 싶으면 ④를 터치합니다.

2 ①[**그린 스크린**] 효과 역시 셀프 동영상에 사용합니다. ②여러 가지 효과들을 터치하면 ③바로 화면에 적용됩니다.

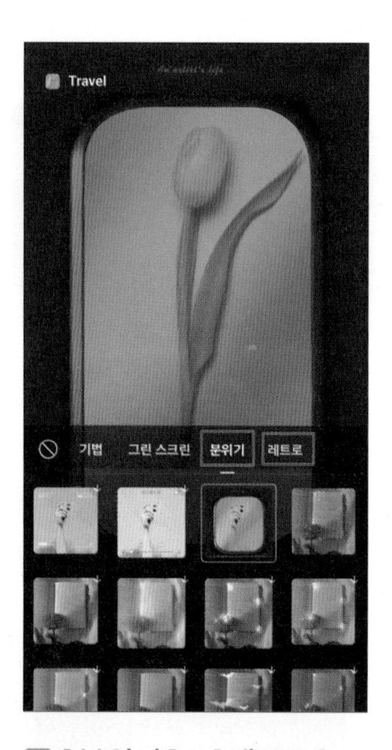

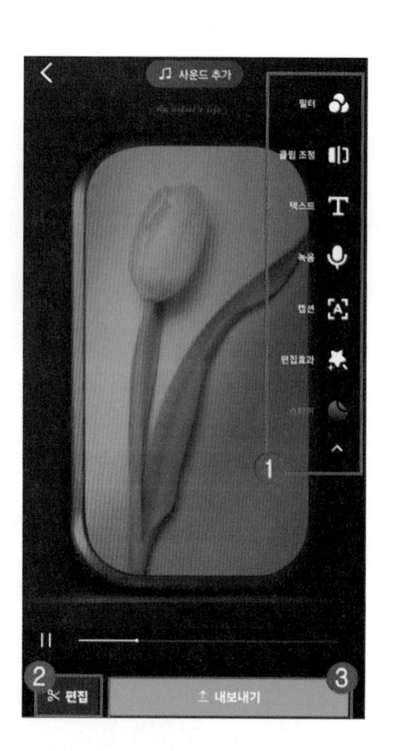

1 [**분위기**]와 [**레트로**]에는 분위기 좋은 효과가 많이 있습니다. 2 마음에 드는 효과를 선택하고 영상을 찍으면 ①②를 통해 간단하게 편집할 수 있습니다. 편집이 끝나면 ③[**내보내기**]합니다. 3 ❸ [**자동컷**]기능은 긴 영상을 여러 개의 짧은 클립으로 자동으로 잘라주는 기능입니다. ①②를 통해 효과를 고르고 ③[**음악**]을 교체할 수 있습니다. 완성되면 ④[**내보내기**] 합니다.

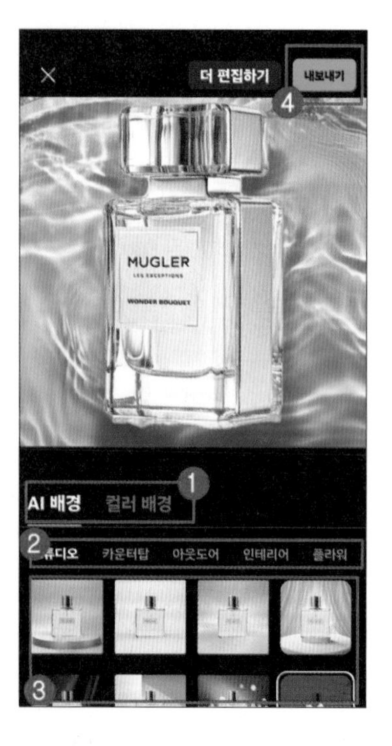

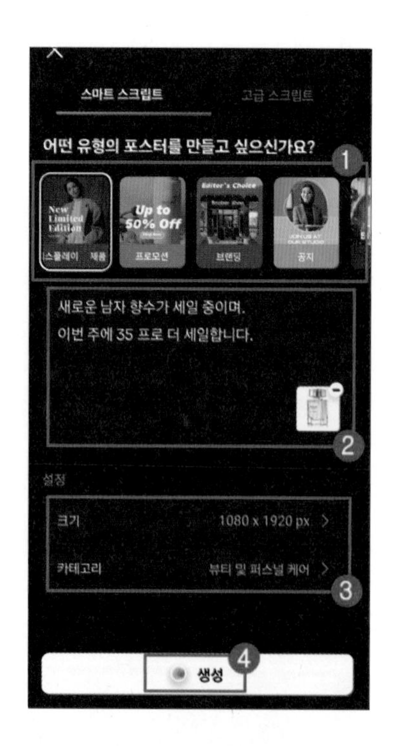

1 ❹ [**제품 사진**]은 제품 사진을 더욱 전문적이고 매력적으로 만들어 주는 기능입니다. ① [**AI 배경**] 터치 후 ②원하는 배경의 카테고리를 정한 다음 ③ 마음에 드는 배경을 선택합니다.
2 ❺ [**AI 포스터**]는 스크립트와 사진을 주면 그와 어울리는 포스터를 만들어 줍니다. 번호 순서대로 지정하거나 입력하고 [**생성**]을 터치합니다. 3 멋진 포스터가 완성되었습니다.

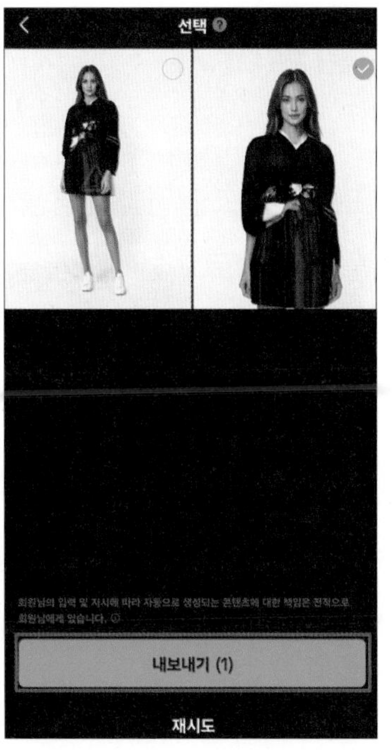

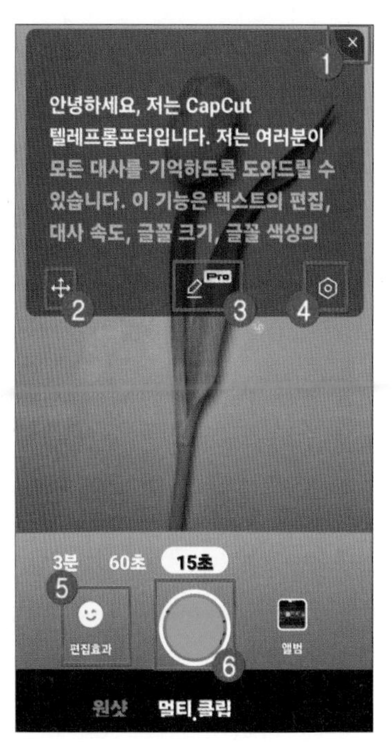

1 ❺[**AI 모델**]은 다양한 ①모델들을 선택하여 ②제품들을 ④매칭해 주면 되는데 ⑤+를 터치하여 내 갤러리에 있는 사람들 사진을 불러오면 그들이 입은 옷을 모델에게 입혀 볼 수 있습니다. 2 [**내보내기**]를 하면 사진이 저장됩니다. ❼ [**AI 편집효과**], ❽ [**텍스트-이미지**], ❾ [**보정**], ❿ [**자동 캡션**]은 앞에서 자세히 다루었습니다. 3 ⓫[**텔레프롬프터**]는 영상 촬영 시 스마트폰 모니터에 대본을 띄워 읽도록 하는 기능입니다. ①은 프롬프터 기능을 끄는 버튼입니다. ②는 프롬프터 상자를 움직이게 해줍니다. ③은 배본을 쓰는 버튼입니다. ④는 글자 크기나 글 올라가는 속도 등을 조절하는 설정입니다. ⑥[**촬영버튼**]을 터치하면 프롬프터가 작동합니다.

1 [**촬영버튼**]을 터치하면 화면이 이렇게 바뀌면서 프롬프터 화면에서 글자가 아래에서 위로 천천히 올라갑니다. 자연스럽게 글을 읽으면서 영상을 찍으면 됩니다.

2 ⓬[**배경 제거**]도 앞에서 자세히 다루었습니다. ⓭[**이미지 보정**]은 사진을 HD(고화질)로 바꿔줘서 더욱 선명하고 또렷한 이미지를 표현하게 만들어 줍니다. 사진을 고화질로 바꾸고 편집도 가능합니다.

13강 PC에서 캡컷 활용하기

● **캡컷(CapCut)**은 비디오 편집 도구로 쉽고 간편하게 영상을 편집하고 제작할 수 있습니다. AI를 활용한 고급 기능과 템플릿을 통해 빠르고 쉽게 고품질 비디오를 제작할 수 있으며, 모바일과 PC에서 모두 사용 가능합니다.

- 자르기, 자막 추가, 효과 적용, 배경 음악 삽입 등 다양한 직관적인 인터페이스를 제공합니다.
- AI를 활용한 이미지 및 스티커 생성, 자동 자막 생성 등의 고급 기능을 제공합니다.
- 다양한 템플릿을 통해 빠르고 쉽게 비디오를 제작할 수 있습니다.
- 회원 가입한 후 클라우드 공간을 통해서 작업한 프로젝트 파일을 백업 할 수 있으며, 무료 회원은 1GB 저장공간을 사용 할 수 있습니다.
- 다양한 템플릿을 제공하여 숏폼, 릴스, 틱톡 등 다양한 영상을 쉽게 제작할 수 있습니다.

● 캡컷 (Capcut) 다운로드

① PC에서 Google 홈페이지 접속 후 [캡컷]를 검색합니다. ② [Windows용 CapCut 다운로드]를 클릭합니다.

[무료로 다운로드]를 클릭합니다.

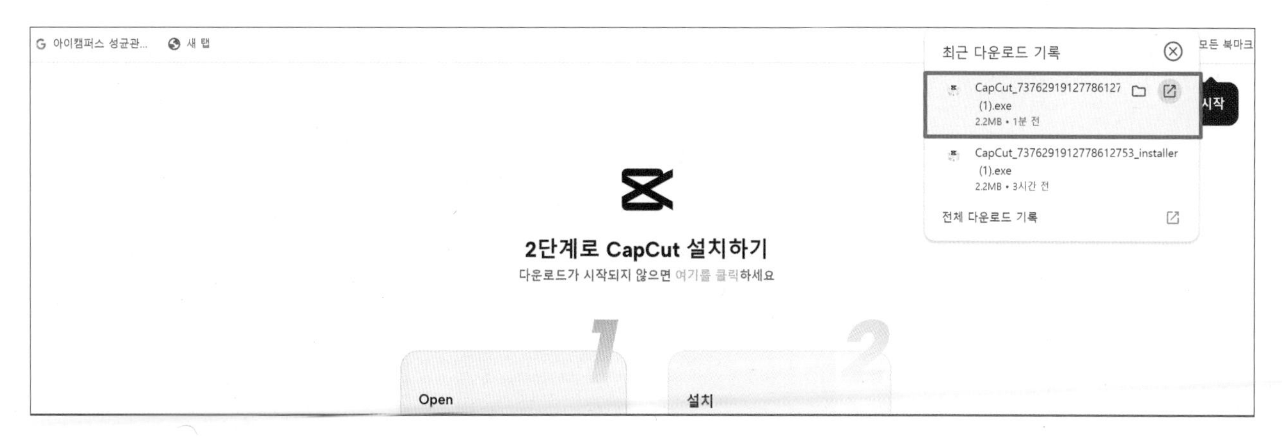

[**CapCut 파일**]을 다운로드 합니다.

다운로드한 파일을 실행하여 설치를 완료합니다.

① [**캡컷 아이콘**]을 클릭합니다. ② [**로그인**]을 클릭합니다. ③ 원하는 SNS 계정을 선택한 후 로그인을 진행합니다.

● 캡컷 (Capcut) – 설정

① [**로그인**]을 클릭합니다. ② [**버전**] 캡컷 업데이트를 할 수 있습니다. ③ [**설정 아이콘**]을 클릭합니다. ④ [**설정**]을 클릭합니다.

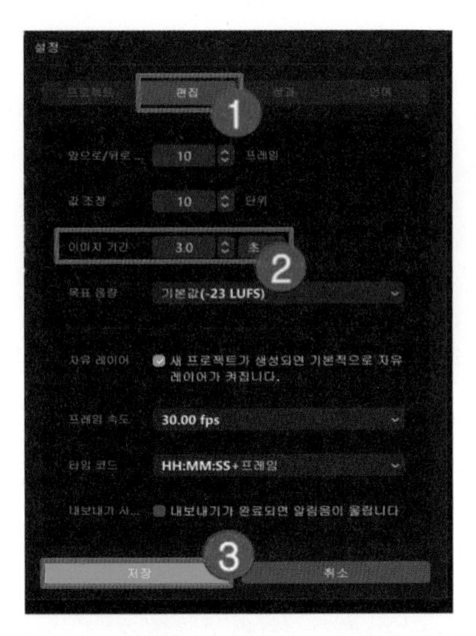

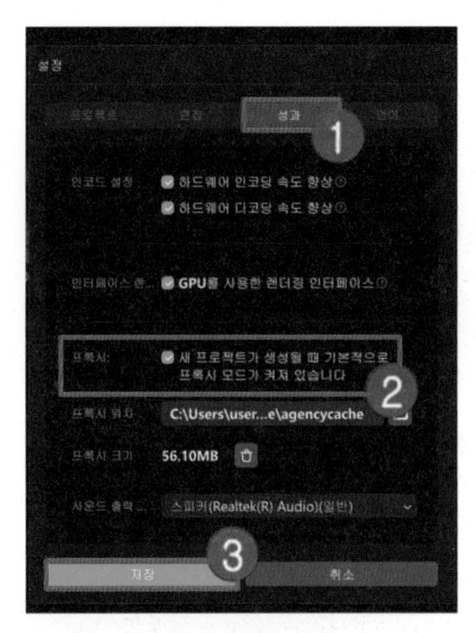

1 ① [**편집**]을 클릭합니다. ② [**이미지 기간**] 한 장의 사진이 나오는 길이(시간)를 수정하면 됩니다. ③ [**저장**]을 클릭합니다.

2 ① [**성과**]를 클릭합니다. ② [**프록시**] 용량이 큰 영상 고화질 영상을 편집할 때 영상 미리보기 혹은 편집 시 속도가 저하되는 것을 감소시켜줍니다. ③ [**저장**]을 클릭합니다.

3 ① [**언어**]를 클릭합니다. ② [**한국어**]를 클릭합니다. ③ [**저장**]을 클릭합니다.

● 캡컷 (Capcut) – 기본 화면 구성

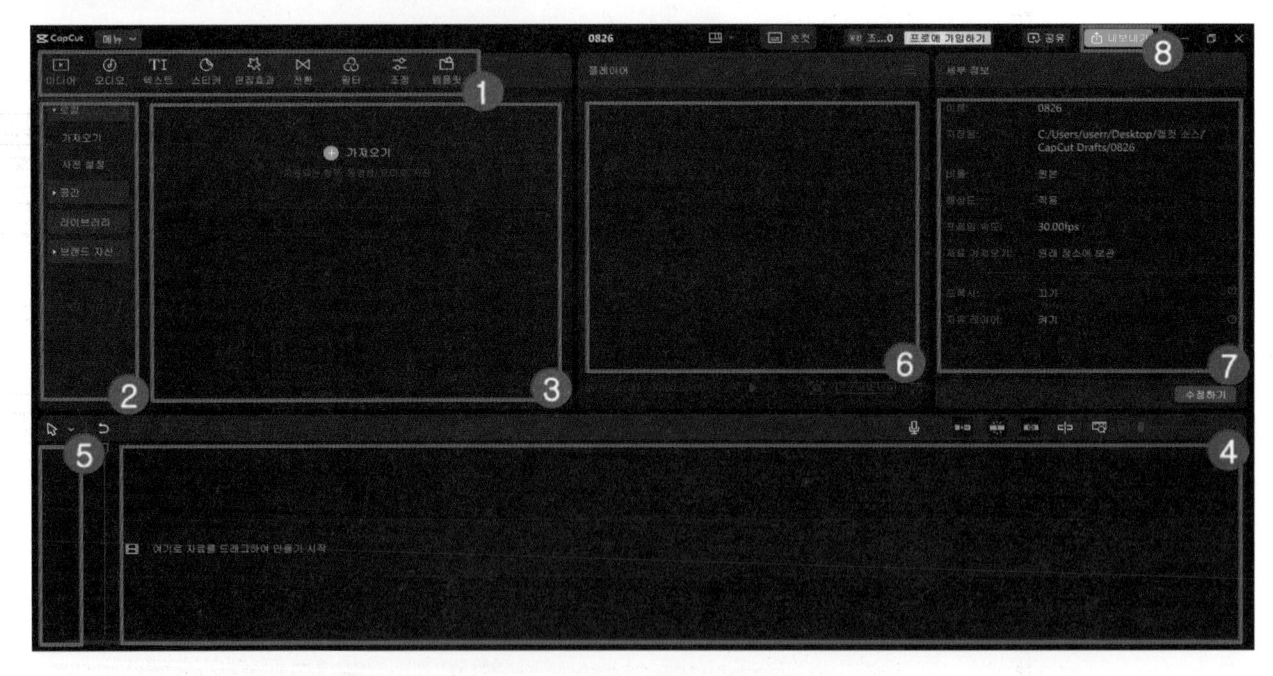

① 메뉴 탭으로 편집에 사용할 동영상 미디어 오디오 파일 등을 추가하고 관리할 수 있습니다.

② 메뉴의 상세보기를 할 수 있는 상세 탭입니다.

③ [**가져오기**] : 사진 동영상 오디오를 가져다 놓는 부분입니다.

④ [**타임라인**] : 실제 편집을 하는 부분입니다.

⑤ 타임라인의 요소를 바꿀 수 있는 부분입니다.

⑥ [**플레이어**] : 편집하는 영상이 보이는 플레이어 영역입니다.

⑦ [**세부정보**] : 각종 효과를 적용해 주는 부분입니다.

⑧ [**내보내기**] : 영상 편집 후 비디오 및 프로젝트 저장 공유 할 수 있습니다.

● 캡컷 (Capcut) - 기본 화면 구성

① [**비율**] : 원하는 비율을 선택합니다.

② [**플레이어 헤드**] : 재생헤드라고도 하며 분할, 오디오 글자 삽입 등 편집 작업의 기준선으로, 미리보기 화면에 나타납니다.

③ [**실행 취소**] : 바로 직전에 작업한 것을 취소합니다.

④ [**분할**] : 위치에 있는 플레이어 헤드 기준으로 분할합니다.

⑤ [**왼쪽 삭제**] : 위치에 있는 플레이어 헤드 기준으로 왼쪽 부분이 삭제됩니다.

⑥ [**오른쪽 삭제**] : 위치에 있는 플레이어 헤드 기준으로 오른쪽 부분이 삭제됩니다.

⑦ [**삭제**] : 원하는 영상을 선택 후 클릭하면 삭제됩니다.

⑧ [**미러링**] : 사진이나 영상의 좌우가 바뀝니다.

⑨ [**회전**] : 영상을 회전할 때 사용합니다.

⑩ [**비율조정**] : 사진이나 영상의 일부분을 자를 수 있습니다.

⑪ [**재생**] : 영상이 재생됩니다.

⑫ 사진이나 영상의 길이를 축소 하거나 확대할 수 있습니다.

1 ① [**프로젝트**]는 기존 작업 내역이 저장되는 곳으로 중단했던 영상을 이어서 편집할 수 있습니다. ② [**점 3개**]를 클릭합니다. **2** ① 업로드 이름 변경 복제 삭제를 할 수 있습니다. ② [**새 프로젝트**]를 클릭합니다.

● 사진 영상 불러오기

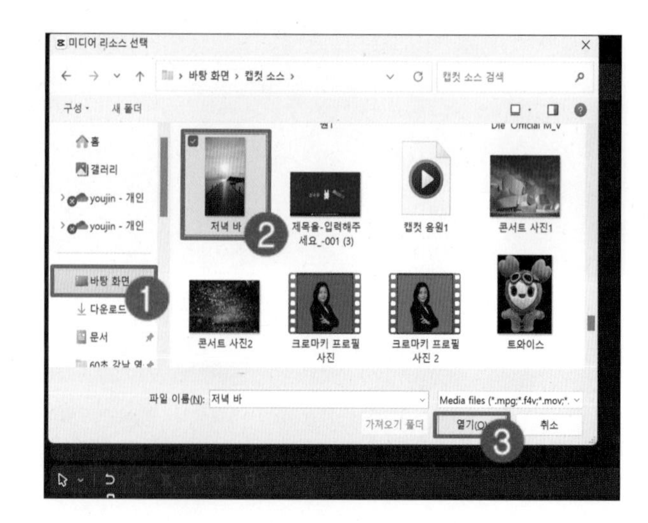

1 ① [**미디어**]를 클릭합니다. ② [**가져오기**]를 클릭합니다.

2 ① [**바탕화면**] 내 PC 위치를 선택합니다. ② [**파일**]을 클릭합니다. ③ [**열기**]를 클릭합니다.

① [**가져오기**]를 클릭합니다. ② [+] 트랙에 추가를 클릭합니다. ③ 사진이 추가됩니다.

④ [**가로세로 비율**]을 클릭합니다. ⑤ [**비율**]을 선택합니다.

● 컷 편집

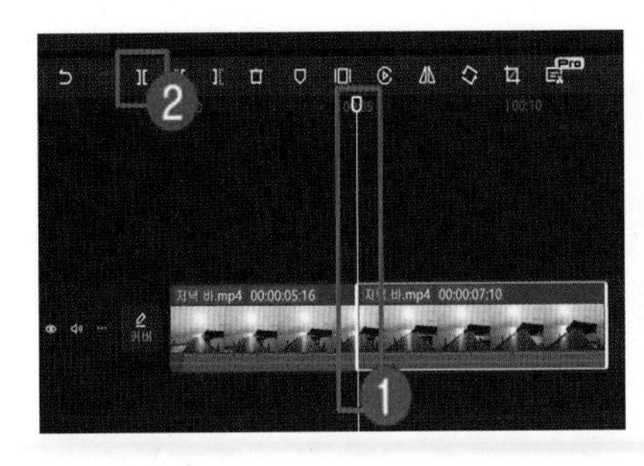

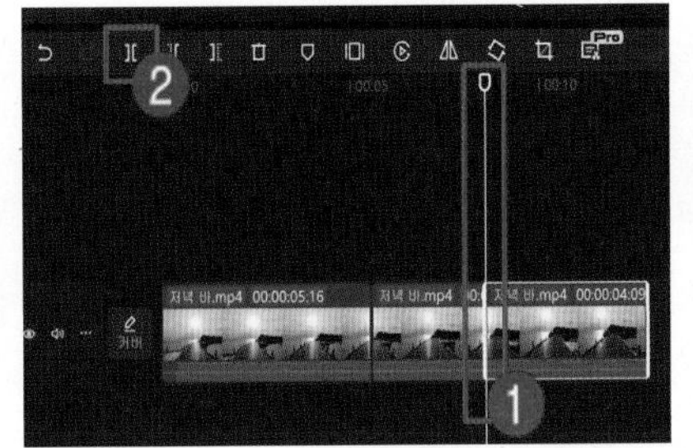

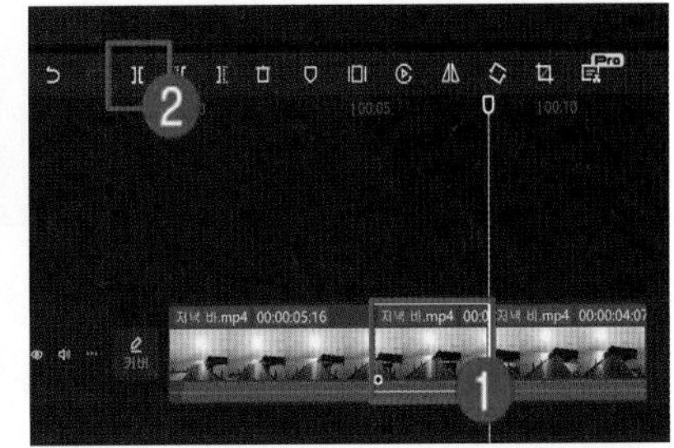

1 ① 분할할 위치에 플레이헤드를 이동시킵니다. ② [**분할**]을 클릭합니다.

2 ① 분할할 위치에 플레이헤드를 이동시킵니다. ② [**분할**]을 클릭합니다.

3 ① 삭제할 영상을 선택합니다. ② [**분할**]을 클릭합니다.

● 사진 추가

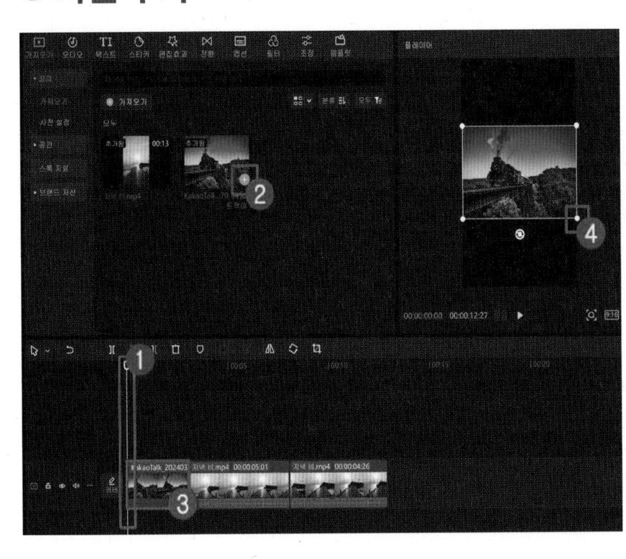

1 ① 타임라인 내 사진을 추가할 위치에 플레이헤드를 이동시킵니다. ② [+]트랙에 추가를 클릭합니다.
③ 사진이 추가됩니다. ④ 9:16 비율에 맞도록 사진 사이즈 조정해 줍니다.

2 사진을 확인합니다.

● 장면 전환

① [**장면 전환**]을 클릭합니다. ② [**밀기**]를 클릭합니다. ③ [+] 원하는 장면 전환을 선택합니다.
④ 영상 사이에 장면 전환이 적용된 것을 확인합니다. ⑤ [**전체 적용**]을 클릭합니다.
⑥ 전체 적용된 것을 확인합니다. ⑦ [**전환 효과 시간**]을 조절할 수 있습니다. ⑧ 적용된 장면 전환을 미리 보기 화면에서 확인할 수 있습니다.

Memo

● 텍스트 추가

① 타임라인의 텍스트 추가 위치에 플레이헤드를 이동시킵니다. ② [**텍스트**]를 클릭합니다. ③ [+] 기본 텍스트를 클릭합니다. ④ 타임라인의 텍스트 생성을 확인합니다. ⑤ [**기본**]을 클릭합니다. ⑥ [**텍스트**]를 입력합니다. ⑦ 미리 보기 화면에서 텍스트 위치 사이즈 등을 확인합니다.

● 텍스트 편집

① [**텍스트**]를 클릭합니다. ② [**편집 효과**]를 클릭합니다. ③ [**텍스트 효과**]를 선택합니다. ④ 텍스트를 입력합니다.

● 텍스트 애니메이션

1 ① [**애니메이션**]를 클릭합니다. ② [**인**]를 클릭합니다. ③ 애니메이션 하나를 선택합니다.
④ [**텍스트 애니메이션 인 길이(시간)**]를 선택합니다.

2 ① [**애니메이션**]를 클릭합니다. ② [**아웃**]을 클릭합니다. ③ 애니메이션 하나를 선택합니다.
④ [**텍스트 애니메이션 아웃 길이(시간)**]를 선택합니다.

● 스티커

① 타임라인의 스티커 추가 위치에 플레이헤드를 이동시킵니다. ② [**스티커**]를 클릭합니다.
③ [**여름**]을 클릭합니다. ④ 스티커 하나를 선택합니다. ⑤ [**확대**] 스티커 크기를 조절합니다.
⑥ 타임라인의 스티커 길이 위치를 확인합니다.

● 키 프레임

1 ① 타임라인의 키 프레임 시작점에 플레이헤드를 이동시킵니다. ② [**기본**]을 클릭합니다. ③ [**키 프레임**]을 클릭합니다. ④ 영상 위치를 선택합니다. 2 ① 타임라인의 키 프레임 시작점에 플레이헤드를 이동시킵니다. ② [**기본**]을 클릭합니다. ③ [**키 프레임**]을 클릭합니다. ④ 영상 이동 한 후 위치를 선택합니다. 3 ① 타임라인의 키 프레임 시작점에 플레이헤드를 이동시킵니다. ② [**기본**]을 클릭합니다. ③ [**키 프레임**]을 클릭합니다. ④ 영상 이동 한 후 위치를 선택합니다. ⑤ 영상을 플레이하면서 키프레임의 효과를 적용합니다.

● 오디오 - 사운드 편집

① 타임라인의 오디오 시작점에 플레이헤드를 이동시킵니다. ② [**오디오**]를 클릭합니다. ③ [**음악**]을 클릭합니다. ④ [**여름**]을 클릭합니다. ⑤ [**음악**]을 선택합니다. ⑥ 음악을 미리 듣기 합니다. ⑦ [**즐겨찾기**]는 음악을 즐겨찾기에 추가할 수 있습니다. ⑧ [+]를 음악을 클릭합니다. ⑨ 타임라인의 음악이 적용됩니다.

① 타임라인의 오디오 분할 위치에 플레이헤드를 이동시킵니다. ② [**오른쪽 삭제**]를 클릭합니다. ③ [**음악**]을 클릭합니다. ④ [**기본**]를 클릭합니다. ⑤ [**볼륨**]은 음악의 볼륨을 조정합니다. ⑥ [**페이드 인**]은 오디오 천천히 시작할 시간을 조절합니다. ⑦ [**페이드 아웃**]은 오디오 천천히 끝나는 시간을 조절합니다.

● 음량 노멀라이즈

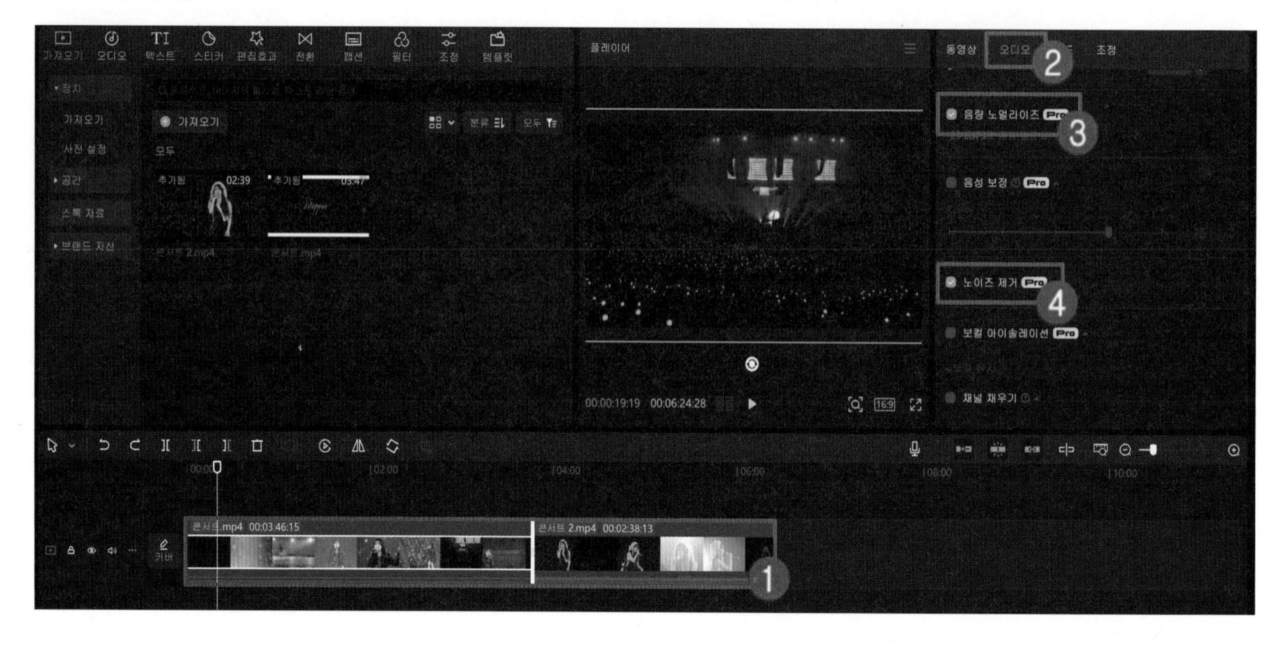

① 2개의 영상을 마우스로 드래그합니다. ② [**오디오**]를 클릭합니다. ③ [**음량 노멀라이즈**] 음성을 평균적 소리로 뚜렷하게 적용됩니다. ④ [**노이즈 제거**] 백색 소음을 줄여줍니다.

● 필터 추가

1 ① 타임라인의 필터 시작점에 플레이헤드를 이동시킵니다. ② [**동영상**]을 클릭합니다. ③ [**필터**]를 클릭합니다. ④ [**필터**]를 클릭합니다. ⑤ [**인물**]을 클릭합니다. ⑥ [**크리스탈 클리어**]를 클릭합니다.
2 ① 타임라인의 [**크리스탈 클리어**] 필터 길이(시간)]를 조정합니다. ② [**채도**]를 조정합니다. ③ 플레이어(미리 보기) 화면에서 필터 적용을 확인합니다.

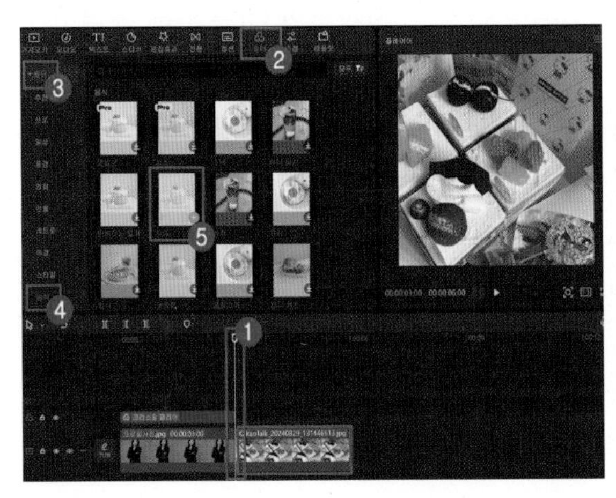

1 ① 타임라인의 필터 시작점에 플레이헤드를 이동시킵니다. ② [**동영상**]을 클릭합니다. ③ [**필터**]를 클릭합니다. ④ [**필터**]를 클릭합니다. ⑤ [**음식**]을 클릭합니다. ⑥ [**우유**]를 클릭합니다. **2** ① 타임라인의 [**우유**] 필터 길이(시간)을 조정합니다. ② [**채도**]를 조정합니다. ③ 플레이어(미리보기) 화면에서 필터 적용을 확인합니다.

● 내보내기

1 ① [**커버**]를 클릭합니다. ② [**편집**]을 클릭합니다. ② [**텍스트**]를 클릭합니다.
2 ① [**저장**]을 클릭합니다. ② [**내보내기**]를 클릭합니다.
3 ① [**이름**]에 동영상 제목울 입력합니다. ② [**내보내기**]를 클릭하여 동영상 저장 경로를 확인합니다.

14강 영상 자막 전문가보다 더 빠르고 쉽게 작업하기

PC 버전

문서 편집처럼 쉽고 빠른 AI 영상 편집 - Vrew

● [브루 (Vrew ai)] 앱의 특징

인공지능을 활용한 영상 편집 도구로, 자동 편집, 텍스트 기반 편집, 자동 자막 생성 등의 기능을 제공하여 쉽고 간편하게 영상을 편집할 수 있습니다.

- AI 기반의 영상 편집 프로그램으로, 사용자가 문서 편집하듯이 쉽게 영상을 편집할 수 있도록 도와줍니다.
- 음성을 텍스트로 변환하여 자동으로 자막을 생성하고, 다양한 AI 목소리를 제공하여 직접 녹음 없이도 영상을 제작할 수 있습니다.
- 텍스트를 입력하면 해당 텍스트에 맞게 영상 클립을 자동으로 배치하거나 텍스트 오버레이를 삽입하는 기능을 제공합니다.
- 대본을 입력하면 AI가 자동으로 영상을 만들어 주는 기능도 있으며, 직관적인 UI를 통해 빠르고 쉽게 컷 편집이 가능합니다.
- 다양한 템플릿을 제공하여 쇼츠 영상이나 번역 자막 등 다양한 형태의 영상을 쉽게 제작할 수 있습니다.

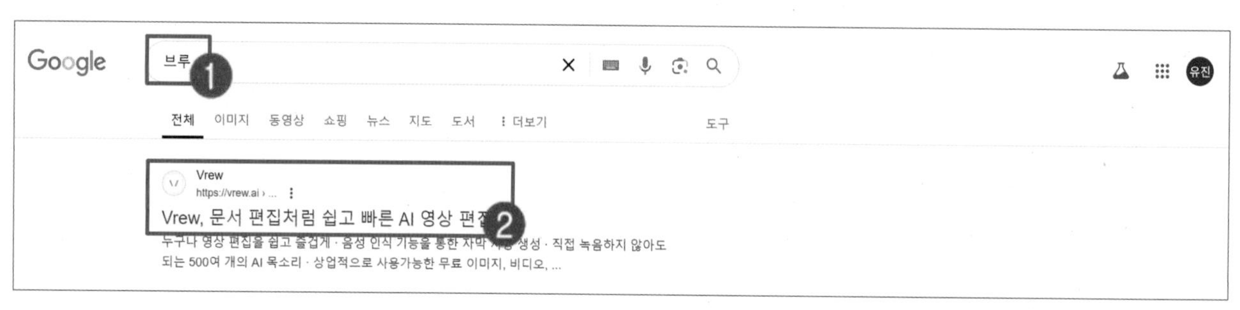

① PC접속 후 Google 홈페이지에서 [브루]를 검색합니다. ② [vrew ai]를 클릭합니다.

● 브루 (Vrew ai) - 다운로드

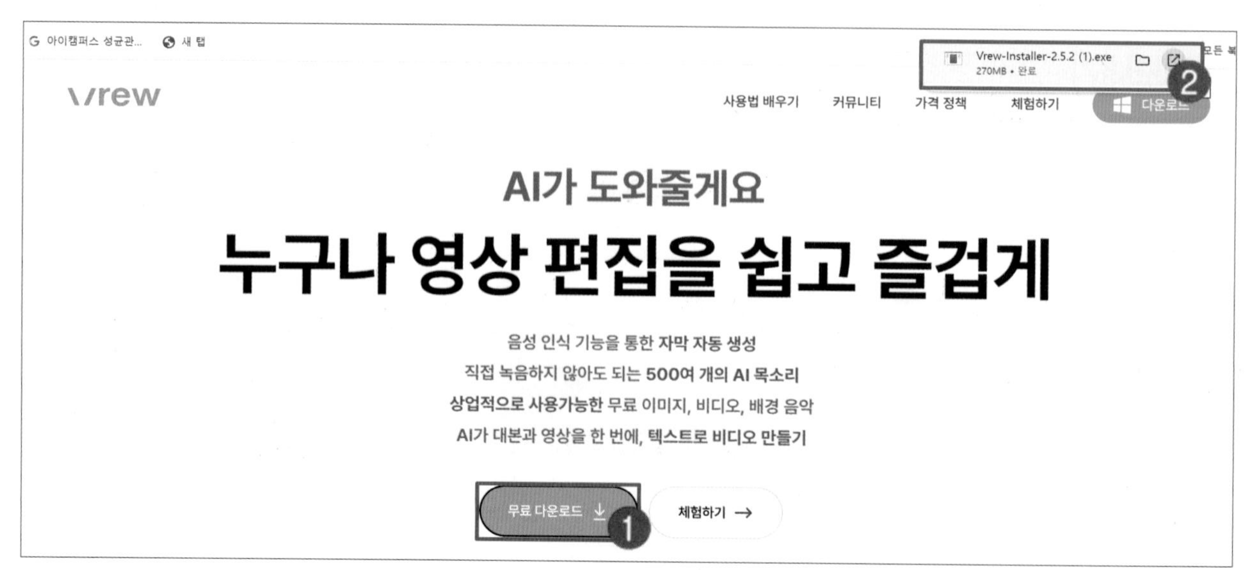

① [무료 다운로드]를 클릭합니다. ② 다운로드 완료 후 [Vrew-Installer-2.5.2.exe]를 클릭합니다.

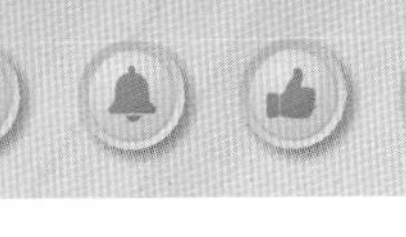

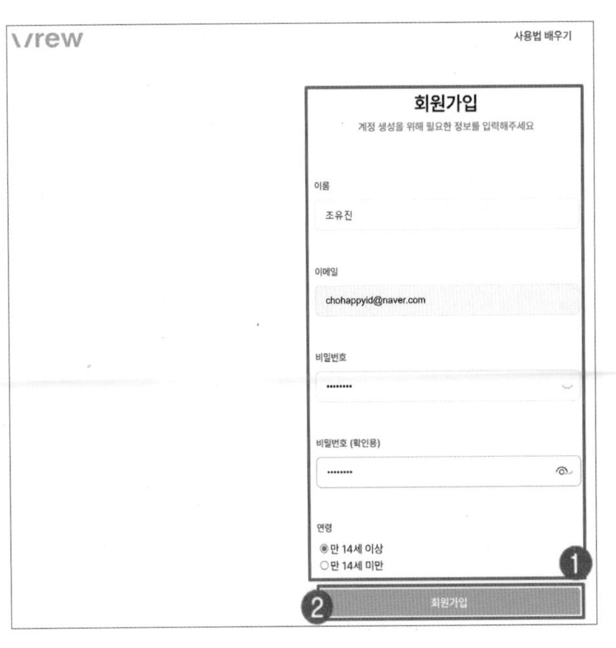

① [내 브루]를 클릭합니다. ② [회원가입]을 클릭합니다.

① 회원가입을 위해 필요한 정보를 입력합니다. ② [회원가입]을 클릭합니다.

● 브루 (Vrew ai) - 영상 불러오기

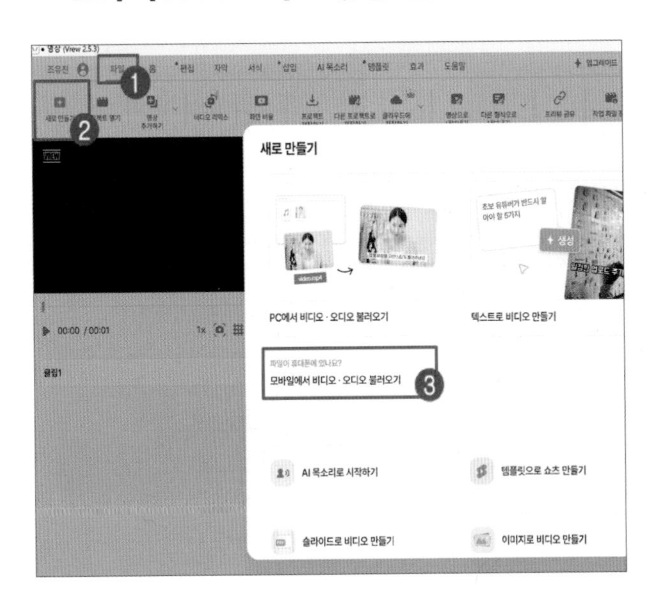

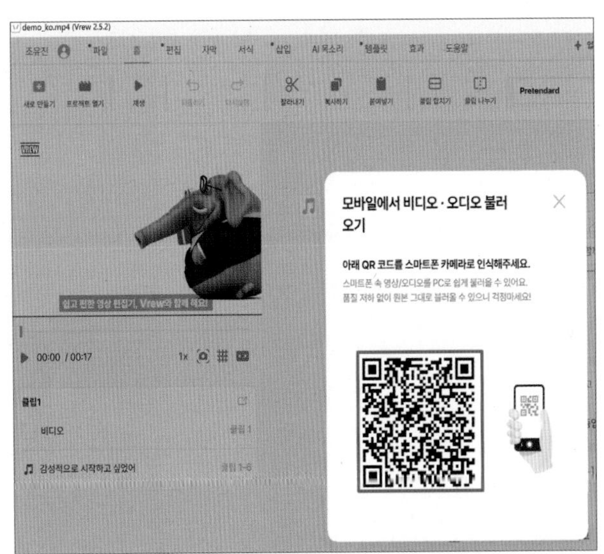

1 ① [파일]을 클릭합니다. ② [새로 만들기]를 클릭합니다. ③ [모바일에서 비디오 · 오디오 불러오기]를 클릭합니다.

2 ① 컴퓨터와 핸드폰을 연결해 주는 [QR 코드]를 스마트폰 카메라로 인식합니다.

● 모바일에서 비디오 · 오디오 불러오기

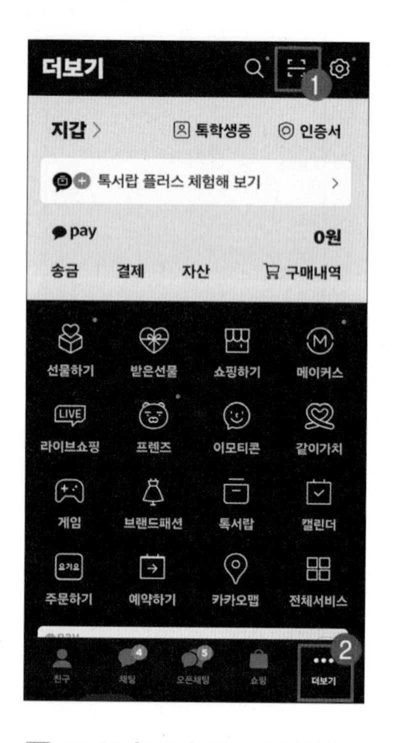

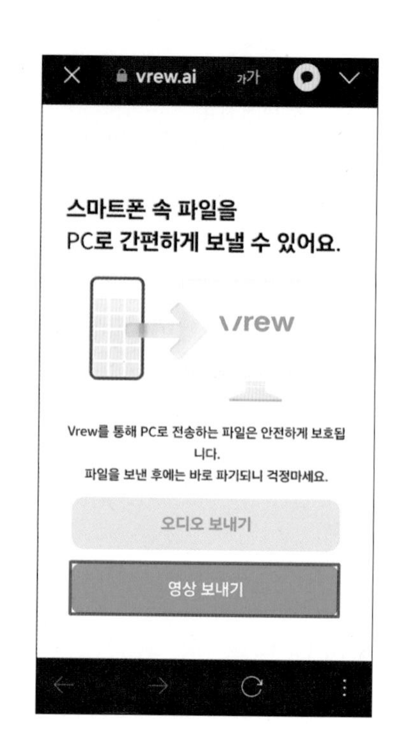

1 ① [더보기]를 터치합니다. ② [QR 코드 스캔]을 터치합니다.
2 [웹 브라우저로 열기]를 터치합니다.
3 [영상 보내기]를 터치합니다

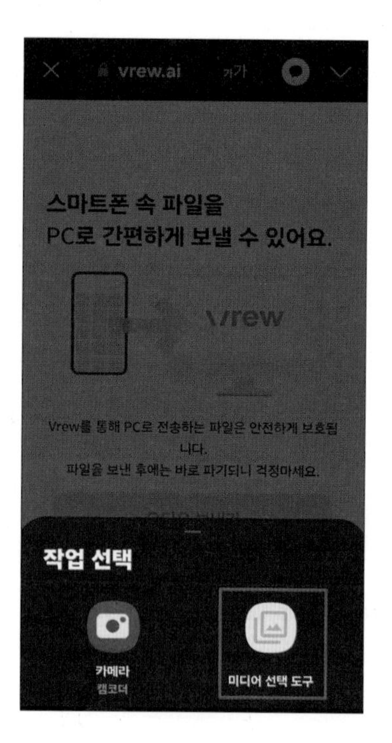

1 [미디어 선택 도구]를 터치합니다.
2 ① [동영상]을 터치합니다. ② [한 개의 동영상]을 선택합니다. ③ [추가(1)]를 터치합니다.
3 파일을 PC로 보내고 있습니다.

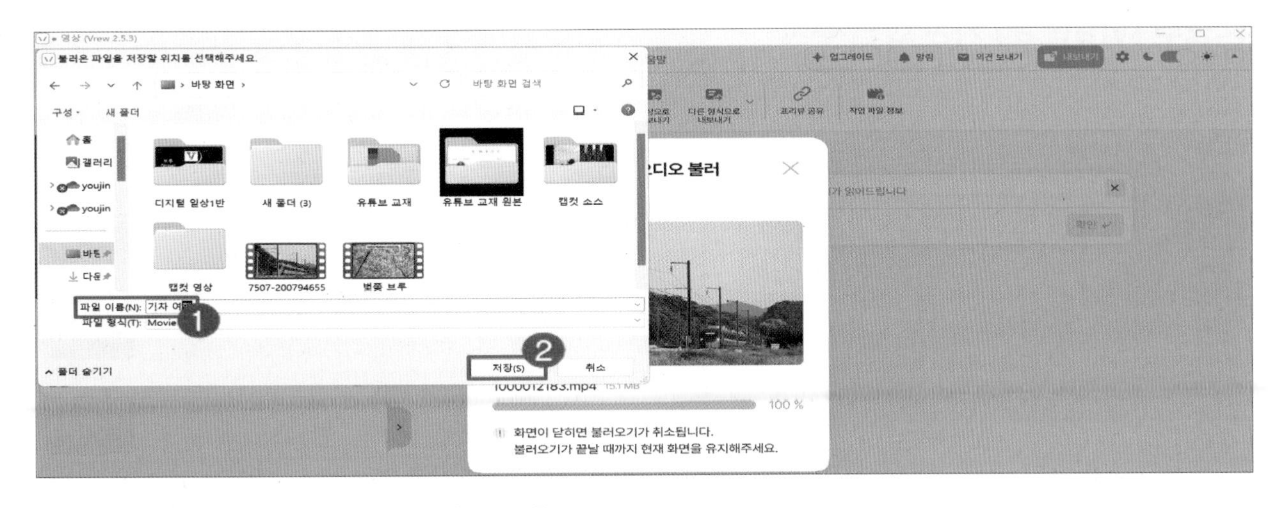

① [파일 이름]을 입력합니다. ② [저장]을 클릭합니다.

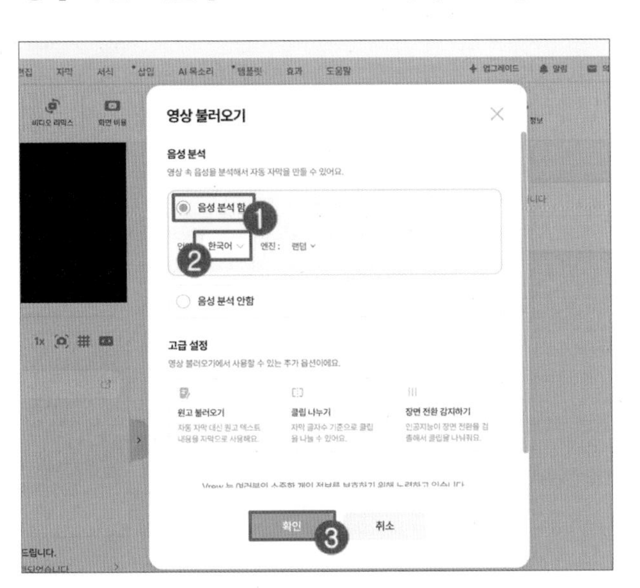

1 ① [음성 분석함]을 클릭합니다. ② [한국어]를 선택합니다. ③ [확인]을 클릭합니다.

2 ① [문장 추출을 의뢰하고 있습니다]라는 문구가 나오는데, AI가 영상을 편집하고 자막을 작성해 줍니다.

AI를 활용하여 편집하고, 자막이 작성된 영상 결과물을 확인합니다.

● 브루 (Vrew ai) 기본 화면 구성

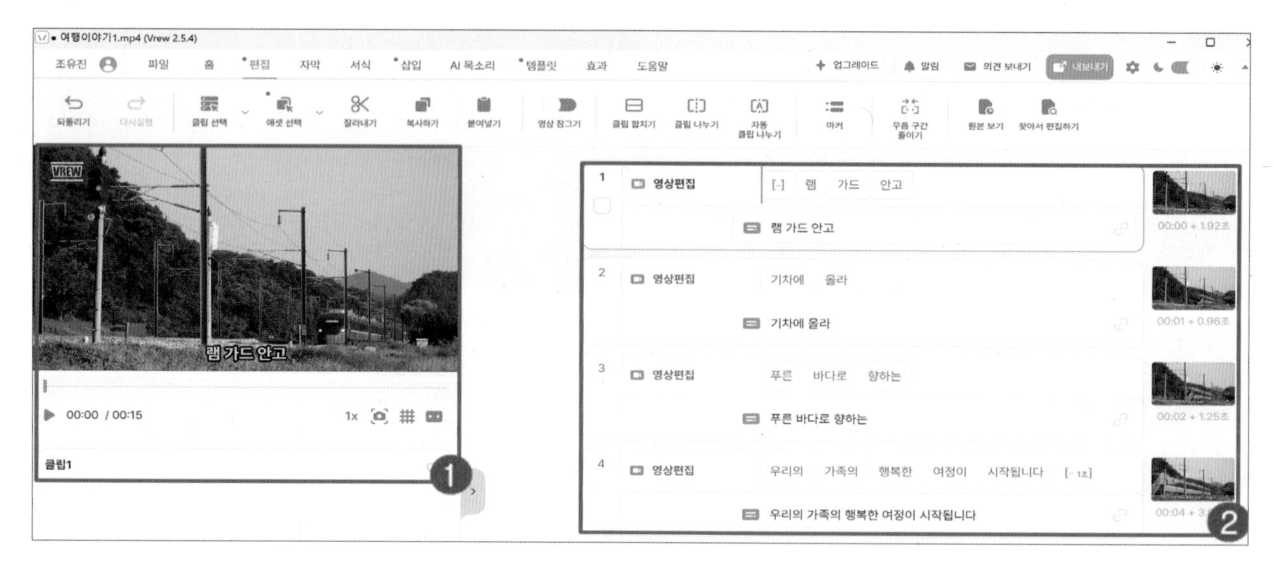

① [**미리보기 화면**] 편집한 화면이 보이는 공간입니다. ② [**타임라인**] 영상, 자막을 편집할 수 있는 공간입니다.

① [**클립**] 영상편집, 자막 편집 두 부분으로 구성되어 있습니다. ② [**영상편집**] 영상을 편집할 수 있습니다. ③ [**자막편집**] 자막의 맞춤법, 줄바꿈을 할 수 있습니다.

● 화면 비율

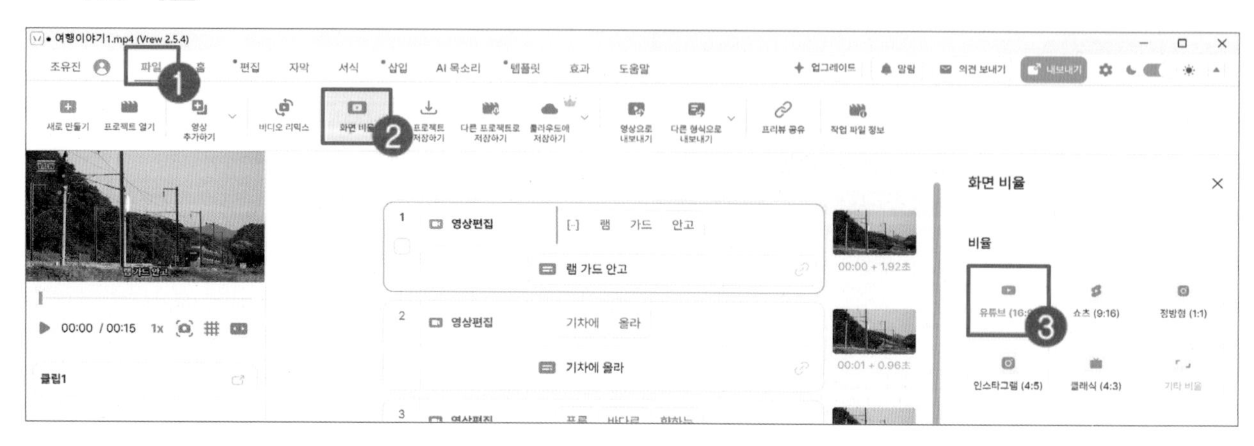

① [**파일**]을 클릭합니다. ② [**화면 비율**]을 클릭합니다. ③ [**유튜브(16:9)**]를 클릭합니다.

● 자막 수정

① [자막편집]에서 문장 추출된 맞춤법, 오타를 확인합니다. ②[미리보기 화면]에서 자막의 맞춤법, 오타를 확인합니다.

① [자막편집]에서 문장 추출된 맞춤법, 오타를 수정합니다. ② [미리보기 화면]에서 자막의 수정된 맞춤법, 오타를 확인합니다

● 클립 합치기

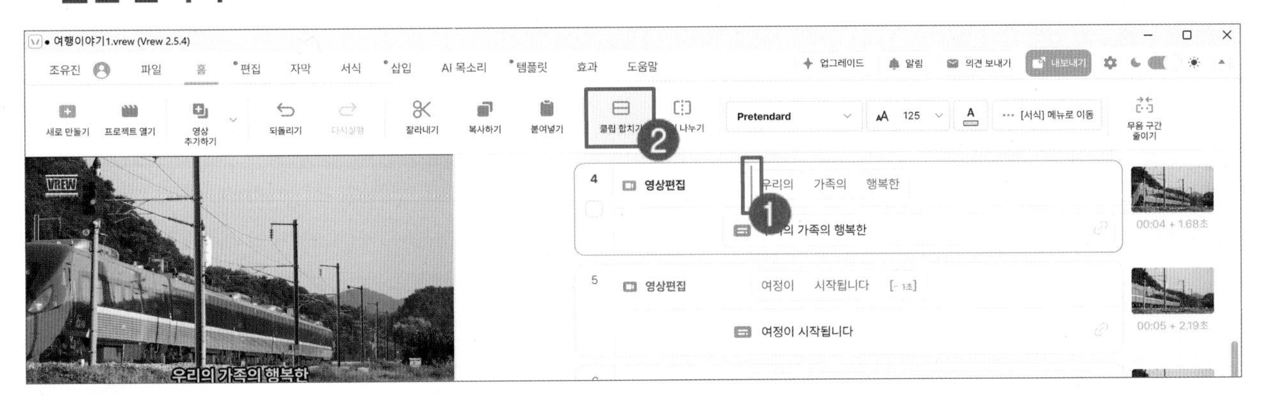

① [맨 앞에 커서]를 위치합니다 ② [클립 합치기]를 클릭합니다

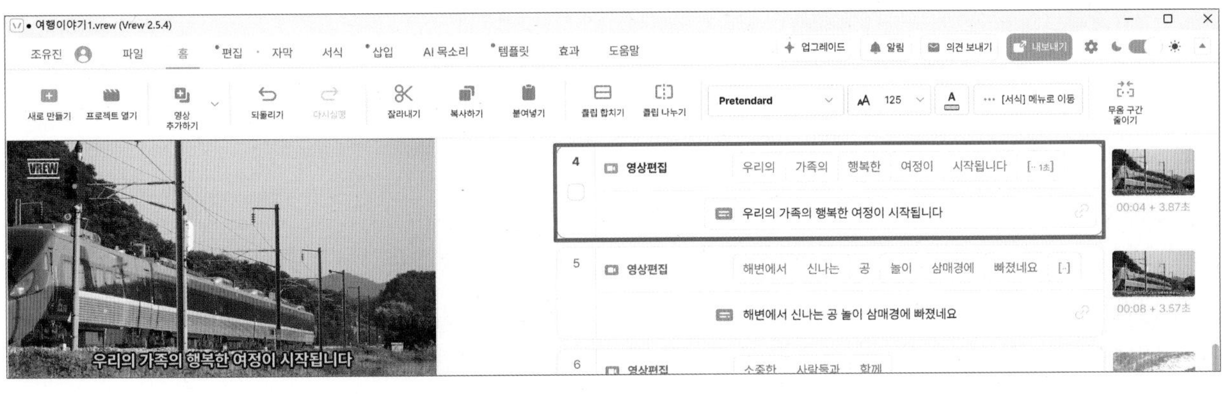

[클립 합치기]를 클릭하면 2개의 클립이 하나로 합쳐집니다.

● 클립 나누기

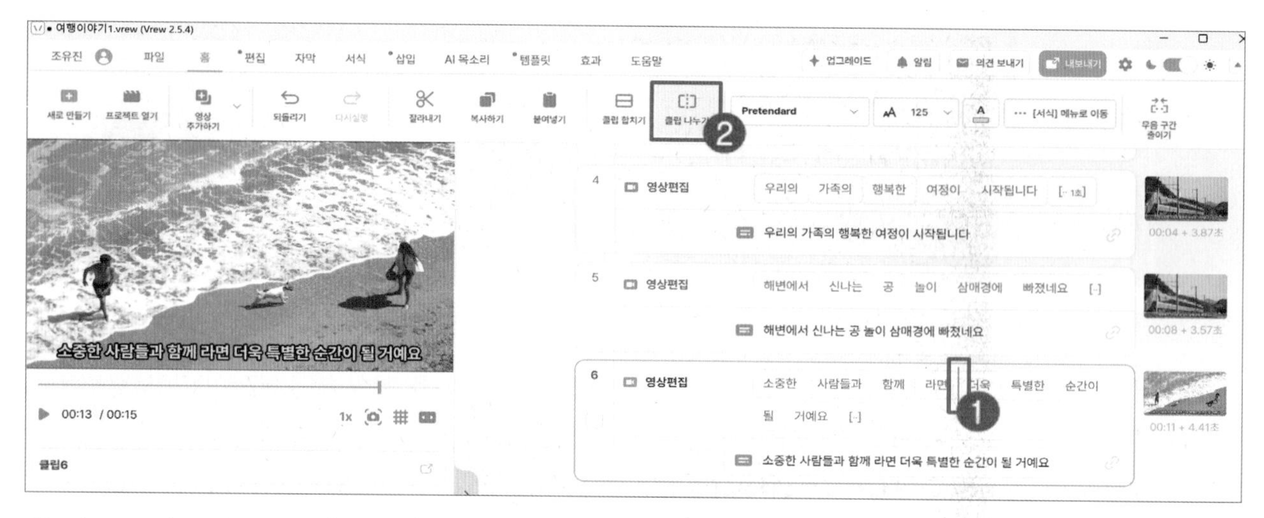

① 나누고 싶은 단어 앞에 [**커서**]를 위치 시킵니다. ② [**클립 나누기**]를 클릭합니다.

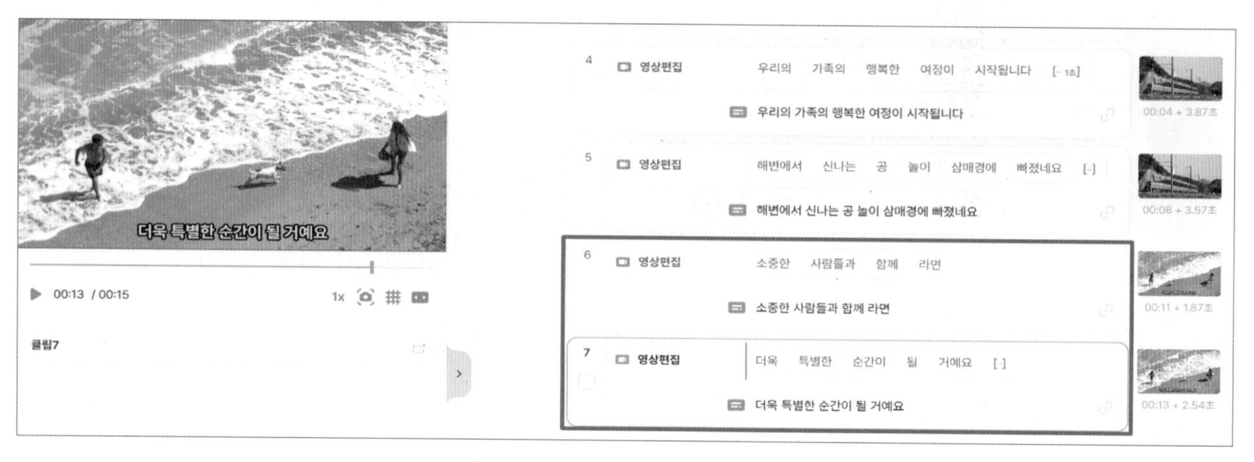

[**클립 나누기**]를 클릭하면 1개의 클립이 두 개로 나누어집니다.

● 기본 텍스트 추가

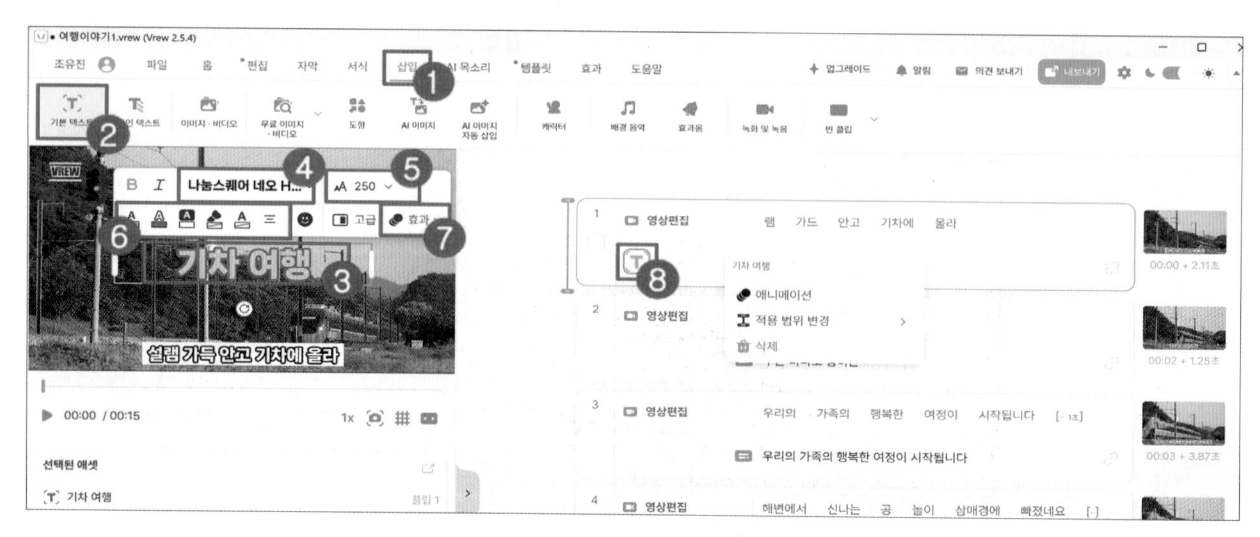

① [**삽입**]을 클릭합니다. ② [**기본 텍스트**]를 클릭합니다. ③ [**텍스트**]를 입력합니다.
④ [**글꼴**]을 선택합니다. ⑤ [**텍스트 사이즈**]를 선택합니다. ⑥ 텍스트의 색상 획(윤곽선) 배경 색상을 직접 선택할 수 있습니다. ⑦ [**효과**]에서 애니메이션을 선택할 수 있습니다.
⑧ [T]에서 추가된 텍스트를 확인할 수 있습니다.

● 자막 꾸미기

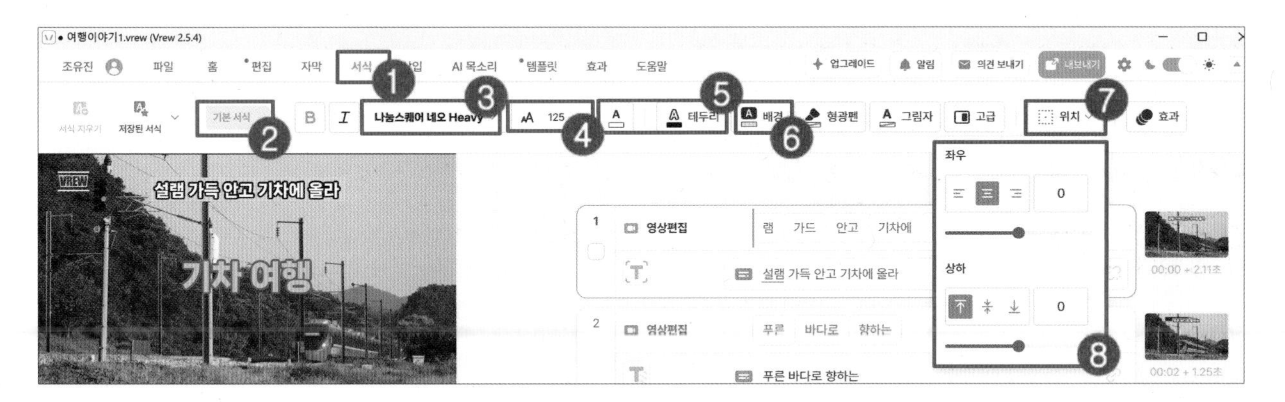

① [서식]을 클릭합니다. ② 기본 서식은 전체 클립에 적용됩니다. ③ [글꼴]을 선택 합니다. ④ [텍스트 사이즈]를 선택합니다. ⑤ 텍스트의 색상 획(윤곽선)를 직접 선택할 수 있습니다.
⑥ 배경 색상을 직접 선택할 수 있습니다. ⑦ [위치]를 클릭합니다. ⑧ 자막 좌우 상하 위치를 선택합니다.

● 무음 구간 줄이기

① [편집]을 클릭합니다. ② [무음 구간 줄이기]를 클릭합니다. ③ 원하는 [무음 시간]을 [+, -]로 조정합니다. ④ [조정하기]를 클릭합니다.

● AI 자막 더빙

① [AI 목소리]를 클릭합니다. ② [AI 자막 더빙]을 클릭합니다. ③ [전체 클립에 더빙하기]를 선택 합니다.

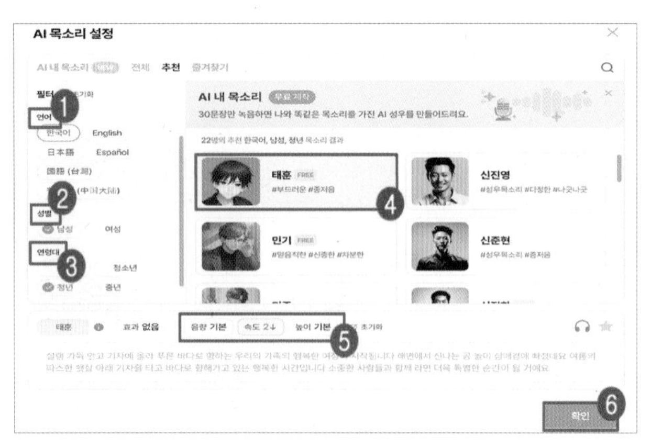

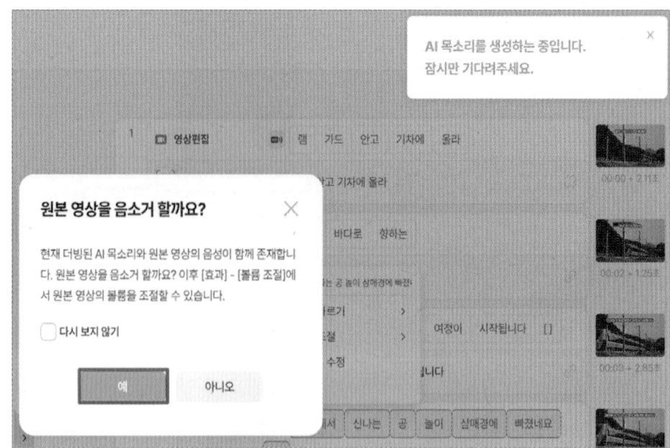

1 ① [언어]를 선택합니다. ② [성별]을 선택합니다. ③ [연령대]를 선택 합니다. ④ AI 성우를 선택합니다. ⑤ 음량 조절, 속도 느리게 빠르게, 높이조절을 직접 선택할 수 있습니다. ⑥ [확인]을 클릭합니다.

2 원본 영상을 음소거 할까요? [예]를 클릭합니다.

● 워터 마크 삭제

① [워터마크]를 클릭합니다. ② [삭제]를 클릭합니다. ③ [다른 방법은 없나요?]를 클릭 합니다. ④ [업그레이드]를 클릭합니다.

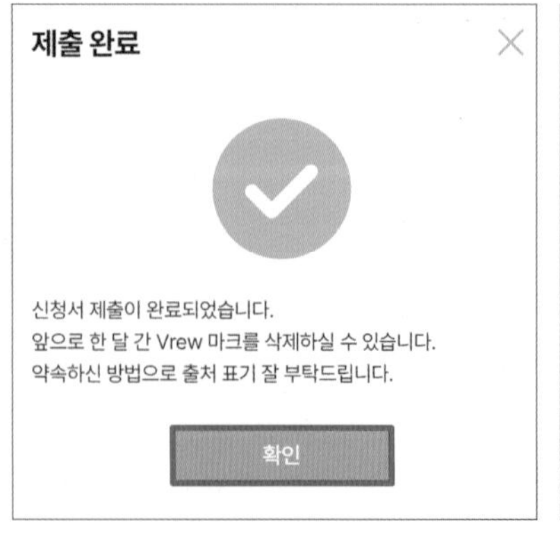

① 신청서 작성 후 제출 시 채널 유튜브 링크 출처 표기등을 입력하면 1개월 동안 브루 (Vrew) 워터마크를 제거하고 사용할 수 있습니다.
② [확인]을 클릭합니다. 제출 완료 창에서 [확인]을 클릭합니다. Vrew마크 삭제 창에서 [삭제]를 클릭합니다.

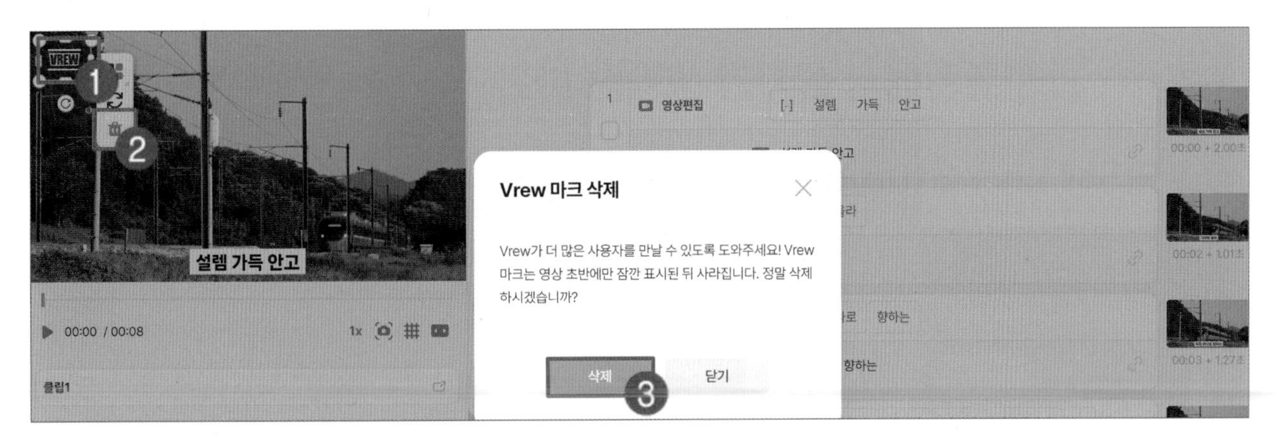

① [워터마크]를 클릭합니다. ② [휴지통]를 클릭합니다. ③ [삭제]를 클릭합니다.

● 내보내기

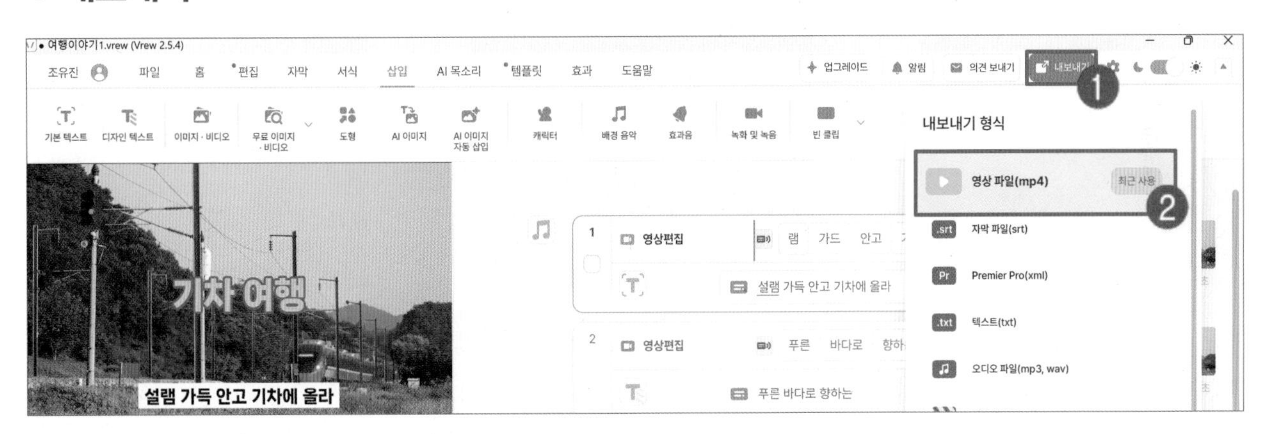

① [내보내기]를 클릭합니다. ② [영상 파일(mp4)]을 클릭합니다.

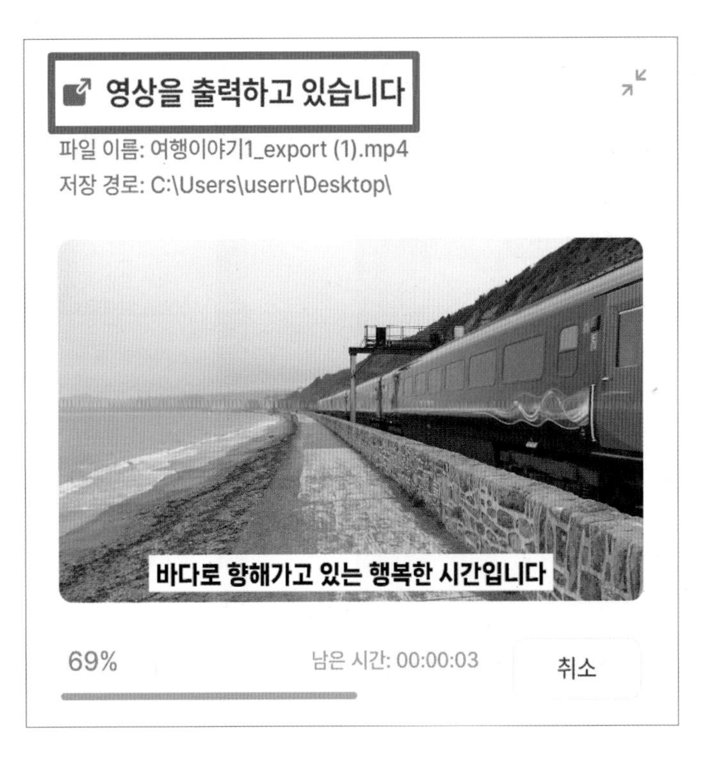

① [대상 클립]을 선택합니다. ② [해상도]를 선택합니다. ③ [개선된 내보내기 사용함]을 체크 합니다.
④ [내보내기]를 클릭하면, 영상을 출력하고 있습니다 라는 문구가 뜹니다.

15강 스마트폰에서 실시간 생방송 하기

PRISM Live Studio(프리즘 라이브 스튜디오)

1 Play 스토어 검색창에 ① [**프리즘 라이브 스튜디어오**]를 터치합니다. ② [**설치**]를 터치합니다.
2 [**열기**]를 터치 합니다. 3 프리즘 라이브 스튜디오를 사용하기 위한 계정 선택으로 [**Google**]를 터치합니다.

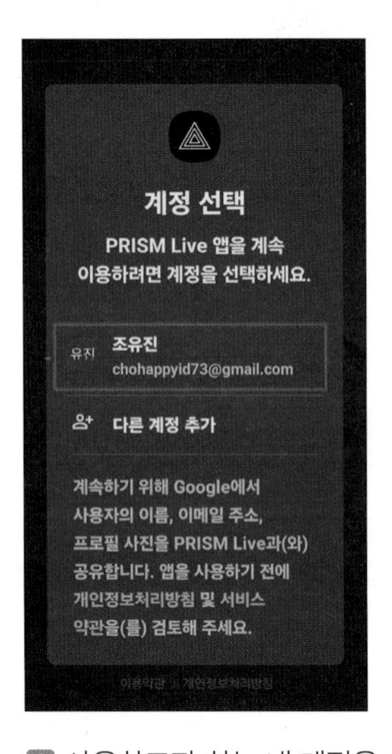

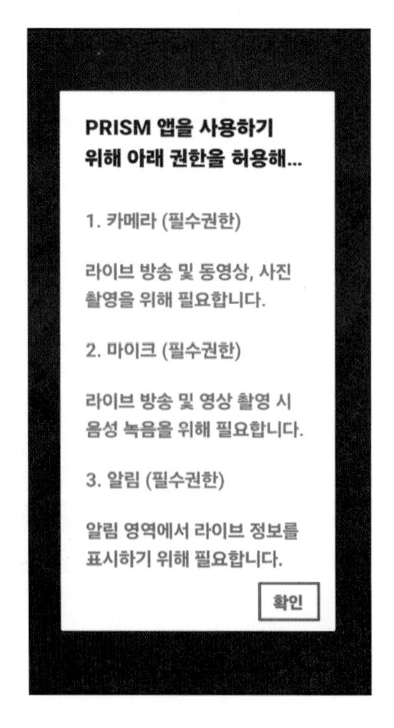

1 사용하고자 하는 내 계정을 선택합니다. 2 사용하기 위한 필수 권한을 허용하는 [**확인**]을 터치합니다.
3 촬영 또는 녹화하기 위한 [**앱 사용 중에만 허용**]을 터치합니다.

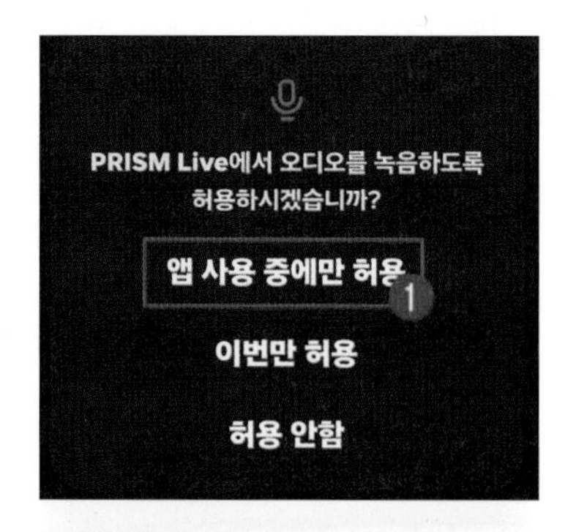

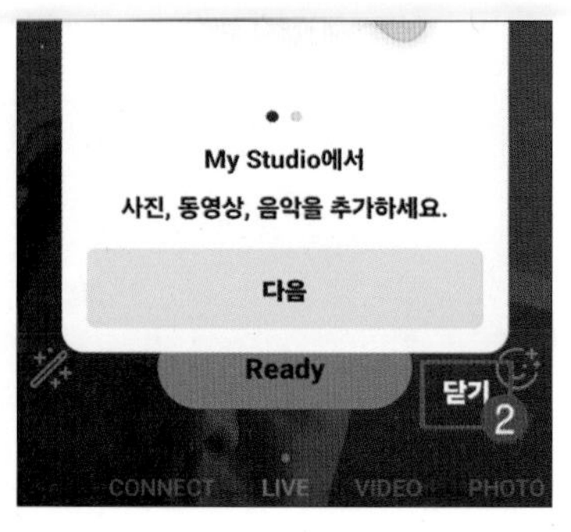

1 ① 오디오를 녹음하기 위한 [**앱 사용 중에만 허용**]을 터치합니다. ② 알림을 보내도록 [**허용**]을 터치합니다. **2** ① 스크린캐스트 프리셋 팝업창이 뜨면 [**닫기**]를 터치합니다. ② 사진 동영상 음악 추가하는 안내 팝업창이 뜨면 [**닫기**]를 터치합니다. **3** ① 좌측 상단 [**점 3개**]를 터치하여 라이브 시 필요한 다양한 설정을 할 수 있습니다. ② 카메라 전면 후면을 바꿀 수 있습니다.

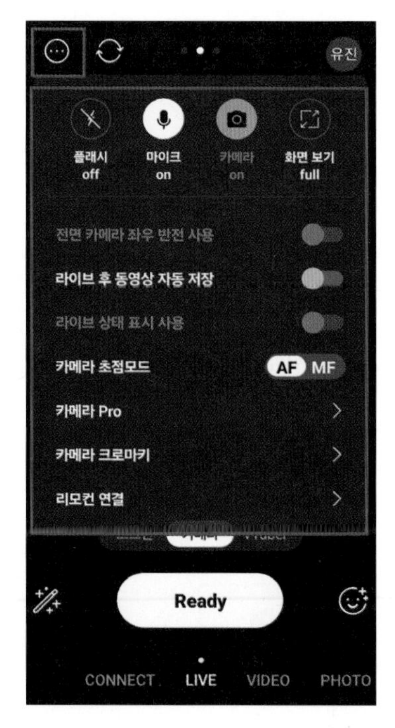

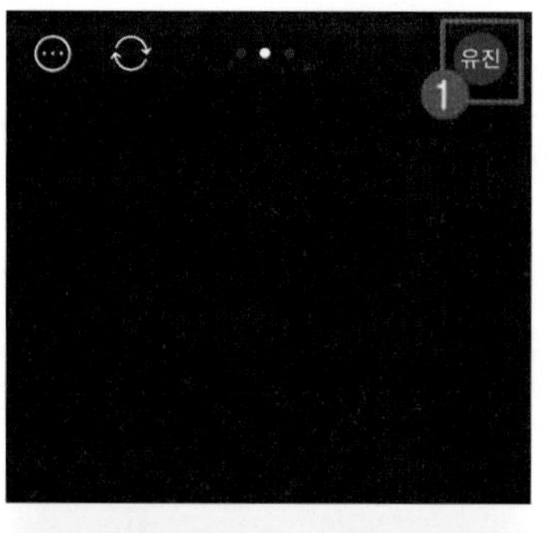

1 [**점 3개**]를 터치하면 플래시 마이크 카메라 등의 설정을 할 수 있습니다. **2** ① [**스크린**] 내 스마트폰 화면을 미러링 해서 라이브 방송을 할 수 있습니다. ② [**카메라**] 현장 실시간 방송을 할 수 있습니다. ③ [**VTuber**] 나만의 아바타를 만들어 라이브를 할 수 있습니다. ④ 인물 또는 방송 배경에 다양한 효과를 적용할 수 있습니다. ⑤ 뷰티 또는 컬러의 필터를 적용할 수 있습니다. ⑥ 3가지 방법 중 한 가지를 선택하여 [**Ready**]를 터치하여 방송을 시작합니다. **3** ① [**프로필**] 아이콘을 터치합니다. ② [**설정**]을 터치합니다.

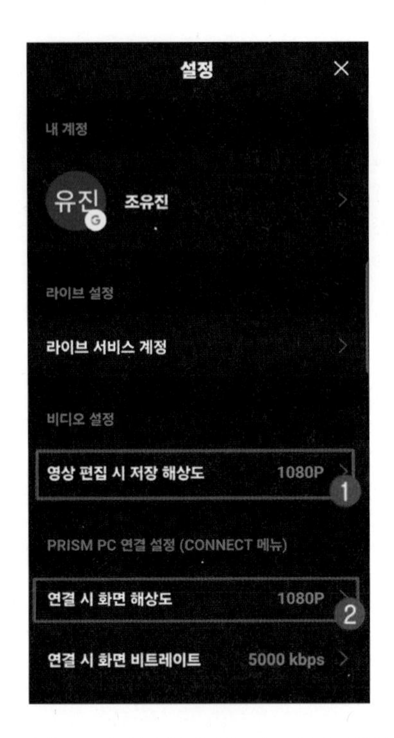

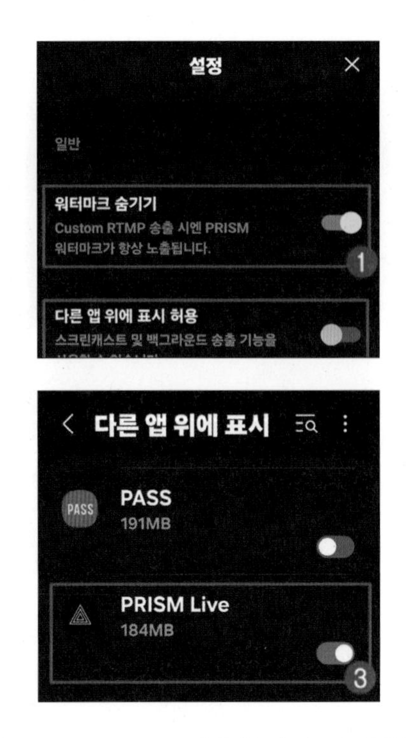

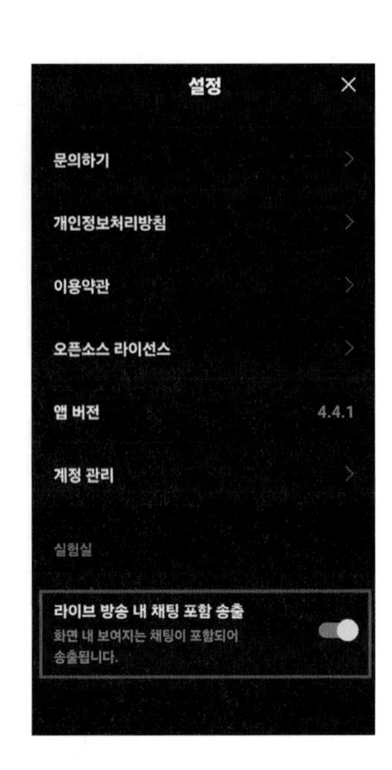

1 ① [**영상 편집 시 저장 해상도**]를 1080P으로 선택합니다. ② [**연결 시 화면 해상도**]를 1080P으로 선택합니다. **2** ① [**워터마크 숨기기**]를 활성화합니다. ② [**다른 앱 위에 표시 허용**]을 터치합니다. ③ [**PRISM Live**]를 활성화합니다. **3** ① [**라이브 방송 내 채팅 포함 송출**]을 터치합니다.

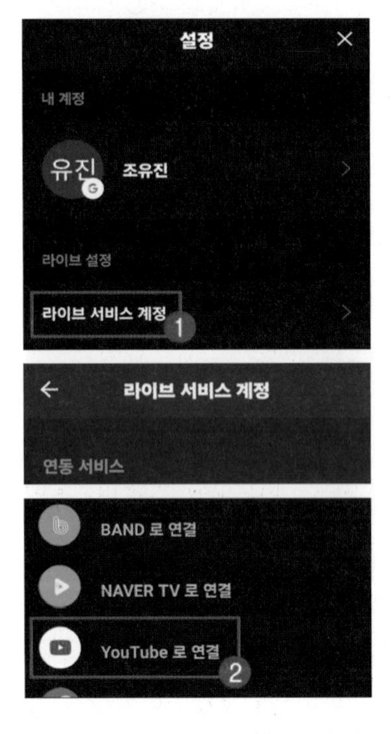

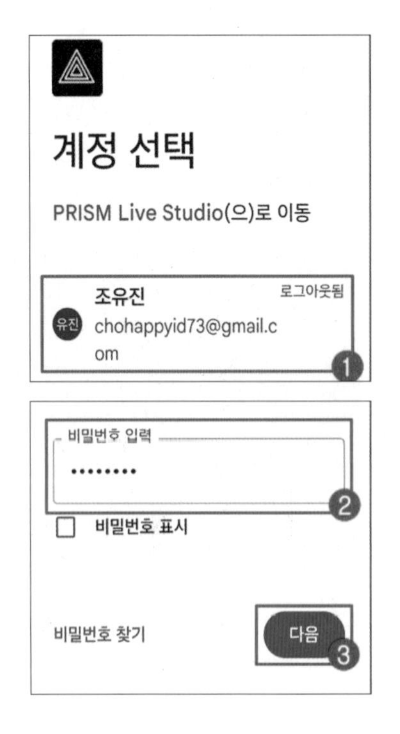

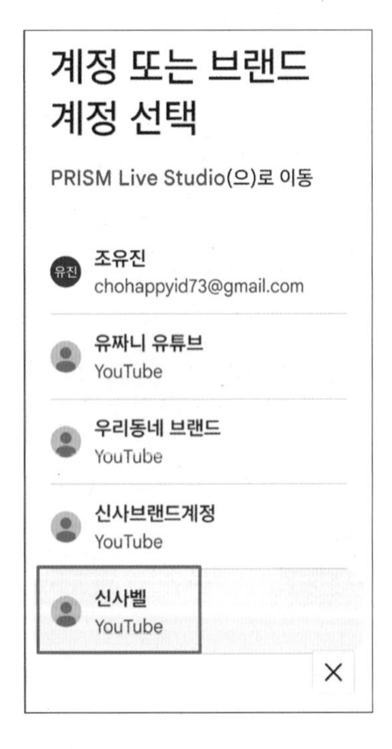

1 ① [**라이브 서비스 계정**]을 터치합니다. ② [**YouTube**]를 터치합니다. **2** ① [**이메일**]을 터치합니다. ② 계정에 대한 [**비밀번호**]를 터치합니다. ③ [**다음**]을 터치합니다. **3** 계정 또는 브랜드 계정을 선택합니다.

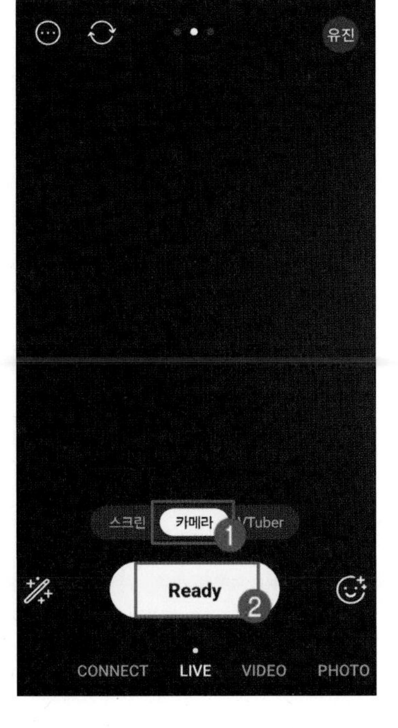

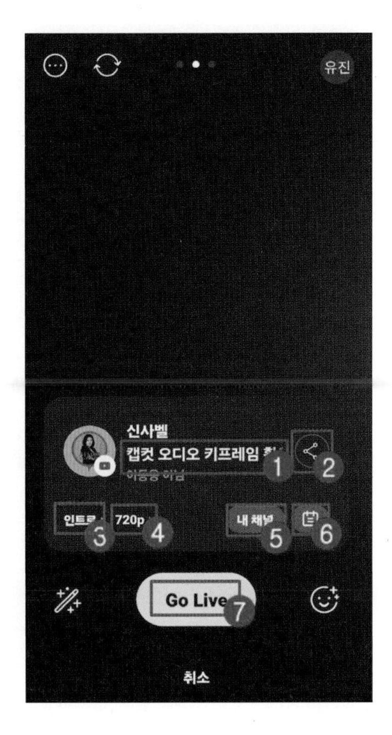

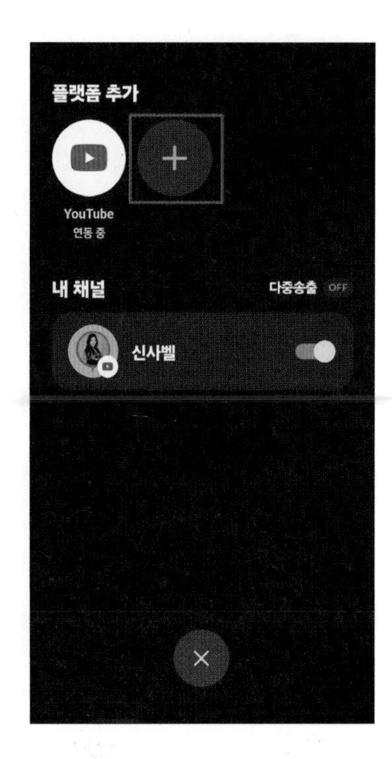

1 2 ① [제목]을 입력합니다. ② [공유]를 터치하여 방송 링크를 복사 채팅방에 전달할 수 있습니다. ③ [인트로]를 설정할 수 있습니다. ④ [720p] 해상도 프레임속도 키프레임 간격 등 화질 옵션을 선택하여 방송의 최적 상태를 점검하고 방송을 시작할 수 있습니다. ⑤ [내 채널] 플랫폼 추가 채널 설정할 수 있습니다. ⑥ [예약] 방송 예약을 설정할 수 있습니다. ⑦ [Go Live]를 터치하여 방송을 시작합니다.

3 ① [+] 플랫폼 추가를 터치합니다.

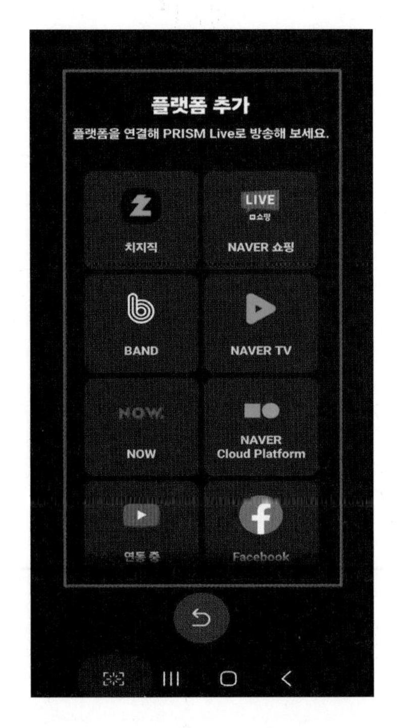

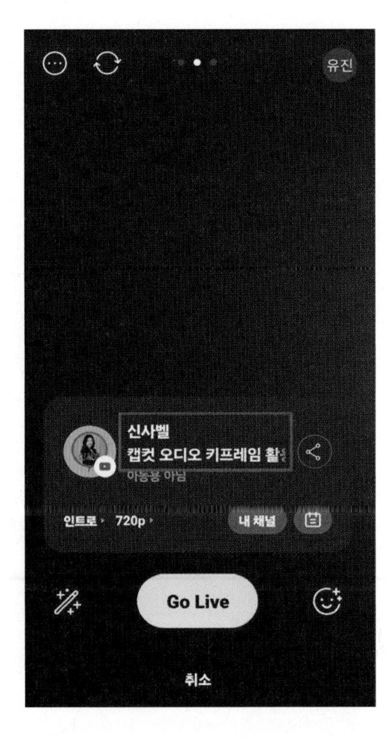

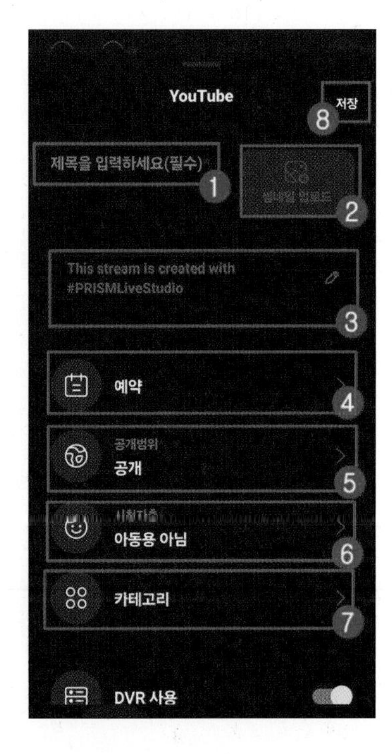

1 [플랫폼 추가] 채널을 추가하면 라이브 방송이 동시 송출 가능합니다. 2 [채널]을 터치합니다.

3 ① [제목]을 입력합니다. ② [썸네일 업로드]를 터치하면 썸네일을 업로드할 수 있습니다.
③ [설명] 라이브 방송에 대한 설명을 입력합니다. ④ [예약] 방송 예약을 설정할 수 있습니다.
⑤ [공개] 공개 상태를 선택할 수 있습니다. ⑥ [아동용 아님] 시청자층을 선택할 수 있습니다.
⑦ [카테고리] 카테고리를 선택할 수 있습니다. ⑧ [저장]을 터치합니다.

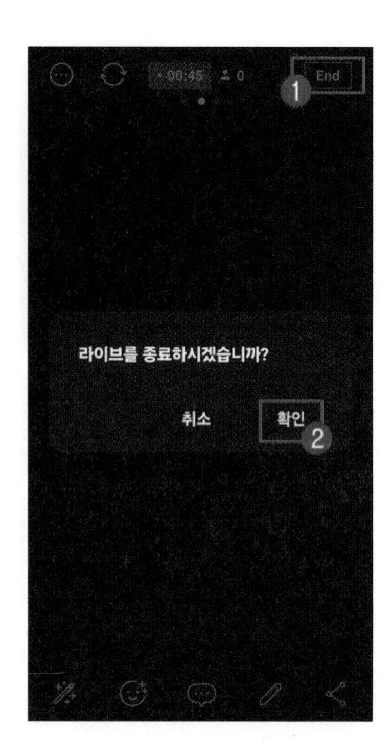

처음으로 프리즘라이브스튜디오에서 라이브를 하는 경우에는 [**Go Live**]를 터치하면 24시간이 지난 후 사용할 수 있다는 팝업 메시지가 보이게 됩니다.

1 방송 카운터(3초 후)가 시작되기 전 세로 모드 또는 가로 모드를 정합니다. **2** ① [**라이브 시간**]은 라이브 진행 시간이 표시됩니다. ② 방송에 참여한 참여수가 나타납니다. ③ 방송 중 '좋아요'를 누른 수가 나타납니다. **3** ① [**End**]를 터치합니다. ② [**확인**] 라이브를 종료합니다.

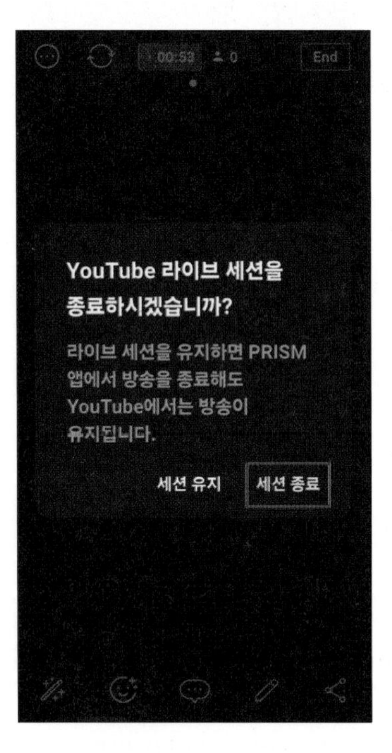

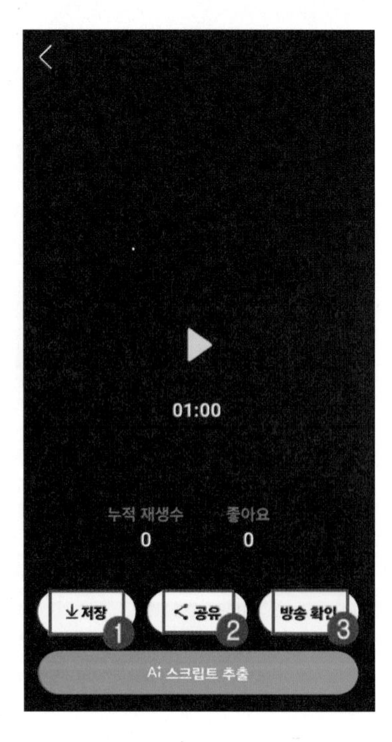

1 [**세션 종료**]를 터치합니다. **2** ① [**저장**]을 터치하여 방송한 영상을 갤러리에 저장할 수 있습니다. ② [**공유**]는 방송된 영상을 공유할 수 있습니다. ③ [**방송 확인**]을 터치하면 방송을 확인할 수 있습니다. **3** ① 유튜브에서 [**내 페이지**]를 터치합니다. ② [**라이브**]를 터치합니다. ③ [**라이브 방송**]에서 라이브 방송을 확인합니다.

● 유튜브 채널 연결하기

1 ① [**유튜브**] 유튜브 채널을 선택합니다. ② [**만들기**]를 선택합니다.
③ [**라이브 스트리밍 시작**]을 터치합니다.

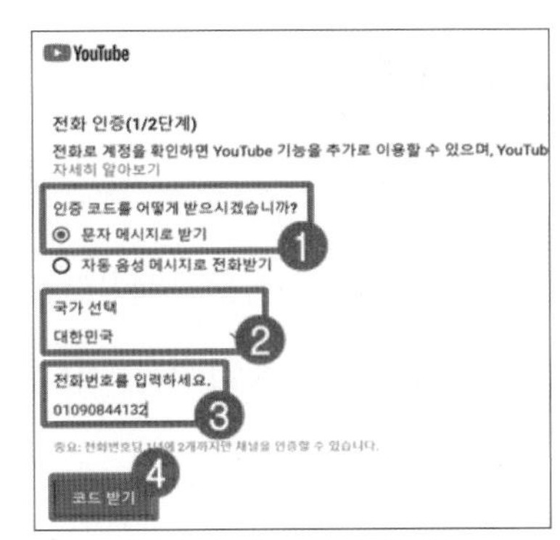

1 [**요청**] 스트리밍 엑세스 권한 요청을 터치합니다. 2 [**인증**] 엑세스 권한 받기 인증을 터치합니다.
3 ① [**인증 코드 받기**] 문자 메시지로 받기를 선택합니다. ② [**국가선택**]에서 대한민국을 선택합니다.
③ [**전화번호**]를 입력합니다. ④ [**코드 받기**]를 터치합니다.

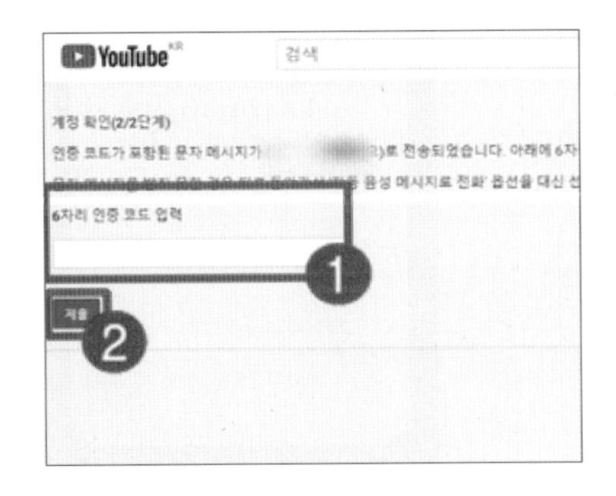

1 ① [**6자리 인증 코드 입력**] 인증 코드를 입력합니다. ② [**제출**]을 터치합니다.
3 실시간 스트리밍을 이용하기까지 24시간 후 이용 가능합니다.

16강 AI 챗 GPT를 활용한 로고 및 음악 만들기

Copilot(코파일럿)

1 Play 스토어 검색창에 [**코파일럿**]을 검색하여 설치 후 [**열기**]를 터치합니다.
2 [**계속**]을 터치합니다. 3 [**앱 사용 중에만 허용**]을 터치하여 진행합니다.

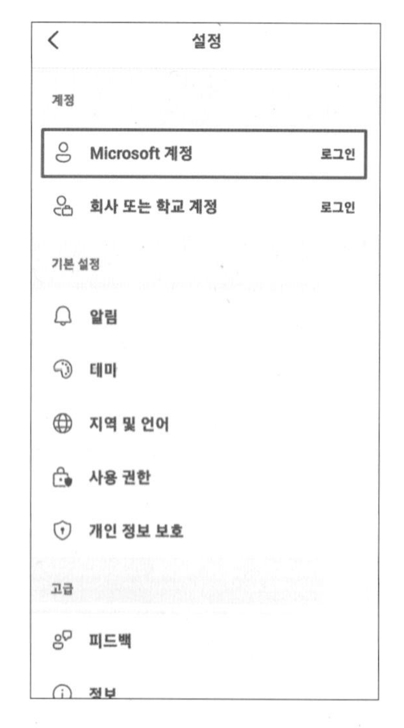

1 화면 좌측 상단에 [**로그인**]을 터치합니다. 2 코파일럿은 Microsoft 회사에서 만든 프로그램이므로 Microsoft에 가입한 계정을 이용하거나 계정이 없는 분은 새로 계정을 가입해야 합니다.
3 [**계정**]을 터치하여 진행합니다.

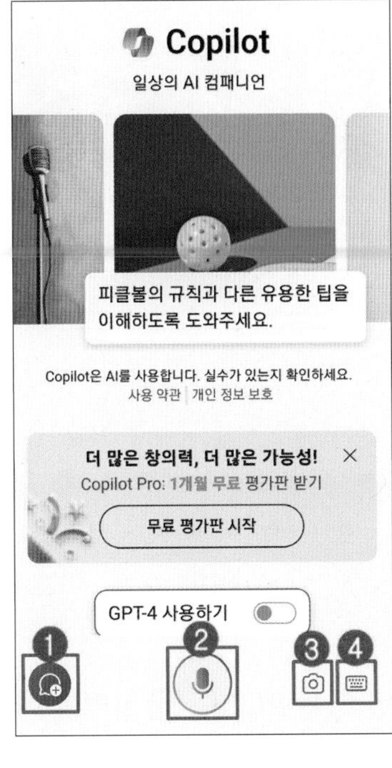

1 ① 새로운 대화창으로 질문 내용이 바뀔 경우 반드시 새로운 대화창을 터치하여 질문합니다. ② 음성으로 질문을 할 수 있습니다. ③ 이미지를 올려서 결과를 얻을 수 있습니다. ④ 일반적인 타이핑으로 질문할 수 있습니다. **2** [**디지털 강사 로고 그려줘**]라고 명령했습니다. **3** 4가지의 이미지를 결과로 보여줍니다. 다운로드하고 싶은 이미지를 터치합니다.

① 이미지를 다른 곳으로 공유할 수 있으며
② 다운로드할 수 있습니다.

● 음악 만들기

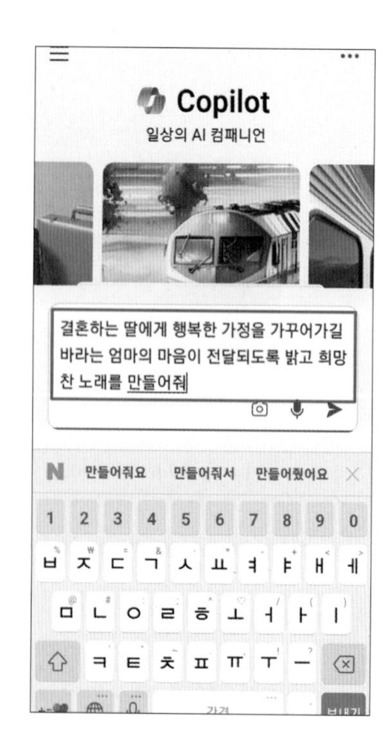

❶ 음악을 만들기 위해 ① [**점3개**] 아이콘을 터치합니다. ② [**플러그 인**]을 터치합니다. ❷ 플러그 인 메뉴에서 하단에 [**Suno**]를 활성화해 줍니다. ❸ 다시 처음 화면에서 [**프롬프트**]를 입력합니다.

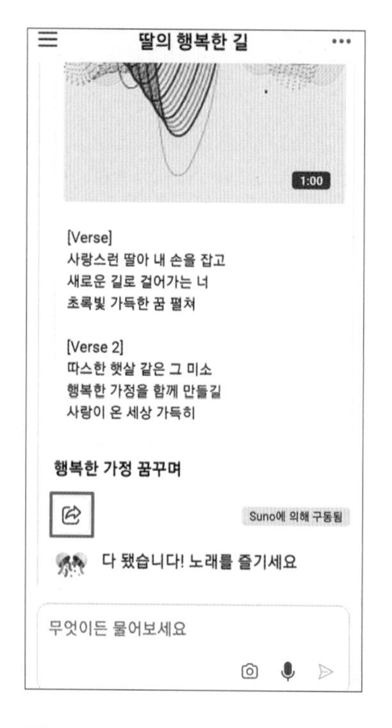

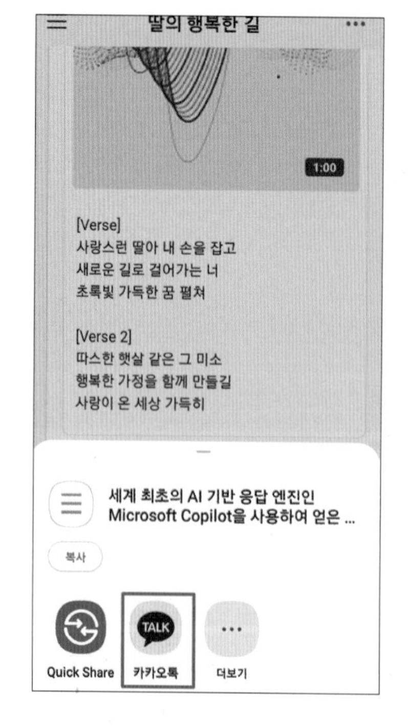

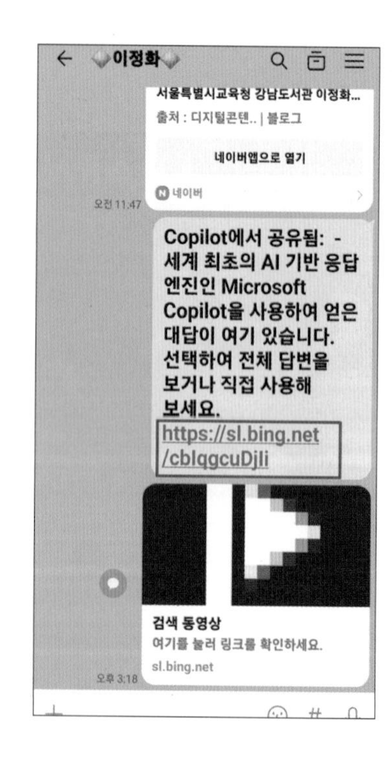

❶ 만들어진 음악을 다운로드 하려면 [**공유**]를 터치합니다.
❷ 참고로 공유하기 전 다운로드가 되지 않습니다.
❸ 카톡으로 공유하여 공유한 링크를 다시 터치합니다.

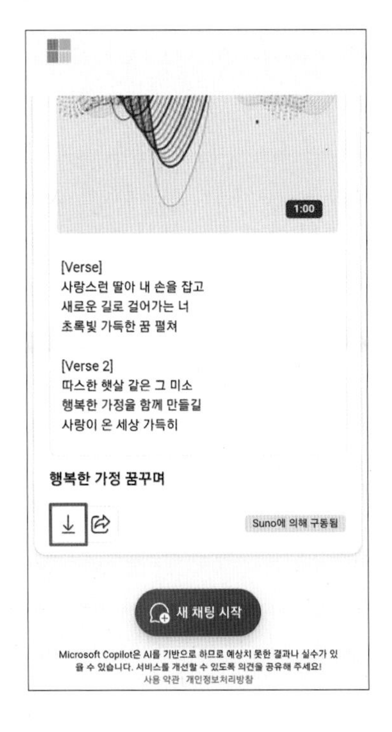

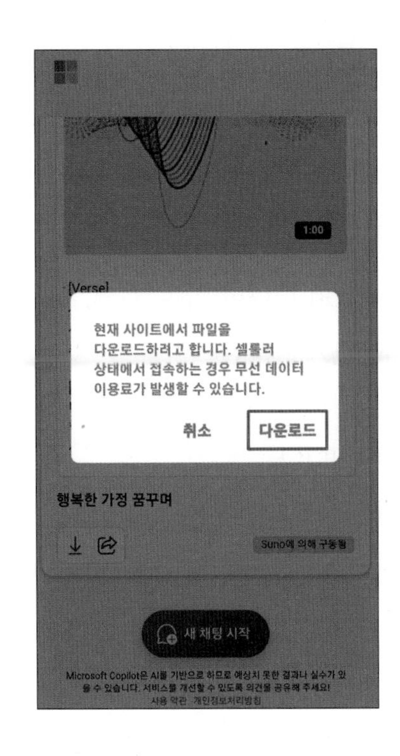

1 다운로드 아이콘을 터치합니다.

2 [다운로드]를 터치하여 완료합니다.

Memo

17강 유용한 앱 소개

● 비트씽크

- 사진 뿐 아니라 비디오도 사용 가능! (1개의 비디오만 선택) 워터마크가 없어요!
- 사진이나 비디오를 고르고 템플릿을 선택하기만 하면 멋진 비디오가 만들어집니다.
- 비트씽크에서 만들어진 비디오는 키네마스터 앱에 프로젝트 형태로 공유가 가능합니다.

● 비타

- 다양한 자막, 음악, 템플릿으로 누구나 쉽게 트렌디한 Vlog를 편집할 수 있어요.
- 저작권 걱정 없는 1500+개의 다양한 폰트와 자막
- 모자이크 기능으로 쉽고 자연스럽게 얼굴 가리기
- 클릭 한 번이면 템플릿 기능으로 트렌디한 Vlog 인트로 제작
- 썸네일 기능으로 사진 배경 제거해 세련된 썸네일까지 바로 만들기

● 애드블록

- AI 기술이 적용된 광고 없는 웹 경험, 빠르고 안정적인 VPN 및 개인 브라우징 서비스를 만나보세요.
- 웹사이트에서 동영상을 볼 때 광고 없이 바로 재생됩니다.
- 이 AdBlock 브라우저는 성가신 팝업을 차단하는 데 도움이 됩니다.
- 개인 브라우저로서 당사는 제 3자가 귀하에게 보내는 광고 쿠키를 차단합니다.

● 음악편집기 - 벨소리메이커

- 음악 커터 & 벨소리 만들기를 사용하면 음악의 가장 가장 매력적인 부분을 정확하게 자를 수 있습니다.
- 모든 연락처에 대해 유일한 벨소리로 설정할 수 있습니다.
- 최고의 멜로디를 만들기 위해, 비트율 및 볼륨 조절을 지원합니다!